本书出版受到上海外国语大学"双一流"建设项目、上海高校一类智库建设项目、2021年上海外国语大学校级一般项目"管控困境与美国的中东代理人战争"（41004576）、教育部人文社会科学重点研究基地重大项目"百年变局下国际体系与中东地区互动关系研究"（22JJD810023）、2021年国家社会科学基金重大项目（21&ZD170）资金资助。

文少彪 著

控制与自主

美国的中东代理人战争

UNITED STATES'
PROXY WAR
IN
THE MIDDLE EAST

中国社会科学出版社

图书在版编目（CIP）数据

控制与自主：美国的中东代理人战争 / 文少彪著. — 北京：中国社会科学出版社，2023.7（2024.11 重印）

ISBN 978 - 7 - 5227 - 1924 - 5

Ⅰ.①控… Ⅱ.①文… Ⅲ.①美国对外政策—研究—中东 Ⅳ.①D871.20

中国国家版本馆 CIP 数据核字（2023）第 085587 号

出 版 人	赵剑英
责任编辑	白天舒
责任校对	师敏革
责任印制	王 超

出　　版	中国社会科学出版社
社　　址	北京鼓楼西大街甲 158 号
邮　　编	100720
网　　址	http://www.csspw.cn
发 行 部	010 - 84083685
门 市 部	010 - 84029450
经　　销	新华书店及其他书店
印刷装订	三河市华骏印务包装有限公司
版　　次	2023 年 7 月第 1 版
印　　次	2024 年 11 月第 4 次印刷
开　　本	650×960　1/16
印　　张	17
字　　数	224 千字
定　　价	75.00 元

凡购买中国社会科学出版社图书，如有质量问题请与本社营销中心联系调换
电话：010 - 84083683
版权所有　侵权必究

序

作为一种冲突形式，代理人战争几乎与战争一样古老，几乎贯穿于古今中外的冲突与战争史，其根源便在于代理人战争的内在逻辑：即施动主体将不便于直接、公开进行的任务外包给代理人，利用代理人代替和协助自己作战，以此降低自身的风险和代价。这一逻辑无疑诱惑和驱动着无数的决策者，使得时至今日代理人战争模式仍具有强大的"生命力"。尤其是在冷战时期，代理人战争成为美苏进行战略对抗的重要形式，美苏两大霸权国利用小规模的、非对称的代理人战争，在非洲、中东、拉美、亚洲的边缘地带展开了激烈的博弈和对抗。冷战结束后，虽然国际体系权力结构发生了巨大变化，全球化和国际相互依赖进程加速发展，大国间的军事冲突和代理人战争受到一定的抑制，但是随着美国在"9·11"事件后先后入侵阿富汗和伊拉克，中东地缘政治和安全秩序遭受严重冲击，利比亚、也门和叙利亚等国先后陷入内战，为域内外国家、极端组织、非国家武装等各类行为体的介入提供了机会，也导致代理人战争再度在中东地区冲突的光谱中占据了重要位置。

近年来，美国为了向中东的盟伴转移风险和负担，帮助其以更低成本、更低显示度和更灵活的方式维系其中东霸权，开始日益青睐借助当地伙伴关系和代理人网络发起和开展代理人战争，以实现美国战略利益的最大化。与此同时，随着中东地区秩序和国家结构出现双重"碎片化"，长期的权力真空和安全困境为代理人战争进一步向该地区渗透创造了条件，而一些国家内部的反对派或地方势力则为了获得政治、经济和安全竞争优势，主动或被动地沦为美国操纵的地缘政治工具，致使中东地区逐渐沦为多边代理人战争的"试验场"。

然而事实证明，美国在中东推行的代理人战争模式不仅难以取得预期的战略效果，反而频频令其陷入进退维谷甚至四面楚歌的"代理人战争困境"。对此，本书针对下述这一核心问题展开了深入分析和探讨，即为何作为全球霸权的美国却无法在中东地区有效控制比它弱小得多的代理人和代理人战争进程？本书认为，之所以会频频出现施动方难以对代理人战争的过程、成本、后果进行有效掌控的情况，是因为代理人固有的自主性不会丧失，在执行代理议程的过程中存在着不受施动方欢迎的懈怠和偏离行为和动机，这也成为施动方管控代理关系无法回避的棘手问题。基于此，本书指出既有的"施动方中心"范式多从施动方"决定论"和"受益论"的视角来界定和论述代理人战争，忽视了代理人的能动性和自主角色，简化了代理人战争的复杂过程，在逻辑和方法上存在不完整、不平衡的瑕疵。针对这一问题，本书对"施动方中心"范式进行了"弥补"，以努力呈现出代理人角色"再发现"的意义和代理关系双向博弈的动态图景。

在学理层面，本书构建了一个更平衡、更开放的追踪代理人战争进程的分析框架。通过尝试引入"委托—代理"理论框架，并将利益、激励和监督这三个维度嵌入其中，本书指出利益是核心维度，对代理关系的张力起到了基础调节作用，但是与此同时还需从激励和监督两个辅助维度来理解施动方与代理人之间的互动，激励和监督起到的作用虽不及利益维度那么显要，但对维系、管理动态的代理关系而言是不可或缺的干扰变量。据此，作者在"委托—代理"理论框架下搭建起"一主两辅"一体化分析架构，以求从理论上解释代理人战争进程不可控的原因。这一分析框架不仅有助于观察施动方与代理人围绕控制与自主的博弈张力，也有助于理解施动方与代理人形成的代理关系本质上是一种非对称相互依赖关系。而在经验层面，本书选取了美国在伊拉克和叙利亚运作代理人战争的两个案例，运用过程追踪、逻辑演绎等方法，对美国—安巴尔部落民兵合作打击伊拉克"基地"组织的暴乱以及美国—叙利亚反对派联手颠覆阿萨德政权进行了深入分析，对美国与中东当地代理人的双向博弈图景进行了精彩呈现。

在上述分析论证的基础上，本书得出了理论与经验两个层面的结论。一是在经验层面上，美国试图利用中东当地代理人介入目标国的冲突，以减少自身的风险和代价，但是这一策略性构想在代理人战争实践中很容易"走形变样"，其原因便在于美国作为施动方难以通过利益、激励和监督三个维度有效管控代理关系中的双向博弈张力。二是在理论层面上，本书对美国在中东的代理人战争实践进行了规律性总结，指出在代理人战争中，施动方与代理人之间形成的代理关系是一种非对称相互依赖关系，尽管施动方在这种关系中依然扮演主导地位，但是代理人自主性始终是代理关系中不可忽视的"杠杆"。而在非对称的相互依赖代理关系中，由于双方难以形成共同、稳定的利益基础，当彼此利益分化不可避免，而又缺乏恰当的激励和可行的监督来调节代理关系中博弈之际，代理人战争进程也将无法得到有效控制。

当然，以上分析只是对本书中部分创新观点的提炼和介绍，挂一漏万的遗珠之憾也势所难免。总而言之，本书对代理人战争这一国际关系研究领域中虽然古老但却历久弥新的议题进行了系统的研究，归纳总结出了许多富有学术洞见且令人信服的观点，不仅对于我们加强对该议题的学术理解具有很强的理论价值，而且有助于我们对波谲云诡、纷繁复杂的中东局势做出更为深入全面的解读。

作为本书作者文少彪在复旦大学国际关系学院攻读博士学位期间的指导老师，看到他的博士毕业论文即将付梓可谓万分欣喜，在此也向他表示衷心地祝贺！文少彪博士是一个勤勉自律、品学兼优的学生，在读博期间便对学术研究展现出了强烈的兴趣以及优异的研究和分析能力。毕业后他得以在享有盛誉的上海外国语大学中东研究所工作，继续在学术耕耘的道路上前行。这些年在中东研究所诸位师长的帮助和提携之下，我可以清楚地看到他的持续成长，包括学术思维的不断成熟，研究能力的不断加强，论证思辨水平的不断提升。在已经发表了多篇颇有分量的学术论文之后，本书作为他出版的第一部学术专著，不仅是他学术研究的一个标志性成果，也是他学术成长的真实反映。相信未来他一定能够取得更为突出的成绩，成为学术研究领域一颗耀眼的新星。

　　是为序！

信强

2023年5月26日于耶鲁大学法学院

目　录

绪　论 / 1

第一章　代理人战争内涵解析 / 51
第一节　代理人战争模式 / 52
第二节　代理人战争的内生特性 / 73
第三节　代理关系与国家联盟的区别 / 86
第四节　代理人战争的再概念化 / 89
本章小结 / 95

第二章　代理人战争爆发的一般性解释 / 96
第一节　权力竞争视角 / 96
第二节　避险视角 / 100
第三节　推诿视角 / 105
第四节　替代视角 / 111
本章小结 / 116

第三章　管控代理人自主性的理论分析 / 118
第一节　代理人自主性 / 119
第二节　核心的维度：利益 / 130
第三节　激励维度 / 141

第四节　监督维度 / 154
第五节　分析框架、案例选择与研究思路 / 166
本章小结 / 174

第四章　镇压伊拉克"基地"组织暴乱：美军—安巴尔部落（2006—2014 年）/ 175

第一节　从反美到联美：代理关系的形成 / 176
第二节　利益分化与负向激励 / 185
第三节　信息不对称：安巴尔部落的偏离 / 193
本章小结 / 201

第五章　颠覆阿萨德政权：美国—叙利亚叛军（2011—2019 年）/ 204

第一节　美国与反对派代理人的利益错位 / 205
第二节　美国陷入激励与监督困境 / 217
第三节　不可控的后果：反对派代理人的偏离 / 226
本章小结 / 231

结　论 / 233

参考文献 / 242

绪　　论

近年来代理人战争在中东、东欧、非洲等地区重新流行起来，这并不是什么新现象，利用代理人、雇佣兵作战在古今中外的战争史上都留下深刻的思想和实践烙印，其历史与战争本身一样悠久。"强大的国家经常支持在对手领土上活动的暴乱组织，或者在内部冲突中使用民兵和雇佣军来支持附庸国，同时寻求避免直接参与。"① 在古希腊历史学家修昔底德（Thucydides）的描述中，希腊科西拉殖民地伊庇丹努城（Epidamnus）曾于公元前435年爆发一场代理人战争：以雅典为首的提洛同盟支持的民主派与以斯巴达为首的伯罗奔尼撒同盟支持的贵族派进行战斗。② 中国的史料也记载了不少"借刀杀人"的谋略，例如《孙子兵法》有云："敌已明，友未定，引友杀敌，不自出力"。③ 春秋战国时期的代理人战争更是频频发生。数千年来，代理人战争现象层出不穷，其内在逻辑延续不灭，超越了时空的阻隔。

后人对代理人战争实践、逻辑进行了规范，上升到概念层面：代理人战争是一个主导行动者（或委托人）通过一个非主导行动者（或代理人）对对手进行打击，以达到主导行动者的军事目标的具体

---

① James Kenneth Wither, "Outsourcing Warfare: Proxy Forces in Contemporary Armed Conflicts", *Security and Defence Quarterly*, Vol. 31, No. 4, 2020, p. 17.
② ［古希腊］修昔底德：《伯罗奔尼撒战争史》，谢德风译，商务印书馆2010年版，第260—271页。
③ 《孙子兵法·三十六计》第三计"借刀杀人"。

表现形式，在默认情况下，委托人的目标变成了代理人的目标。①在战争中使用代理人通常被理解为一个国家对军事代理人的依赖，这些代理人不在国家常规武装力量或安全部队的管辖范围内，为他们的施动方提供服务，以换取有形的物质支持。② 因特殊的运作方式、有限的战争目标和道德上的瑕疵，代理人战争又被视作非常规战争，没有明确的开始和结束，常常践踏国际关系准则、国际法和道德规范，以非常规、非对称优势获得一些干预国的青睐，帮助它们开展那些不便利的议程。

代理人战争现象之所以普遍存在，是因为施动方可以借助那些可提供推诿的力量来达成自身的目标并从中获得战略灵活性和好处，包括避免与敌人直接相撞，控制冲突节奏和规模，绕开战争规范和道义的约束，增加证据回溯难度，等等。然而，当一些国家对代理人战争青睐有加的时候，还应当认识到代理人战争的复杂性，尤其牵涉到控制代理人自主性问题时，代理人战争的过程和结果都将变得不确定。在孙子、克劳塞维茨等军事家眼里，战争实际是系统性工程，它受到政治、民意、地形和气候、时机等诸多条件的限制和影响。当发动或赢得战争需要满足诸多条件时，那意味着战争是十分脆弱的。中国古代军事家孙膑对试图发动战争的人提出过警告："天时、地利、人和，三者不得，虽胜有殃。是以必付与而口战，不得已而后战"。③ 代理人战争虽是一种非常规战争形式，但是其承载的战争属性没有发生质的变化，依然受制于战争规律，总是会出现一些

---

① Amos C. Fox, "Conflict and the Need for a Theory of Proxy Warfare", *Journal of Strategic Security*, Vol. 12, No. 1, 2019, p. 49.
② Andrew Mumford, *Proxy Warfare*, Cambridge: Polity, 2013, p. 11; Geraint Hughes, *My Enemy's Enemy: Proxy Warfare in International Politics*, Eastbourne, U. K.: Sussex Academic Press, 2012, p. 11; Tyrone L. Groh, *Proxy War: The Least Bad Option*, Stanford, Calif: Stanford University Press, 2019, pp. 28-29; Assaf Moghadam and Michel Wyss, "The Political Power of Proxies: Why Nonstate Actors Use Local Surrogates", *International Security*, Vol. 44, No. 4, 2020, p. 119.
③ 出自《孙膑兵法·月战》。

控制与自主：美国的中东代理人战争

不可控的因素让它变得脆弱不堪。确保代理人战争一直处于可控的轨道是异常困难的，历史中存在许多弄巧成拙的代理人战争案例。

居鲁士（公元前 550—前 529 年在位）当年，兵锋所向，席卷近东，他怎么也不会想到，后来的波斯会堕落到靠金钱外交和武力恫吓过日子，饭来张口，衣来伸手，打仗全靠雇佣兵，让这些雇佣兵看出其腐朽虚弱。其实，很多历史上的大帝国都如此。罗马重装步兵，当年多厉害，最后打仗，靠日耳曼雇佣兵，灭亡罗马的正是这批雇佣兵。①

代理人战争古已有之，但在不同的历史时期，其活跃度不一。冷战时期，美苏在核武器的恐怖平衡下，利用代理人战争在世界边缘地带争夺势力范围，极大加剧了代理人战争的流行。冷战结束后，美苏两极霸权格局瓦解，代理人战争也随之从巅峰时期进入一段休眠期。然而，在过去十几年的冲突中，代理人战争战略吸引力有所上升，正在成为当代和未来战略与安全环境的核心特征。② 在此背景下，如何从学理上深入理解和观察代理人战争的复杂性和不确定性就显得更加有意义。

一 问题的提出

长期以来，"代理人战争（Proxy Warfare）通常被概念化为战略，其中一方鼓励或利用另一方为了自己的战略目的而进行战争"。③ 它被广为接受的逻辑所主导：施动方在干涉目标国事务的过程中可以将风险和成本转嫁给代理人，从而避免自身卷入与对手发生直接冲突

---

① 李零：《波斯笔记》，生活·读书·新知三联书店 2019 年版。
② Vladimir Rauta, "Proxy Warfare and the Future of Conflict: Take Two", *The RUSI Journal*, Vol. 165, No. 2, 2020, p. 1.
③ Candace Rondeaux, David Sterman, "Twenty-First Century Proxy Warfare: Confronting Strategic Innovation in a Multipolar World", *New America*, Feb., 2019, p. 56.

的危险中。历史中确实存在大量可以印证代理人战争"魅力"的案例,以至于在人们当中形成一种刻板的认识:施动方发动代理人战争是一种成本小而收益大的政策选项,代理人将遵照施动方的利益和偏好行事,是可以被操纵、被牺牲的完美工具。

然而,上述认识与一些古今中外的历史经验不符。实际上,代理人战争中经常出现"双刃剑"(double-edged sword)、"逆火"(back fire)、"倒吹"(blow back)等"适得其反"的现象。公元前11世纪前后,古代中国部落之间的征伐与合纵连横十分频繁,小邦西周成为大邑商的代理人,替商讨伐戎狄部落。据史料记载,周屡次帮商击败戎狄,商王文丁感动之余封季历(周部落领袖)为"牧师"("太丁四年,周人伐余无之戎,克之。周王季命为牧师"。参见《古本竹书纪年·殷纪》)。而周一方面对商保持形式上的臣服,为商征战,以换取商的信任与庇护;另一方面又以伐敌之名攻城略地,积蓄自身的力量。当商陷入与东夷的持久战而消耗过度之际("纣伐东夷而陨其身",参见《左传·昭公十一年》),周武王趁机伐纣,最终在牧野之战中灭商。① 约公元前 240 年,迦太基人在第一次布匿战争利用多国雇佣军与罗马军队作战,但雇佣军非但不愿意冒险,反而发生叛变,并调转矛头攻击迦太基人。② 东汉末年(约公元 2 世纪),曹操拉拢西凉马腾、韩遂等军阀势力,并利用后者的骁勇善战击败了袁尚(袁绍之子)武装集团。自此,曹操、马超(马腾之子)相互猜忌,二者关系生变。公元 211 年,马超起兵叛变,与曹军交战并被击败。③

---

① 许倬云:《西周史》,生活·读书·新知三联书店 2018 年版,第二章第七节;《史记·周本纪》;《古本竹书纪年·周纪》;《今本竹书纪年·文丁》;杨宽:《西周史》,上海人民出版社 1999 年版,第一编第三章第三节。
② [意]尼科洛·马基雅维利:《兵法》,袁坚译,商务印书馆 2014 年版,第 13—14 页。
③ (晋)陈寿:《三国志》,中华书局 1982 年版,具体参见《三国志·蜀书·关张马黄赵传》《三国志·魏志十·荀彧传》《三国志·魏志十三·钟繇传》。

控制与自主:美国的中东代理人战争

1914—1916 年，美国威尔逊政府通过代理人战争介入墨西哥的内部冲突，先是扶持和利用卡兰萨（Venustiano Carranza）领导的武装团体颠覆了韦尔塔（Victoriano Huerta）军政权，但是卡兰萨在成立新政权问题上却拒绝美国的指使。这迫使威尔逊当局不得不更换代理人，转而扶持卡兰萨的前副手潘乔·比利亚（Pancho Villa），而比利亚的军队失利后，又立即遭到抛弃，比利亚愤而枪杀美国人来报复威尔逊当局的背叛。① 1940 年初，希特勒入侵丹麦，试图在丹麦安插一个傀儡政府，做他所要求的一切。但是丹麦傀儡政府阳奉阴违，不断削弱德国的控制。布兰登·梅里尔（Brandon Merrell）从该历史事件中提出疑问："为什么像德国这样强大的国家，却无法从一个毫无防御能力的代理人身上永久地提取出顺从的行为呢？"②

代理战争在冷战期间很普遍，美国和苏联在核恐怖的压力下转向通过代理人进行竞争，避免直接军事对抗。通过对冷战史的考察可以发现，尽管美苏为避免卷入直接冲突而在全球范围内频繁发动代理人战争，但是不难发现"两霸"的代理人经常有效地"反向操纵"它们，导致普遍的"尾巴摇狗"（the tail wagging the dog）和"意外后果"（unintended consequences）现象频繁出现。③ 1960 年代，美国试图在越南扶植一支代理部队，后者在获得美国的"保险"后更加冒进，逐渐将美国拖进这场注定要失败的冲突中。具有讽刺意味的是，在阿富汗反苏战争（1979—1989 年）中，美国所支持的"圣战"代理人在十年后成为最令人恐惧的反美恐怖主义网络的核心

---

① ［美］艾伦·布林克利：《美国史 1492—1997》，邵旭东译，海南出版社 2009 年版，第 645 页。

② Brandon Merrell, "Denmark（1940-45）: Armed Resistance and Agency Slippage in Germany's Model Protectorate", in *Proxy Wars Suppressing Violence through Local Agents*, Edited by Eli Berman and David A. Lake, Cornell University Press, 2019, p.54.

③ Alex Marshall, "From Civil War to Proxy War: Past History and Current Dilemmas", *Small Wars & Insurgencies*, Vol. 27, No. 2, 2016, pp. 185-189.

绪　论

组成部分。① 1980年代，印度甘地政府试图利用"泰米尔猛虎组织"（LTTE）介入斯里兰卡内战，但后者反过来利用印度的庇护扩张政治实力和军事实力，不仅导致印度失去对后者的控制，还反遭报复，1991年"泰米尔猛虎组织"暗杀了印度总理拉吉·甘地。历史表明，施动方在代理人战争中可能陷入"弄巧成拙"的尴尬境地。特别是施动方在强化代理人能力的同时，也可能是在培养一个未来的敌人。②

进入21世纪，在2001年"9·11"恐怖袭击以及随后的美国"全球反恐战争"之后，代理人战争再度流行，引起了学术界和政策分析人士的关注。与目标国内部冲突有利害关系的外部国家寻求间接使用军事力量，以尽量减少政治、财政等成本以及生命代价，将战争外包给非国家行为体的趋势得以延续，正如中东、非洲和乌克兰等地区的广泛冲突所表明的那样。尽管代理人战争在所谓的"廉价"、风险转移、便利性等动因的驱动下而频发，但是代理人战争的进程和后果充满了不确定性。最具代表性的是美国在中东发起的多场代理人战争基本走向"事与愿违"的境地。自2003年以来（截至2020年），美国利用代理人战争介入伊拉克、利比亚、叙利亚、也门等中东国家的冲突，其基本模式大同小异，即通过美国特种部队、训练、武器转移、情报分享、空中援助等方式赋能目标国的当地代理人，试图利用后者帮助自己"火中取栗"。例如，2006年夏季美国为镇压"基地"组织的暴乱，大力资助伊拉克逊尼派部落民兵开展"觉醒"（awakening）运动，并取得不错的成效。然而，逊尼派部落也反过来利用美国的支持，谋取了更多的政治利益和经济利益。

---

① Nick Turse, "Washington Puts Its Money on Proxy War", *Aljazeera*, Aug. 15, 2012, https://www.aljazeera.com/indepth/opinion/2012/08/20128128345053728.html; Seyom Brown, "Purposes and Pitfalls of War by Proxy: A Systemic Analysis", *Small Wars & Insurgencies*, Vol. 27, No. 2, 2016, p. 251.

② Geraint Hughes, *My Enermy's Enermy: Proxy Warfare in International Politics*, Sussex Academic Press, 2012, pp. 50-59.

控制与自主：美国的中东代理人战争

对此，布莱恩·威廉（Brian Glyn William）指出，逊尼派武装部落的忠诚难以被完全收买，其长期后果难以控制。① 又如，2015 年以来，美国为打击"伊斯兰国"（Islamic State）组织，试图将叙利亚库尔德武装发展为高效的代理人。尽管后者在执行这项任务时表现出色，并赢得美国的赞赏，但是叙利亚库尔德武装同样利用美国的支持，趁机招兵买马，不断开疆拓土，努力谋求更大的自治权。此外，代理人战争对法治建设和国家对冲突后环境中的暴力垄断构成长期挑战，如美国提供给代理人的武器很容易被转移到意想不到的接收者手中，这种转移会助长腐败的战争经济，从而有助于个别强人（包括部落、暴乱分子或意识形态领导人）利用战争来提高自身地位。②

上述事实说明代理人战争过程和结果是不确定的，它可能有利于施动方以低成本的方式达成目标。与此同时，具备高度自主性的代理人也会追求与施动方不一致的目标，所谓的"完美"代理人只存在于施动方的幻想中，实际上是罕见的。"代理人战争往往会在（代理人）做得太少和（施动方）代价太高之间达到政治上的'最佳点位'（Sweet Spot）。尽管如此，在现实中，这是一种不完美的战争形式"。③ 代理人始终抱有追求自身的利益、目标的动机，施动方并没有办法彻底消除代理人的自主性。那些自私自利、不忠不满的代理人甚至反过来操纵施动方，躲避施动方的管控，并可能阻碍、破坏、反噬施动方的利益。那么让人困惑的是：在代理人战争中，为什么施动方难以管控比自身弱小得多的代理人，而这背后的机理对美国在中东地区驾驭代理人战争又会产生什么影响？

---

① Brian Glyn William, "Fighting with a Double-Edged Sword?", in *Making Sense of Proxy Wars*, edited by Michael A. Innes, Washington D. C.: Potomac Book, 2012, pp. 63-73.
② Brittany Benowitz, Tommy Ross, "Time to Get a Handle on America's Conduct of Proxy Warfare", Lawfare Institute, April 9, 2020.
③ Danniel Byman, "Approximating War", *The National Interest*, September/October, 2018, p. 19.

二 文献回顾

关于上文提出的问题,既有研究大致可以归为三大类:一是关于代理人战争的理论讨论;二是关于中东爆发代理人战争的地缘政治和安全环境研究;三是关于美国在中东的代理人战争的实践和经验总结。这三类研究成果包含了代理人战争的一般性知识,也包括地区经验和具体案例的特殊性知识,它们共同构成了本书的初步知识体系,为解释美国为何难以摆脱中东代理人战争的困境提供了坚实的基础。

(一)关于代理人战争的理论研究

在一般性理论探讨中,学界无法避开的两个紧密相扣的重要问题是:代理人的自主角色是否有意义?施动方能否及如何有效管控代理人?就前者而言,既有的研究形成两个基本范式:第一个是"施动方中心"范式,它侧重于施动方的利益和偏好,假定施动方可以单向度主导代理人战争的进程,而代理人在其中的能动性和自主利益被排除或者遭到严重低估、忽视;第二个是"代理人再发现"范式,它明显注意到代理人在代理人战争和代理关系中的非对称能动角色,并认识到代理人会谋求与施动方不一致的目标。整体来看,这两大研究范式的逻辑起点和关切点不同,似乎存在矛盾、对立之处。但是,进一步探究可以发现,二者并非泾渭分明,实际上这两种研究范式经历了互鉴、互纠的平衡过程,最终人们发现代理关系不是单向的主从关系,其固有的张力来源于施动方与代理人的双向博弈。

1. "施动方中心"视角

在代理人战争研究方面,"施动方中心"视角是指学界过于高估施动方的主导能力,过度关切施动方的利益,忽视或贬低了代理人的角色。1964 年,卡尔·多伊奇(Karl W. Deutsch)界定代理人战争为"两个外部大国在第三国领土上发生的国际冲突,伪装成该国内部问题的冲突,并利用该国的一些人力、资源和领土作为手段,以实现占主导地位的外国目标和外国战略"①。在此界定中,代理人角色完全被"两个外部大国"所湮没,契合冷战期间美苏争霸的逻辑。"在冷战时期,代理人战争被视为超级大国的外交政策工具,这导致理论片面集中在大国竞争上。在这一理论假设中,超级大国仿佛可以在任何时候选择朋友来对抗敌人。这种以国家为中心的研究视角只关注主要行为者的意图和代理联盟中的权力不对称,这样不但缺少代理联盟的生成机制,而且低估了内部冲突的动态、地区大国和非国家行为体的作用。"②

1984 年,雅科夫·巴尔·西蒙托夫(Yaacov Bar Siman Tov)修正了代理人战争的概念,他认为代理人战争是一方应第三方的要求与另一方交战的战争。定义这样的战争的条件是应施动方的要求,如果没有这个要求,代理人就不会参战,即使它可能在这个方向上有利益。③ 西蒙托夫虽然避开了"国家中心"范式,但是他几乎不给代理人的自主利益留有一丝空间。

安德鲁·芒福德(Andrew Mumford)则认为代理人战争是施动方与选定的代理人之间关系的产物。施动方是现存冲突动态之外的国家或非国家行为体,而选定的代理人是武器、培训和资金的接收方。简而言之,代理人战争是各国寻求推进自身战略目标,同时避免卷入直接、代价高昂和血腥战争的合理替代品,即施动方倾向于"通过将动力活动外包给第三方代理人来避免任何直接干预的方式"。④ 很显然,

---

① Karl W. Deutsch, "External Involvement in International Wars", in Harry Eckstein, ed., *Internal War: Problems and Approaches*, New York: Free Press of Glencoe, 1964, p. 102.

② Abbas Farasoo, "Rethinking Proxy War Theory in IR: A Critical Analysis of Principal-Agent Theory", International Studies Review, Vol. 23, No. 4, 2021, p. 1835.

③ Yaacov Bar Siman Tov, "The Strategy of War by Proxy", *Cooperation and Conflict*, Vol. 19, No. 4, 1984, p. 272.

④ Andrew Mumford, "Proxy Warfare and the Future of Conflict", *The RUSI Journal*, April/May, 2013, p. 40; Andrew Mumford, "The New Era of the Proliferated Proxy War", Real Clear Defense, November 16, 2017, https://www.realcleardefense.com/articles/2017/11/16/the_new_era_of_the_proliferated_proxy_war_112648.html.

芒福德认为代理人只是施动方的战略中第三方"牺牲品",也没有赋予其更多角色含义。

此外,"霸权决定论"的观点更加不会重视代理人对战争进程的影响。例如,有研究指出,在核威慑的压力下,美苏转而通过控制代理人来间接达成战略和意识形态目标,而不愿意冒直接介入冲突的风险。苏联解体后代理人之间的内战才逐渐结束,是因为外部支持者失去了兴趣并停止支持它们。① 这种侧重两极结构的叙事忽视了被庇护者对冷战的动态过程和关键事件所起到的作用。总之,在代理人战争中,施动方被描述为一个利益、指令的输出中心,代理人则被视为"机械地"推进施动方所确立的目标和利益的"木偶"(puppet)。

既有研究一般基于施动方的"受益"视角,认为运用代理人战争可以获得战略利益并降低风险和成本,以至于美国总统艾森豪威尔曾经称代理战争是"你能找到的最便宜的保险"。代理人战略主要是指无论在和平还是交战时期,施动方可以利用代理人来弱化、胁迫、破坏敌人的力量发展和进攻能力。② 美国国防部在2006年和2010年发布的两版《四年防务评估报告》(Quadrennial Defense Review Report)都将代理人战争作为一种"间接手段"(Indirect Approaches)或"混合战"(Hybrid War)的组成部分来应对复杂的安全挑战,胁迫或威胁敌人。③ 同样,俄罗斯也被认为擅长利用代理人战略来建立冲

---

① Mark O. Yeisley, "Bipolarity, Proxy Wars, and the Rise of China", *Strategic Studies Quarterly*, No. 4, 2011, pp. 78-81; Miriam R. Eetrin, Jeremy Shapiro, "The Proxy War Problem in Syria", *Foreign Policy*, Feb. 4, 2014, https://foreignpolicy.com/2014/02/04/the-proxy-war-problem-in-syria/.

② Geraint Hughes, *My Enermy's Enermy: Proxy Warfare in International Politics*, UK: Sussex Academic Press, 2012, pp. 2, 20-32, 35-36; Daniel Byman, *Deadly Connections States that Sponsor Terrorism*, UK: Cambridge University Press, 2005, p. 36; Andrew Mumford, "The New Era of the Proliferated Proxy War", the Strategy Bridge, November 16, 2017, https://thestrategybridge.org/the-bridge/2017/11/16/the-new-era-of-the-proliferated-proxy-war.

③ US Department of Defense: Quadrennial Defense Review Report, 2006, p. 2; Quadrennial Defense Review Report, 2010, p. 8.

突缓冲地带或冲突冻结区,以此控制和影响临近自己的苏联国家和地区。① 施动方发动代理人战争的具体"好处"主要包括:避免直接的正面冲突,减少自身的伤亡和漫长的资源投入;控制战争的规模和节奏,避免冲突升级;绕开国内的社会反战情绪、政治反对派、行政和司法程序的诸多限制,介入冲突的过程更加便捷、灵活;即使肮脏的代理人战争失败了,其给本土带来的损害和政治后果也较小,因为决策者还有否认、推诿(deniability)的余地;等等。简而言之,使用代理人战争的好处概括起来就是更便宜(cheaper)、更容易(easier)。②

最后特别指出的是,施动方主导范式过于重视施动方的利益和价值关切而忽视代理人自主角色,这是导致人们对代理人战争和代理成本理解不够充分的重要原因。

2. "再平衡":"委托—代理"视角

既有研究并没有局限于"施动方中心"范式,代理人自主角色也受到关注。丹尼尔·拜曼(Danniel Byman)指出,代理人反噬施动方的自主行为应受到关注,"尽管(对施动方而言)有许多优势,代理人远非感激和顺从前者,也常常令施动方失望,当地代理团体经常走自己的路,追求自身利益的同时收受金钱和其他支持"。③ 与

---

① Vladimir Rauta, "Proxy agents, auxiliary forces, and sovereign defection: assessing the outcomes of using non-state actors in civil conflicts", *Southeast European and Black Sea Studies*, Vol. 2, No. 1, 2016, p. 104.

② Danniel Byman, "Approximating War", *The National Interest*, Sep./Oct., 2018, pp. 10-13; Philip Bobbitt, "The Shield of Achilles", *War, Peace and the Course of History*, New York: Anchor Books, 2003, p. 331; Andrew Mumford, "Proxy Warfare and the Future of Conflict", *The RUSI Journal*, April/May, 2013, pp. 41-42; Geraint Hughes, *My Enemry's Enermy: Proxy Warfare in International Politics*, 2013, pp. 20-31; Andrew Mumford, "The New Era of the Proliferated Proxy War", Real Clear Defense, Nov. 16, 2017, https://www.realcleardefense.com/articles/2017/11/16/the_new_era_of_the_proliferated_proxy_war_112648.html; Steve Fernzi, "Want to built a better proxy in Syria? Lessons from Tibet", Aug. 17, 2016, https://warontherocks.com/2016/08/want-to-build-a-better-proxy-in-syria-lessons-from-tibet/.

③ Danniel Byman, "Approximating War", *National Interest*, Sep/Oct, 2018, pp. 10-19.

此同时，芒福德也关注到了这个棘手的问题："代理人也有自己的议程，尤其是代理人开始萌生自主念头以及向施动方伪造相异的战略目标解释，这使得冲突中的代理关系的管理必然是机警的。"①

代理人的自利和偏离行为对"施动方中心"范式构成了挑战。施动方"决定论"可能出于单方面的幻觉，并不符合实际。陈翔指出，在内战中代理人并非无自我利益或纯粹是为了施动方利益采取代理行动，代理人要实现自身的既定目标，会积极借助施动方的力量力图改变内战国家的国内权力结构。② 此外，施动方"受益论"也遭质疑，施动方纯粹是代理人战争的受益者吗？丹尼尔·拜曼对此泼了冷水："代理人战争不仅仅是由代理人来承担战斗和死亡，对施动方也含有不可预见的后果。"③ 布莱恩·威廉姆斯（Brain Glyn Williams）通过对发生在伊拉克（2006—2008 年）、阿富汗（1981—1998 年）、波西尼亚（1992—1995 年）和车臣（1999—2009 年）的四场代理人战争进行分析，研究结果表明代理人战争更像是"双刃剑"，施动方虽然可以迅速获得安全，但这种短期的胜利伴随着长期的代价，诸如冷战后阿富汗的动乱、波西尼亚的报复，以及车臣盗匪横行的环境。④

鉴于"施动方中心"范式无助于呈现代理人战争的复杂面貌，目前学界试图从委托—代理的理论视角来平衡它。

随着社会和产业的分工，"日益复杂之组织而演化的科层结构，

---

① Andrew Mumford, "Proxy Warfare and the Future of Conflict", *The RUSI Journal*, April/May, 2013, p.41.
② 陈翔：《内战为何演化成代理人战争》，载《世界经济与政治》2018 年第 1 期，第 41—42 页。
③ Geraint Hughes, *My Enermy's Enermy: Proxy Warfare in International Politics*, UK: Sussex Academic Press, 2012, p.39.
④ Brian Glyn Williams, "Fighting with a Double-Edged Sword?", in *Making Sense of Proxy Wars*, edited by Michael A. Innes, Washington, D.C.: Potomac Book, 2012, pp.87—88.

则带来了限定委托—代理关系的正式结构",① 其中代理人因具备专业优势和特殊价值被委以重任来解决烦琐问题和"增效节支"。经济学、管理学和政治学科已大量运用委托—代理理论分析了诸如公司治理（股东与职业经理人的互动）、政府治理（科层政府的分权与博弈、央地关系等）、国会监督（国会监督官僚机构）、国际组织运作（成员国对国际组织的授权）等正当代理情形，其中如何管控代理人则成为"委托—代理"理论（Principal-Agent Thoery）（简称"代理理论"）的重要关切点。② 达伦·霍金斯（Darren Hawkins）和韦德·雅各比（Wade Jacoby）指出，尽管代理理论的文献越来越复杂，但学界主要关注的是委托人如何控制这些代理人，却对代理人试图规避这些控制的策略关注较少。因此，他们提醒学界，在研究"委托—代理"问题时，代理人的角色值得高度关注。③ 阿巴斯·法拉索（Abbas Farasoo）也持相同的看法：委托—代理理论都认为施动方向代理人行使不对称的权力是二者产生联系的基础，代理人在其主人的意志之外没有任何议程和自主权，这一理论使得代理人战争看起来是单方面的决策程序，忽略了代理人的角色和他们

---

① ［美］道格拉斯·C. 诺思：《制度、制度变迁与经济绩效》，杭行译，韦森审校，格致出版社 2008 年版，第 64 页。
② Terry M. Moe, "An Assessment of the Positive Theory of 'Congressional Dominance'", *Legislative Studies Quarterly*, Vol. 12, No. 4, 1987, pp. 475–520; Terry M. Moe, "The New Economics of Organization", *American Journal of Political Science*, Vol. 28, No. 4, 1984, pp. 739–777; Barry M. Mitnick, "Incentive Systems in Environmental Regulation", *Policy Studies Journal*, Vol. 9, No. 3, 1980, pp. 379–394; Michael C. Jensen, William H. Meckling, "Theory of the Firm: Managerial Behavior, Agency Costs and Ownership Structure", *Jounal of Finacial Economics*, 1976, p. 308; 蔡永顺：《代理人困境与国家治理：兼评"风险论"》，《社会》2017 年第 3 期，第 67—84 页；［美］戴伦·霍金斯、戴维·莱克、丹尼尔·尼尔森、迈克尔·蒂尔尼编：《国际组织中的授权与代理》（*Delegation and Agency in International Organization*），白云真译，上海人民出版社 2015 年版；周雪光：《基层政府间的"共谋现象"——一个政府行为的制度逻辑》，《社会学研究》2008 年第 6 期，第 1—22 页。
③ Darren Hawkins, Wade Jacoby, "How agents matter?", In *Delegation and Agency in International Organizations*, ed. Darren G. Hawkins, et al., New York: Cambridge University Press, 2006, p. 199.

的偏好,在最坏的情况下,"被授权的代理人可能会变成其赞助者的掘墓人"。①

那么,研究代理人战争(非正当代理情形)时,委托—代理分析框架和基本逻辑是否仍然适用?事实证明,委托—代理理论能够向多种场景扩张,具备很好的理论渗透性和通约性,这为国际关系学界将其引入代理人战争研究领域提供了坚实的基础。与正式代理情形类似,代理人战争中也存在委托—代理问题,即在管控代理人谋求自主性问题上施动方面临一种权衡:虽然支持目标国的代理人往往比直接参与战争的成本更低,但冲突的授权也会带来一定的战略风险,尤其是施动方要担心的是代理人懈怠(agency slack)。因此,代理理论的基本逻辑和分析框架被引入代理人战争研究领域就很自然地发生了,国际关系学者运用代理理论呈现了代理人战争中的代理困境,包括代理关系中的固有张力,以及代理人与施动方的双向博弈。在代理人战争中,代理人为何经常追求与施动方目标不一致的议程,这种差异背后的机理是什么?是否有行之有效的办法约束代理人保持在设定的轨道?学界一直在推进、深化相关的讨论,目前取得的代表性成果如下。

第一,"成本—收益"权衡。泰隆·格罗(Tyrone L. Groh)指出,迄今为止,通过第三方采取行动可能产生的消极影响没有被充分考虑,代理人战争仍缺乏对成本和收益的系统性处理,代理人的自利特性和动机是至关重要的,会给冲突增加另一层复杂性。② 故此,他从"成本—收益"视角对若干代理人战争进行了系统的考察。山姆·海勒(Sam Heller)基于"成本—收益"视角,发现代理人战争更像是追求"次优"结果的手段,例如美国在叙利亚进行的代

---

① Abbas Farasoo, "Rethinking Proxy War Theory in IR: A Critical Analysis of Principal-Agent Theory", *International Studies Review*, Vol. 23, No. 4, 2021, pp. 1835-1858.

② Tyrone L. Groh, *War on The Cheap? Assessing the Costs and Benefits of Proxy War*, Georgetown University, Washington, D. C., February 23, 2010, p. 3.

理人战争并没有达成野心勃勃的"最优"目标，但支持"有问题"的反对派代理人继续战斗依然是一个"次优"的方案，至少可以增加俄罗斯和阿萨德政权的获胜难度、成本并保留美国影响叙利亚和中东事务的"杠杆"。① 布兰登·梅里尔（Brandon Merrell）以"成本—收益"视角分析了德国占领丹麦（1940—1945 年）期间推行代理人战略的困境：缺乏足够的、可信的激励（奖励或惩罚）工具和代理人的努力成本（effort cost）不断上升。②

第二，"去中心化"的互动结构。冷战期间，当涉及代理人角色时，经常出现"尾巴摇狗"的比喻。霍普·哈里森（Hope Millard Harrison）认为有必要对过往冷战研究中的"超级大国中心"论进行修补，增加"卫星国"对冷战动态和关键事件的贡献。对此，他尝试以"去中心化"视角研究冷战期间苏联与民主德国关系（1953—1961年）。在他看来，苏东（德）关系比以前所理解的"更双边化"（more two-sided），民主德国不仅通过自己的政策限制了苏联的选择范围，也利用了美苏、中苏以及苏联领导层内部的紧张关系。③ 舍约·布朗（Seyom Brown）将"尾巴摇狗"作为"代理人战争陷阱"（Proxy-war pitfalls）的一种形式，他指出在冷战时期，超级大国可能（也确实）被假定的代理人利用，因为后者不断地从超级大国那里勒索更多的援助。④

在中东的地缘政治和安全博弈中，也存在大量的"尾巴摇狗"现象。艾弗莱姆·卡什（Efraim Karsh）对中东历史与政治进程中普

---

① Sam Heller, "A Syria Policy for Trump's America", the Century Foundation, Dec. 9, 2016, https: //tcf. org/content/report/syria-policy-trumps-america/? session = 1.

② Brandon Merrell, "Denmark (1940-45): Armed Resistance and Agency Slippage in Germany's Model Protectorate", in *Proxy Wars Suppressing Violence through Local Agents*, Edited by Eli Berman and David A. Lake, Cornell University Press, 2019, pp. 53-154.

③ Hope Millard Harrison, *Driving the Soviets up the Wall: Soviet-East German Relations (1953—1961)*, Princeton University Press, 2003, pp. 1-12.

④ Seyom Brown, "Purposes and pitfalls of war by proxy: A systemic analysis", *Small Wars & Insurgencies*, Vol. 27, No. 2, 2016, p. 250.

遍存在的"尾巴摇狗"现象进行了专门研究,他反对从全球强权政治支配的视角理解该地区事务,也不认同"中东人是缺乏内在自主动力的倒霉对象"的观点。① 例如,坎迪斯·荣德(Candace Rondeaux)与大卫·斯特曼(David Sterman)指出,"'法塔赫''巴解组织''塔利班'和'北方联盟'之类的代理人并没有仅仅充当零和游戏中陷入困境的全球棋盘上的棋子,实际上巧妙地操纵了它们的施动方,以达到自己的目的"。② 在中东的代理人战争中,美国面临的最大问题之一是它的代理伙伴可以操纵上报给美国的情报,代理伙伴可以把当地的暴乱分子描绘成"基地"组织的一部分,也可以夸大受援部门的作战效力,其目的在于谋求美国增加整体援助规模和影响美国对这场斗争的看法。③

第三,互利的动机。安东尼·普法夫(C. Anthony Pfaff)明确指出:"施动方和代理人之所以进入这种关系,是因为这有助于双方降低与实现各自利益相关的成本和风险。"④伯蒂尔·杜奈尔(Bertil Dunér)也认为,代理关系中的利益并非完全由施动方单方面的权力操纵,代理人在其中同样存在某种利益,双方都可以从代理人战争中获益,这方面的利益涉及权力以外的其他事物,它实际上必须被解释为某种共同利益(joint interest)或至少是利益契合(compatibility of interests)。⑤ 雅科夫·巴尔·希曼·托夫(Yaacov

---

① Efraim Karsh, "The Tail Wags the Dog: International Politics and the Middle East", Bloomsbury USA, Aug., 2015, pp. 3–10.
② Candace Rondeaux, David Sterman, "Principal Rivalries & Proxy Dilemmas", in the report on "Twenty-First Century Proxy Warfare: Confronting Strategic Innovation in a Multipolar World", New America, Feb. 20, 2019, https://www.newamerica.org/international-security/reports/twenty-first-century-proxy-warfare-confronting-strategic-innovation-multipolar-world/principal-rivalries-proxy-dilemmas/.
③ Daniel L. Byman, "Friends like These: Counterinsurgency and the War on Terrorism", International Security, Vol. 31, No. 2, 2006, p. 112.
④ C. Anthony Pfaff, "Strategic Insights: Proxy War Norms", Army War College, U. S., Dec. 18, 2017.
⑤ Bertil Dunér, "Proxy Intervention in Civil Wars", Journal of Peace Research, Vol. 18, No. 4, 1981, p. 356.

Bar Siman Tov）则指出，代理人是自愿的这一事实并不一定意味着它正在被施动方利用，这两个行为者之间的关系可能是互利的，即使不是对称的。① 对此，泰隆·格罗（Tyrone L. Groh）通过案例统计发现，在代理人战争中，具有当地语言知识和融入环境能力的行动者可能没有足够的资源或技能独自达成其目标，而缺乏这些技能的干预国即使能够实现其安全目标，但代价要高得多，于是双方共同行动可以提高实现目标的机会，并可能降低成本。②

第四，管控代理关系是一种双向权衡过程。丹尼尔·拜曼与萨拉·克雷普斯（Sarah E. Kreps）用"委托—代理"框架分析国家资助恐怖主义（State-Sponsored Terrorism）问题，这种代理关系的困境在于：国家有时希望保留外交政策自主权而决定不支持恐怖组织，是否愿意支持这些组织，将取决于直接军事行动的成本、合适的代理人以及监督效力。恐怖组织也面临着类似的两难境地，虽然可以通过接受外部援助来显著增加自身的资源，但担心一时冲动使其受控于外部支持者，因此可能会选择保持自主性。③ 双方对自主性的权衡实际上构成了代理困境的一部分。艾迪·萨尔扬（Idean Salehyan）等学者将"委托—代理"框架引入内战暴乱问题研究中，作者认为外国对反叛组织的支持可以被视为一种"委托—代理"问题，这类代理人战争得以发生的条件是供需匹配：一个施动方［"供给侧"（supply-side），外部国家］必须向一个代理人［"需求侧"（demand-side），反叛组织］提供支持，后者必须接受这种支持。双方在此过程中处于一种双向权衡。特别是对于反叛组织来说，最重

---

① Yaacov Bar Siman Tov, "The Strategy of War by Proxy", *Cooperation and Conflict*, Vol. 19, No. 4, 1984, p. 270.

② Tyrone L. Groh, *War on The Cheap? Assessing the Costs and Benefits of Proxy War*, Georgetown University, Feb. 23, 2010, p. 29.

③ Daniel Byman, Sarah E. Kreps, "Agents of Destruction? Applying Principal-Agent Analysis to State-Sponsored Terrorism", *International Studies Perspectives*, Vol. 11, No. 1, 2010, pp. 1–18.

要的权衡就是如何获取外部援助又能保住自主性与国内合法性。因此，如果条件允许，强大的反叛组织更愿意依靠国内的支持来获得可靠的资源，而不是接受对其行为施加约束的外部援助。① 这就意味着，在代理人战争中，更强大的或逐渐壮大的代理人更倾向独立自主地做决定而不愿意受到施动方的管控。

在阿莫斯·福克斯（Amos C. Fox）看来，管理代理关系的难题在于如何平衡施动方与代理人的自主利益与可承担的风险，这是一个动态的互动过程。对此，他进一步解释：代理关系基本内涵是施动方从代理人那里获取收益，代理人为施动方提供服务；共同的利益将双方连接在一起；与此同时每一方都关注自主利益与可承受的风险；如果共同利益消失，或自主利益超过了共同利益，或需要承担的风险过高，那么代理关系将破裂（参见如下示意图）。②

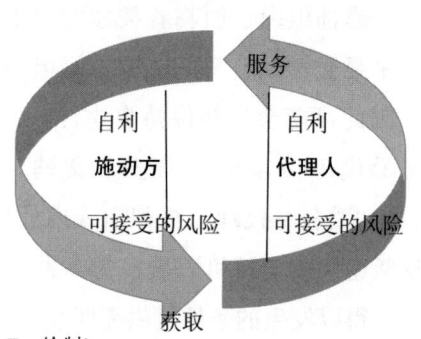

（来源：Amos C. Fox 绘制）

第五，代理损失主要与利益分歧、信息不对称有关。斯蒂芬·比德尔（Stephen Biddle）等学者认为可以通过"委托—代理"框架来评估美国对当地伙伴的安全力量援助（Security Force Assistance,

---

① Idean Salehyan, Kristian Skrede Gleditsch and David E. Cunningham, "Explaining External Support for Insurgent Groups", *International Organization*, No. 4, 2011, pp. 710-735.

② Amos C. Fox, "Conflict and the Need for a Theory of Proxy Warfare", *Journal of Strategic Security*, Vol. 12, No. 1, 2019, p. 57.

SFA）的效果，其中美国是施动方，接受安全力量援助的伙伴是代理人。安全力量援助旨在通过"赋能"（Empowering，包括安全训练、咨询和武器装备等）提高合作伙伴自身的作战能力来减少美军直接作战的需要，背后的逻辑是减少成本。但是，施动方与代理人之间存在利益和信息不对称、"逆向选择"和"道德风险"等问题，这造成了"安全力量援助"出现系统的、固有的代理损失，因而也限制了美国通过这种方式来提高代理人军事能力的效果。对此，作者指出代理损失很大程度上跟利益分歧程度相关，正如代理理论所隐含的，代理损失与利益不一致的程度、监控和条件约束有关："当美国与合作伙伴的利益更紧密一致时，我们可以期待每一美元的安全力量援助支出在合作伙伴的军事效率上有更大的改善。紧密的利益匹配、侵入式监督（intrusive monitoring）和可信的约束对美国的安全力量援助来说将是有利的。"① 本杰明·卡奇（Benjamin Tkach）运用"委托—代理"理论分析美国（施动方）雇用的私人军事安保公司（代理人，PMSCs）的结构对2004—2007年伊拉克各省平民伤亡水平的影响。作者指出封闭的公司加剧了信息不对称困境，这带来了逆向选择和道德风险等问题。当美国无意中选择了可能追求自己利益的代理人时，就会发生逆向选择；如果私人军事安保公司对利润和美国对军事效能的优先顺序相互冲突，就会造成道德风险。基于伊拉克的案例实证发现，封闭的私人军事安保公司结构与平民伤亡存在较高的相关度。②

由于信息不对称困境的存在，代理人"租金"问题会造成持续

---

① Stephen Biddle, "Building Security Forces & Stabilizing Nations: The Problem of Agency", *Dædalus*, Journal of the American Academy of Arts & Sciences, Fall, 2017, pp. 126-135; Stephen Biddlea, Julia Macdonaldb and Ryan Bakerc, "Small footprint, small payoff: The military effectiveness of security force assistance", *The Journal of Strategic Studies*, Vol. 41, No. 1-2, 2018, pp. 90-132.

② Benjamin Tkach, "Private military and security companies, corporate, structure, and levels of violence in Iraq", *International Interactions*, Vol. 46, No. 4, 2020, pp. 499-525.

的代理成本。罗伯特·鲍威尔（Robert Powell）认为代理人战争是施动方与代理人之间一个"无止境"的博弈（an infinite-horizon game）过程：代理人也许是由于对当地情况的了解，能够以较低的成本处理问题。然而，这会带来后续的成本。当施动方需要付出代价才能让代理人解决问题并达成一个有效的结果时，承诺困境可能使代理人不会高效地解决这个问题。因为，如果高效地解决问题，代理人的未来收益可能无法得以兑现。① 罗伯特的研究实际上指出了代理人自主性难以被完全管控的一个重要原因：为保住持续的代理收益，代理人有动机采取懈怠策略以延长施动方对它的需要。露西·霍维尔（Lucy Hovil）和埃里克·沃克（Eric Werker）也聚焦于这个问题，将外部力量资助暴乱组织针对平民的暴力视为一个"委托—代理"问题：资助方的资金加剧了暴乱者对平民的暴力，暴乱者为了获得资金而选择对平民使用暴力，并努力使这个暴力过程延长、升级和被资助方所观察到（"暴力显示度"），以至于从后者那里获取可持续的援助。② 毫无疑问，这种"无止境"的代理租金可能导致施动方掉进承诺陷阱，增加激励成本。

最后，管控代理人自主性是一项复杂的系统性工作。伊莱·伯曼（Eli Berman）和大卫·莱克（David A. Lake）在他们主编的《代理人战争：通过当地代理人镇压暴力》一书中，运用"委托—代理"框架分析如何利用当地代理人来"减少扰乱"（minimizing disturbances）这样一个具有重要现实意义的问题。他们的关切点包括：如果施动方做得更少，它必须依靠当地代理人做得更多。那么，如何激励代理人去做施动方想做的事情？对施动方而言，如何以最小的成本为原则成功地管理代理关系？对此，作者指出利益或目标的

---

① Robert Powell, "Why Some Persistent Problems Persist?", *American Political Science Review*, Vol. 113, No. 4, 2019, pp. 980-996.

② Lucy Hovil, Eric Werker, "Portrait of a Failed Rebellion: an Account of Rational, Sub-Optimal Violence In Western Uganda", *Rationality and Society*, Vol. 17, No. 1, 2005, pp. 24-34.

是否匹配是问题的首要维度，根据利益匹配差异来作出恰当的激励（奖惩）反应是管控代理人最主要手段。当施动方未能采取适当的激励措施时，当地代理人就会懈怠而不能按施动方的要求采取措施去抑制动乱。该书的作者们详细分析了发生在韩国、丹麦、哥伦比亚、黎巴嫩、萨尔瓦多、巴基斯坦、巴勒斯坦、也门、伊拉克等地的10场代理人战争。通过案例研究，他们进一步提出三个发现：一是当施动方根据代理人的国内政治背景使用奖惩机制时，代理人通常会遵守；二是当动乱对施动方的显著性或代理人的努力成本增加时，施动方将以更强的激励（更大的奖励和惩罚）做出回应，代理人则以更大的努力达成预期；三是间接的激励控制不总是有效，或者只是部分执行了。①

与此同时，代理人自主性空间与代理关系模式存在关联。奥拉·舍克里（Ora Szekely）将代理模式引入代理人战争研究并与代理人自主性挂钩，这是他的创新之处。他认为在团结的单方委托（cohesive single principals）、分裂的集体委托（divided collective principals）和多边委托（multiple principals）三种不同的代理模式下，代理人拥有的自主性大小和反应不同，"施动方越碎片化，其代理人就越有可能被迫执行一项计划不周的政策，或者经历内部的分裂。相反，施动方越有凝聚力，其代理人的自主性面临的风险就越大。即使面对有凝聚力的施动方，在代理人内部在是否服从委托人的命令上也会产生分歧"。② 为检验其理论假设，作者在委托—代理的框架下进一步比较了叙利亚在不同年代作为集体委托人、单个委托人以及多方委托人与其非国家代理人的互动行为。

---

① Eli Berman, David A. Lake, Gerard Padro´I Miquel and Pierre Yared, "Principals, Agents, and Indirect Foreign Policies", In *Proxy Wars: Suppressing Transnational Violence through Local Agents*, edited by Eli Berman and David A. Lake, Ithaca, NY: Cornell University Press, 2019, pp. 1–27.

② Ora Szekely, "A Friend in Need: The Impact of the Syrian Civil War on Syria's Clients", *Foreign Policy Analysis*, Vol. 12, No. 3, 2016, pp. 450–468.

此外，限制性条件能更好地约束代理人行为。沃尔特·拉特维希（Walter C. Ladwig Ⅲ）在其著作中讨论美国为什么难以依靠当地政府代理人来取得反暴乱的成功。在镇压暴乱的过程中，华盛顿与当地伙伴的关系往往很不和谐，华盛顿几乎无法塑造代理人的行为，几十年来这个难题一直困扰着美国的反暴乱援助努力。对此，他指出美国陷入了一种矛盾的境地：一方面，它要支持处于内部崩溃危险中的弱小政权；另一方面，这些政权的继续生存高度依赖外部支持，而华盛顿对它们几乎没有控制或影响。他的研究表明，代理关系中的结构性紧张可以被视为冲突中"被遗忘的前线"（forgotten front），提供大量的援助却不会产生影响代理人行为的杠杆作用，而援助的限制性条件比无限的慷慨更有可能产生影响，即有条件的对外援助，才能更好地影响当地政府代理人的行为。①

（二）关于中东代理人战争的研究

"9·11"恐怖袭击事件后，中东的代理人战争日益兴起，甚至"在当代国际冲突中占据主要位置"。②西亚北非动荡后，中东地区地缘政治和安全环境进一步发生深刻剧变，原本脆弱的地区秩序分崩离析，域内外国家试图塑造有利于自身利益的环境。与此同时，部分脆弱国家的内部权力结构崩溃，不能完全垄断其领土边界范围内的统治，非国家地方行为体趁机而入，越来越有能力运用暴力手段和非对称策略制造长期的混乱。地区—国家内部政治秩序双重碎片化现象叠加显现，域内外干预国趁机与地方非国家行为体勾连，为代理人战争的频繁爆发创造了条件。从 2011 年至今，"代理人战争在中东地区获得了惊人的突出地位"。③ 既有研究

---

① Walter C. Ladwig Ⅲ, *The Forgotten Front: Patron-Client Relationships in Counterinsurgency*, Cambridge University Press, 2017, pp. 1-7.

② Amos C. Fox, "Conflict and the Need for a Theory of Proxy Warfare", *Journal of Strategic Security*, Vol. 12, No. 1, 2019, p. 44.

③ Alexandra Stark, Ariel I. Ahram, "How the United States Can Escape the Middle East's Proxy Wars", Philadelphia: Foreign Policy Research Institute, Oct. 22, 2019.

已经对中东代理人战争的回潮、演变和频发进行了讨论,为学界提供了独特的地区经验。

1. 地区—国家双重权力碎片化

为什么在中东这样的地缘政治和安全环境下,代理人战争更容易爆发?21世纪初,美国大举入侵阿富汗和伊拉克,并在中东地区进行长年累月大规模反恐战争,严重冲击了中东秩序。西亚北非动荡后,"中东地区秩序已从一个围绕并反对美国主导和管理的体系,转变为一个缺乏共同准则、外交渠道或平衡机制的多极体系",中东地区体系变得更加复杂和多极化,伊朗、沙特阿拉伯、以色列、阿拉伯联合酋长国等中等强国加大在地区层面投射力量,试图重塑该体系以服务于自身利益,而美国既不愿也无力遏制地区多极化、无序化,撕裂了原本脆弱的地区安全架构。[①] 与此同时,非国家行为体(包括暴乱团体、地方武装、恐怖主义和极端组织)趁机发展壮大,严重挑战了国家对领土的控制,破坏了主权规范和国际关系基本准则。中东地区安全环境的变化,致使代理人战争越来越多地与地区、国家权力碎片化现象联系在一起,并渗透到"脆弱国家"的内部冲突。

首先,地区权力结构碎片化。地区权力结构与代理人战争的爆发存在密切的关联,当一个地区陷入单极格局,霸权国对该地区的事务拥有绝对主导权,代理人战争在这种权力格局中没有任何着力点。当一个地区陷入两极格局,地区国家会严格地归化在两个阵营之下,对立双方达成均势状态,挤压了代理人战争滋生的余地。而当一个地区陷入多头博弈的碎片化权力格局下,任何国家试图主导地区事务的进程变得异常困难,而这将成为诱发代理人战争的有利环境。

回顾2001年以来美国的中东战略,美国先是大举入侵、改造中

---

① Waleed Hazbun, "American Interventionism and the Geopolitical Roots of Yemen's Catastrophe", Middle East Research and Information Project, *Middle East Report*, No. 289, 2018.

东,后又从该地区实行战略收缩。美国力量的"大进大退"严重冲击了原有的中东权力结构,引发地区体系持续动荡、重组。受美国反恐战争、西亚北非动荡等典型事件影响,中东本已复杂的安全环境进一步恶化,暴乱运动、恐怖主义活动、政权颠覆等乱象丛生,逐渐沦为多方力量角力的大棋局。美国、俄罗斯、英国、法国、土耳其、伊朗、以色列、沙特阿拉伯等国作为中东地缘政治博弈的主要玩家,纷纷通过扶植目标国代理人介入利比亚、叙利亚、也门、伊拉克等"脆弱国家"的内部冲突中。根本而言,以美国为代表的外部力量希望借助地区代理人操纵中东地区发展进程和安全格局,进而谋取可持续的"结构性权力"。在外部力量加大政治操纵与战争资源输入的背景下,目标国的自主决策空间遭到压缩,不得不被裹挟进入代理人战争。

其次,国家权力结构碎片化。在中东的广泛冲突中,非国家武装行为体扮演了重要角色,因此需要跳出"国家中心"视角来理解中东代理人战争的爆发。一旦国家内部权力结构碎片化,不受控制的内部各派势力便着手争夺最高权威。在安全困境的压力下,它们有足够的动机通过寻求外部援助和庇护来扩大力量优势,这成为推动代理人战争爆发的内在条件。当一个国家有能力行使最高主权并垄断全部暴力,其他行为体就难以对其造成根本性挑战,反之亦然。例如,刘中民教授研究了伊朗在中东发展代理人网络问题,指出对象国政权脆弱,无力控制国内局势并难以压制什叶派政治组织,是伊朗在该地区操作代理人策略取得成功的充分条件。对此,他系统验证了伊朗与黎巴嫩、伊拉克、也门、海合会国家的什叶派组织之间的赞助—代理关系,最终发现伊朗在黎巴嫩获得了发展代理人策略的最佳环境,而在其他国家的表现则相对逊色。[1]

---

[1] 刘中民:《地区大国代理人战略的差异性研究——以中东宗教政治组织的赞助—代理关系为例》,《国际观察》2022年第5期。

控制与自主:美国的中东代理人战争

"9·11"事件以来,一些中东"脆弱国家"处于"权威缺位"状态,已经无法获得一些力量强大的非国家行为体的尊重和服从,导致国家权力结构出现裂缝。在当前的国际政治中,一些失败国家或脆弱国家只是保留了主权"外壳",但它们没有中央政府(如索马里),或政府权威无法覆盖境内所有地区(如巴基斯坦、叙利亚、伊拉克、阿富汗等)。①"2019 年脆弱国家指数"(Fragile States Index,2019)报告显示,中东地区(包括阿富汗、叙利亚、也门、伊拉克等国)和非洲地区[包括苏丹、乍得、中非共和国、刚果(金)、南苏丹、索马里等国]是国家权力碎片化的高危集中区②,这也是代理人战争频繁爆发的地区。"脆弱国家"更容易爆发代理人战争,其根本原因在于权力当局丧失最高权威,非国家行为体从权力碎片化的裂缝中找到生存发展空间,逐渐上升为国家政治以及冲突中的重要角色。例如,在中东地区,一些行动能力令人震惊的非国家行为体(如"伊斯兰国"组织、"叙利亚民主军"、"胡塞"武装、"基地"组织、黎巴嫩"真主党"等)依附于"脆弱国家"的权力割据状态,并与外部力量勾结,获取了丰富的作战资源,甚至能打败一些国家的正规军队。可以说,对于那些权力结构碎片化的国家而言,最主要的安全威胁是失去控制的非国家行为体被外部力量捕获,进而充当后者介入地方冲突的工具。因此,代理人战争的爆发"往往是国内力量难以被有效整合所致"。③

2. 地方非国家武装行为体的崛起

过去的研究往往在国家中心视角和美苏战略竞争框架下分析冷

---

① [美]戴维·莱克:《国家与国际关系》(第二章),载 [澳]克里斯蒂安·罗伊-斯米特、[英]邓肯·斯尼达尔编《牛津国际关系手册》,方芳等译,译文出版社 2019 年版,第 59 页。

② J. J. Messner, "Fragile States Index Annual Report 2019", The Fund for Peace, April 2019, https://fundforpeace.org/wp-content/uploads/2019/04/9511904-fragilestatesindex.pdf.

③ 左希迎:《非常规战争与战争形态的演变》,载《世界经济与政治》2020 年第 3 期,第 93 页。

战期间的代理人战争，常规力量在军事战略中的突出地位已得到充分理解，并在整个国防政策和规划中得到反映，但关于非常规力量的政策、资源和授权等方面的内容在国防文件中就不那么清晰。① 显然，非国家武装行为体（Non-state Armed Actors，NSAAs）在冲突中的角色受到贬抑。中东地区广泛存在并能够实施国际行为的非国家行为体，尽管它们不能在全球范围内投射力量，却能在区域内投射力量，对地区国家的主权构成挑战，深刻影响了中东国际关系和国际体系。"中东地区体系的脆弱性、破碎性和可渗透性，催化了中东地区非国家行为主体的反体系运动"。② 非国家武装行为体的伺机崛起，导致中东地区安全形态呈现出"范式性转变"。③ 例如，"基地"组织以"本土化"的方式发展壮大，其控制的分支、团体与当地人、当地武装合作，通过建立当地政治联盟并获得部族领袖、游牧民族、农民和社区的支持来巩固其存在，这一战略使"基地"组织得以扩大其影响范围。④

面对非传统、非对称的威胁形态，外部干预国不断调整中东安全战略和作战方式，并逐渐转向扶植地方层面的非国家代理人，依

---

① Karl W. Deutsch, "External Involvement in Internal War", in Harry Eckstein ed., *Internal War*, New York: Free Press of Glencoe, 1964, p. 102; Yaacov Bar-Siman-Tov, "The Strategy of War by Proxy", *Cooperation and Conflict*, Vol. 19, No. 4, 1984, pp. 263-265; R. Kim Cragin, "Semi-Proxy Wars and U. S. Counterterrorism Strategy", *Studies in Conflict & Terrorism*, Vol. 38, No. 5, 2015, p. 312; Sean McFate, *The New Rules of War: Victory in the Age of Durable Disorder*, New York: William Morrow, 2019, p. 29; Ian Langford, "Finding Balance Between the Conventional and Unconventional in Future Warfare", Strategy Bridge, December 4, 2018, https://thestrategybridge.org/the-bridge/2018/12/4/finding-balance-between-the-conventional-and-unconventional-in-future-warfare.
② 刘中民：《中东秩序的挑战者：既熟悉又陌生的非国家行为主体》，澎湃新闻，2022年9月5日。
③ 非国家武装行为体指的是有能力和手段实施系统性暴力行动的非国家组织。
④ Ibrahim Al-Marashi, "Why death of al-Qaeda's Ayman al-Zawahiri will have little impact", Aljazeera, Aug. 2, 2022, https://www.aljazeera.com/opinions/2022/8/2/death-of-al-qaeda-chief-unlikely-to-have-much-long-term-impact.

赖后者"本土化"优势,以非对称方式应对非对称威胁。① "非国家代理武装通常被认为是在国内武装冲突中全部或部分代表外国政府行事的非正规军事组织,包括民兵、暴乱分子和恐怖分子"。② 地方非国家武装的角色已经在代理人战争概念的界定中得以凸显,如泰隆·格罗认为,代理人战争是"一个干预国为参与武装冲突的当地行动者提供支持,以影响目标国的事务"。③ 克里斯·拉夫曼(Chris Loveman)则认为代理人战争是"一个国家为避免自己采取行动而利用另一个国家的地方暴乱集团或准国家组织与敌人作战,并向后者提供政治、军事和经济援助。"④

首先,中东非国家行为体崛起,改变了当地的冲突形态和战斗方式,驱动了外部干预国反思传统战争思维和战术手段的不足。相比于国家行为体,地方非国家武装对非对称斗争策略的理解更深刻。正如迈克尔·沃尔泽(Michael Walzer)所指出的,如果非国家行为体采取非常规的作战策略(如游击战)来反抗军事占领和本国政府,即选择与当地人融为一体,并在后者的掩护、支持

---

① 关于非国家武装在代理人战争中作用的探讨,可参见 Daniel Byman, *Deadly Connections: States that Sponsor Terrorism*, New York: Cambridge University Press, 2007; Idean Salehyan, "The Delegation of War to Rebel Organizations", *Journal of Conflict Resolution*, Vol. 54, No. 3, 2010, pp. 493-515; Jeffrey M. Bale, "Terrorists as State: Separating Fact from Fiction", in Michael A. Innes ed., *Making Sense of Proxy Wars: States, Surrogates & the Use of Force*, Washington, D. C.: Potomac Books, 2012, pp. 1-30; Andrew Mumford, *Proxy Warfare*, UK: Polity Press, 2013, pp. 1-2, 11; Daniel Byman, "Why Be a Pawn to a State? Proxy Wars From a Proxy's Perspective", *Lawfare*, May 22, 2018, https://www.lawfareblog.com/why-be-pawn-state-proxy-wars-proxys-perspective。

② James Kenneth Wither, "Outsourcing warfare: Proxy forces in contemporary armed conflicts", *Security and Defence Quarterly*, Vol. 31, No. 4, 2020, p. 18.

③ Tyrone L. Groh, *War on The Cheap? Assessing The Costs And Benefits Of Proxy War*, A Dis-sertation submitted to Georgetown University in partial fulfillment of the requirements for the degree of Doctor of Philosophy, February 2010, https://repository.library.georgetown.edu/bitstream/handle/10822/553084/grohTyrone.pdf?jsessionid=76BB49628A661F85D69504623FC218ED?sequence=1, p. 4.

④ Chris Loveman, "Assessing the phenomenon of proxy intervention", *Conflict, Security & Development*, Vol. 2, No. 2, 2002, p. 30.

下与正规军周旋，那么正规军所面临的最重要的挑战就是识别游击队和平民。如果正规军不能把二者分隔开来，就几乎不可能取得持久的胜利。① 非国家武装深知作战能力的局限性，对与强国发生正面冲突毫无兴趣。同时，非国家武装也不相信国家正规军队愿意承受疲于奔波的折磨，或总是对低烈度、频繁的混乱作出及时反应。在当今的中东地区冲突中，非国家武装的作战思路是坚持灵活战术原则，进行相对分散的暴力袭击和小型战斗，以更加灵活的方式与国家行为体缠斗，试图在长期作战中持续消耗对手力量，进而增加国家行为体维持战争状态的成本和国内政治成本。②

中东地区非国家武装倾向通过恐怖活动、小规模扰乱、游击战、暴乱等非对称手段和策略来制造长期混乱，致使国家正规军"失灵"。美国前国防部长罗伯特·盖茨（Robert Gates）曾批评，"大战思维"在美军中占据主导地位，而美军对非常规、非对称战争重视不够，事实也证明美军不善于应付类似"基地"组织"真主党"那样的非国家组织制造的小规模战争或暴乱。③ 罗伯特·基欧汉（Robert Keohane）表示，"那些为美国强大的军事力量欢呼雀跃的人可能已经忘记了善于发明创造的对手能够制造像恐怖主义这样的'弱者的武器'"。④ 在肖恩·麦克法特（Sean McFate）看来，大国应对"持久混乱"状态的取胜方法有很多，并非所有方法都需要庞大的军队，因为"狡猾战胜蛮力"，先进的技术也不再是战场上的决

---

① ［美］迈克尔·沃尔泽著：《正义与非正义战争：通过历史实例的道德论证》，任献辉译，社会科学文献出版社 2015 年版，第 161—178 页。

② 左希迎：《非常规战争与战争形态的演变》，载《世界经济与政治》2020 年第 3 期，第 85—94 页。

③ ［美］罗伯特·盖茨：《责任：美国前国防部长罗伯特·盖茨回忆录》，陈逾前等译，广东人民出版社 2016 年版，第 138—139 页。

④ ［美］罗伯特·基欧汉：《世界政治研究中的大问题》（第四十二章），载［澳］克里斯蒂安·罗伊-斯米特、［英］邓肯·斯尼达尔编《牛津国际关系手册》，方芳等译，译文出版社 2019 年版，第 710 页。

控制与自主：美国的中东代理人战争

定性因素。为了胜利,美国必须抛弃传统的战斗方式,将军队从传统力量改造为"后传统力量",以新型的战略应对新形式冲突。① 质言之,中东当地的"麻烦制造者"肆无忌惮地向国家发动非常规战争,制造了非对称威胁,而外部干预大国的反应往往显得笨拙而僵化。

其次,从实力和功能对比的角度看,代理关系是一种非对称相互依赖关系,外部干预国试图改变传统作战思维和力量运用方式,转向强化和借助地方代理人的非对称优势,运用"以牙还牙"的策略来应对中东地方非国家武装制造的混乱。依赖地方非国家代理武装,对外部干预国来说,具有以下几个特殊"优势"。

一是地方代理人具有合法身份的掩护。一般而言,外国干预者不太可能受到当地人的欢迎,而本地团体具有"天然"的合法性,能在主权国家边界内和外部势力难以渗透的地区内运作,拥有外国力量永远无法做到的"柔性"方式融入当地社会的优势。例如,在叙利亚内战中,顾忌到当地民族主义和反美情绪的反弹,美国转向了代理人战略,扶植了"叙利亚民主军"(SDF),利用后者的合法身份在叙利亚东北部开展反恐行动。

二是地方代理人在处理地方性问题时更有天然的"专业"优势。地方代理人也能更好地利用本地关系网络、文化知识和语言、当地的相关政治人物和"线人"等资源优势,广泛获得情报,协助施动方更妥当地分配资源。② 伊莱·伯尔曼(Eli Berman)等人明确指出,地方代理人具有特定的专业水平、较高的问题熟悉度和较低的

---

① Sean McFate, *The New Rules of War: Victory in the Age of Durable Disorder*, New York: William Morrow, 2019.

② Danniel Byman, "Approximating War", *The National Interest*, September/October, No. 157, 2018, pp. 12-13; Idean Salehyan, Kristian Skrede Gleditsch and David E. Cunningham, "Explaining External Support for Insurgent Groups", *International Organization*, Vol. 65, No. 4, 2011, p. 714; Idean Salehyan, "The Delegation of War to Rebel Organizations", *Journal of Conflict Resolution*, Vol. 54, No. 3, 2010, pp. 503-504.

事件处理成本,因而在解决"麻烦"方面具有天然的局部优势,而这种局部优势是至关重要的:如果代理方不具备这种优势,施动方将永远不会选择间接控制它。①

三是地方代理人的角色可以降低外部干预国在战争中的显示度。由于大规模直接干预中东国家的战争会遭到法律、财政上的合规程序审查,甚至涉及声势浩大的政治、社会和军事动员,那意味着干预国决策者要承担较大的国内和国际观众成本(Audience Cost),面临诸多的阻力和风险。因此,外部干预国转向彰显当地代理人的角色,自身则隐退到合适的位置充当幕后主导者,降低参战显示度。例如,在中东的广泛冲突中,美国、俄罗斯、土耳其、伊朗、以色列、沙特阿拉伯等中东域内外国家都试图避免投入自己的常规军力,但是它们之间的"影子战争"从未停止。

总之,中东地方性非国家行为体的崛起改变了地区安全环境和冲突形态,它们运用非对称的方式挑战国家行为体主导的秩序,甚至成为地区行动的强者。域内外干预国逐渐重视和依赖地方性非国家行为体的角色,并将后者扶植为代理人,这是构成代理人战争的一个要素。

3. 内外力量勾结

双重权力碎片化为内外力量勾连提供了机会,这是代理人战争爆发的一个重要条件。中东地区与国家双重权力碎片化,为外部干预方和国家内部力量提供了利益交换的"市场"环境,其中前者可以方便地物色到愿意接受其援助和影响的地方代理人,赋予它们资源和能力,唆使其破坏国家对使用武力的垄断。而后者可以通过让渡全部或部分自主权来获得外部庇护和赋能。

在过去二十年,绝大多数暴力冲突"来源于失败的国家内部,而

---

① Eli Berman, David A. Lake, Gerard Padrói Miquel, and Pierre Yared, "Principals, Agents, and Indirect Foreign Policies", in Eli Berman and David A. Lake edited, *Proxy Wars: Suppressing Violence through Local Agents*, Ithaca: Cornell University Press, 2018, p. 12.

非国家之间",而且"多数情况下,内战都会涉及境外势力的介入"。① 自1945年以来,在285个反叛组织中,有134个得到了外国政府的明确支持,另有30个组织被指控获得外国支持。② 质言之,国家政治权威的碎片化与外部力量的渗透交互影响,共同致使"脆弱国家"滋生广泛的地方性暴乱、恐怖主义和极端主义暴力,并逐渐演化为代理人战争。这种现象在叙利亚、利比亚、也门、伊拉克等中东"脆弱国家"比较常见。

当内外利益交换匹配时,代理人战争爆发的条件就更成熟。对于外部干预国而言,把风险和代价转移给目标国代理人而不必在现场处理问题是一种极具诱惑的策略。但外部干预方必须物色到一个似乎愿意充当代理人的地方团体,并且在为其利益采取行动时,这种诱人的前景才会出现。③ 如果仅存在强大的外部干预方,而目标国的权力结构十分完整,这种情形则不利于内外勾结,也难以推动代理人战争的爆发。例如,美国资深外交官埃里克·爱德曼(Eric Steven Edelman)从近年来伊朗国内局势的变化中敏锐地发现一丝裂痕,因而产生了利用内部代理人去颠覆伊朗政权的大胆设想,即美国需要一个"升级版的秘密行动计划",来协助伊朗国内反对派削弱和颠覆伊朗的神权政体。④ 然而,就目前而言伊朗国内并没有冒出值得重视、可供利用的反叛组织,因而美国推动伊朗内部爆发代理人战争的条件并不成熟。

当今中东地区的大多数代理人战争呈现出"外部干预国+地方非

---

① 李汉松:《迈克尔·沃尔泽谈战争、国际社会与正义》,澎湃新闻,2020年5月24日,https://www.thepaper.cn/newsDetail_forward_7525728,访问时间:2021年7月15日。

② Idean Salehyan, "The Delegation of War to Rebel Organizations", *Journal of Conflict Resolution*, Vol. 54, No. 3, 2010, p. 497.

③ Tyrone L. Groh, *War on The Cheap? Assessing The Costs and Benefits of Proxy War*, A Dis-sertation submitted to Georgetown University in partial fulfillment of the requirements for the degree of Doctor of Philosophy, Feb. 2010, p. 1.

④ Eric S. Edelman, Ray Takeyh, "The Next Iranian Revolution: Why Washington Should Seek Regime Change in Tehran", *Foreign Affairs*, May/June, 2020, pp. 131-145.

政府武装力量"的组合形式。中东地区是双重权力碎片化的重灾区，在这种情形下，外部力量得以向动乱国家渗透，并轻易地将目标国反对派或地方力量"捕获"为代理人。① 而目标国内部各派力量为了在相互竞争中胜出，主动或被动地成了外部力量的工具。如此一来，中东地区"内外联动"型的安全困境进一步加剧："外部力量通过干预给分裂势力足够支持，原来的主权国家将不得不面临碎片化的结局"，"内生性的安全规范缺失、外源性的对中东安全秩序的干预，以及内外安全困局互动性牵制"，其"本质上是外部干预和中东国家不发达状态的反映"。②

2011年，西亚北非动荡爆发，美国领导的北约国家趁机支持反对派暴乱武装，轻而易举地推翻了利比亚卡扎菲政府。然而，围绕利比亚的战后政治秩序重建却很快演变成一场旷日持久的代理人内战。2014年夏天以来，由俄罗斯、阿拉伯联合酋长国、埃及和其他国家支持的独裁军阀哈利法·哈夫塔尔（Khalifa Haftar）对联合国承认的的黎波里政府发起了进攻，后者又得到了美国、土耳其和卡塔尔的支持。2016年10月，《德国之声》发表题为《卡扎菲被推翻5年后的利比亚》一文，文中指出："随着卡扎菲的被推翻，人们希望建设一个民主、自由和开放的利比亚社会。然而这一愿望不仅没有实现，而且恰恰相反：国家陷入混乱，没有有效的政府。与此同时，多个政府争夺统治权，全国有数百个武装组织。"③ 2022年8月底，的黎波里爆发血腥冲突，造成30多人死亡。利比亚民族团结政府总理德贝巴（Abdulhamid Dbeibah）指出，这是利比亚内外势力共同策划的结果。

---

① 陈翔：《内战为何演化为代理人战争》，载《世界经济与政治》2018年第1期，第29—32页。
② 王林聪：《中东安全问题及其治理》，载《世界经济与政治》2017年第12期，第17—22页；章远：《中东政治发展危机的安全结构约束》，载《西亚非洲》2019年第6期，第22—37页。
③ 马提亚斯·冯·海因（Matthias von Hein）：《卡扎菲被推翻5年后的利比亚》，《德国之声》2016年10月20日。

总之，中东地区秩序和国家结构的双重"碎片化"，为代理人战争进一步向该地区渗透创造了环境。在地区体系层次上，没有任何一个国家能够主导中东秩序，相反，地区强国和域外大国之间为实现各自的利益展开激烈的博弈，撕碎了地区体系，中东秩序异常脆弱和紧张，表现出长期的权力真空和缺乏稳固的政治身份；在国家层次上，一些中东国家的中央政府受到非国家地方行为体的挑战，没有能力恢复完整统治，碎片化的政治安全环境为内外力量的勾连创造了空隙。与此同时，目标国内部地方行为体为了获得政治、经济和安全竞争优势，主动或被动投靠外部力量，成为后者操纵的工具。地区与国内两个层次的权力碎片化叠加，为外部干预国与地方非国家行为体的勾结创造了条件，加剧了中东的冲突向代理人战争的演化。

（三）关于美国的中东代理人战争研究

冷战时期，美国在中东采取了一系列干预行动，但很少直接参与该地区的冲突。除了1958年和1983年对黎巴嫩的干预，1991年发动第一次海湾战争，美国更愿意在该地区扮演一个间接的角色，为当地盟友和合作伙伴提供经济、武器和情报等方面的援助。可以说，美国对中东的直接干预是例外行为，而通过代理人战争对该地区施加间接干预则是更常见的现象。"9·11"恐怖袭击事件后，美国大举入侵、改造中东，在中东开展反恐战争，引发地区体系持续动荡、重组。2011年西亚北非动荡冲击波接踵而至，中东本已脆弱的安全环境进一步恶化，恐怖主义、极端暴力、教派冲突、暴乱、内战等乱象叠加丛生，利比亚、叙利亚、也门、伊拉克等"脆弱国家"逐渐陷入"多边影子战争"（multisided shadow wars）的泥潭。[①]

---

① Will Marshall, "Drones, Disinformation and Proxies: What the Middle East's 'Forever Wars' tell Us about the Future of Conflict", Global Risk Insights, February 14, 2022, https://globalriskinsights.com/2022/02/drones-disinformation-and-proxies-what-the-middle-easts-forever-wars-tell-us-about-the-future-of-conflict/.

1. 美国中东代理人战争的背景

从 2001 年开始，美国在中东卷入持久的军事冲突，消耗巨大但是没有取得预期的胜利，反而限制了美国的中东霸权。2008 年美国爆发金融危机，其经济实力遭到重创，不得不推进中东战略收缩，试图摆脱"永久战争"（forever wars）困境，以聚焦美国内部议题。与此同时，全球权力的重新分配和多极化趋势不断发展，美国不得不重新分配战略资源，重返大国竞争轨道，以维护其关键利益。美国大举入侵阿富汗、伊拉克并没有为中东地区带来民主和繁荣，也没有促使该地区形成美国所期待的秩序。这足以证明，美国试图以常规军事力量改造中东的构想难以成功。近十年来，美国试图通过中东战略收缩来挽救其霸权衰落，并将战略重心和资源转向亚太。

自奥巴马政府以来，美国政策制定者逐渐放弃利用大规模常规战争塑造中东秩序，降低维持中东霸权的成本。随着美国结束在伊拉克和阿富汗大规模、军队密集型（troop-intensive）的战争，"政策制定者倾向于将资源转移到间接的、隐蔽的、看似廉价的手段上，以实现外交政策目标"。① 从小布什政府以来的历届美国政府都清楚，向中东地区派遣大规模美军地面部队来维护美国的中东霸权，只会使自身长期陷入持久消耗战的泥潭，而这种做法在内政和外交上都是站不住脚的。尽管布什、奥巴马和特朗普这三届美国政府在政策上存在分歧，但他们都在努力平衡美国在中东地区扩大的安全目标与有限的资源之间的关系。② 奥巴马上台后，"中东问题在他的议程上并不是很重要。整顿美国的财政状况，重振美国的长期经济实力一直是奥巴马的首要任务。从一开始，奥巴马就把美国外交政策的重点从中东转移到他和他的助手们相信美国的未来所在的太平

---

① Erica Dreyfus Borghard, "Friends with Benefits? Power and Influence in Proxy Warfare", Doctoral Dissertation, Columbia University, 2014, p. 6.

② Alexandra Stark, "Give up on Proxy Wars in the Middle East", Foreign Policy, Aug. 7, 2020, https://foreignpolicy.com/2020/08/07/united-states-give-up-on-proxy-wars-middle-east/.

洋和亚洲"。① 奥巴马调整小布什政府中东霸权政策,放弃大规模军事干预的主要原因包括:中东舆论的觉醒、地缘战略和地缘经济地区大国的出现、美国经济的相对衰落和战争的高昂代价等。

奥巴马和特朗普政府逐渐转向借助当地伙伴力量帮助美国维护战略利益,试图以间接介入方式代替大规模地面军事卷入。"从2011年开始,美国中东政策进入新阶段,其政策介于离岸平衡与大规模直接介入之间,可以称之为'空中干预'时代"。② 特朗普政府信奉"美国第一"的理念,并热衷于大国竞争,因此更加不愿意在中东地区投入大规模军力。2020年6月,特朗普在西点军校的毕业典礼演讲中重申了其军力运用逻辑:美军不是去重建其他国家,不是去解决遥远地方的古老冲突,不是当世界警察,而应该结束"永久战争",集中精力守卫美国的核心利益。③ 实际上,特朗普在上台后延续了奥巴马政府的中东政策,坚定地推动美国摆脱中东陷阱。④ 由此美国进一步加快从叙利亚、阿富汗的撤军步伐,并将战略重心转向印太地区。

为挽救美国中东霸权,依赖当地代理人日益成为美国解决中东麻烦的"折中"方案。美国在中东地区的"大进大退"搅动了该地区权力结构,俄罗斯、土耳其、伊朗、沙特阿拉伯、以色列等国趁机扩大对中东事务的影响力,而美国对中东秩序的主导能力则相对下降。为应对中东战略收缩"后遗症",挽回在中东的巨额"沉没

---

① Fawza Gerges, "The Obama Approach to the Middle East: the End of America's Moment?", *International Affairs*, Vol. 89, No. 2, 2013, p. 299.
② 牛新春:《美国中东政策:开启空中干预时代》,载《西亚非洲》2017年第1期,第14页。
③ "Remarks by President Trump at the 2020 United States Military Academy at West Point Graduation Ceremony", The White House, June 13, 2020, https://trumpwhitehouse.archives.gov/briefings-statements/remarks-president-trump-2020-united-states-military-academy-west-point-graduation-ceremony/.
④ 参见张帆《战略收缩背景下特朗普政府在中东的进退得失》,载吴白乙、倪峰主编《美国蓝皮书:美国研究报告(2019)》,社会科学文献出版社2019年版,第246—260页; F. Gregory Gause Ⅲ, "Should We Stay or Should We Go? The United States and the Middle East", *Survival*, Vol. 61, No. 5, 2019, pp. 7-24。

成本"(sunk cost),美国既难以一走了之,但又不具备大规模重返的条件。在进退失据的困局中,美国转向"轻足迹"(Light Footprint)、"幕后领导"(Lead from Behind)和"由、与、通过"(By, With, and Through, BTW)策略,妄图扶植中东地方代理人,以更低的成本和显示度维系其中东霸权。

代理人战争逐渐成为美国中央司令部(U. S. Central Command)实现中东战略转型的工具。美国中央司令部认为 BTW 策略适用于中东地区环境,扶植、依赖中东当地代理人是可行的方案。"困扰中央司令部的军事问题是多方面的。从在责任区域内打击'伊斯兰国',到在阿富汗牵制塔利班,这些问题跨越了责任区域的地理范围。在大多数情况下,美国政府和国防部已经决心通过有限责任的方式来应对这些挑战,这意味着他们不把美国军事人员放在这些战斗的前线,而是选择通过代理人行动。"① 中东地区已成为美国的代理人战争"试验场",主要涉及伊拉克、也门、叙利亚、利比亚等"脆弱国家"(见表1)。

表1　　　　　　　　美国介入中东代理人战争统计

序号	美国的目标	时间	主要施动方	主要代理人	现状 (截至 2023 年 5 月)
1	打击伊拉克的恐怖主义暴乱	2006—2008 年	美国	伊拉克安巴尔部落民兵武装	实现打击伊拉克"伊斯兰国"的阶段性目标
2	遏制伊朗在伊拉克的影响力	2011 年至今	美国	伊拉克政府军、部分逊尼派部落武装	非但未能达到目标,还激发伊朗对伊拉克的更多投入,加剧了伊拉克的教派冲突
			伊朗、黎巴嫩"真主党"	伊拉克真主旅和其他什叶派民兵武装等	

---

① Amos C. Fox, "Conflict and the Need for a Theory of Proxy Warfare", *Journal of Strategic Security*, Vol. 12, No. 1, 2019, p. 47.

续表

序号	美国的目标	时间	主要施动方	主要代理人	现状（截至2023年5月）
3	打击"胡塞"武装和削弱伊朗在也门的影响力	2011年至今	美国、沙特阿拉伯、阿拉伯联合酋长国	哈迪政府军、"南方过渡委员会"武装等	哈迪政府与"胡塞"武装陷入对峙僵局，美国逐渐减少对也门冲突的支持
			伊朗、黎巴嫩"真主党"	"胡塞"武装、什叶派民兵武装等	
4	颠覆叙利亚阿萨德政权	2011年至今	美国以及欧洲国家、沙特阿拉伯、以色列、土耳其等	"叙利亚自由军"、部分伊斯兰武装、反对派武装团体等	美国没有达成目标，叙利亚阿萨德政权重新获得优势地位
			俄罗斯、伊朗	叙利亚政府军、什叶派民兵武装等	
5	打击叙利亚"伊斯兰国"组织	2015—2019年	美国领导的全球打击"伊斯兰国"组织联盟	叙利亚库尔德武装、"叙利亚民主军"等	基本达成目标，2019年叙利亚"伊斯兰国"组织的主力被消灭，其残余力量转入地下
6	颠覆利比亚卡扎菲政权	2011年2月—2011年10月	美国主导的北约组织、阿拉伯联合酋长国等	隶属"全国过渡委员会"的武装派别、反卡扎菲部落	快速达成目标，然而利比亚随后陷入军阀割据和新一轮内战

2. 美国中东代理人战争的成效

美国在中东运作代理人战争已经成为其战略收缩和地区政策调整的一部分。美国这么做会促进其目标的实现吗？对此，学界存在不同的看法。

基于施动方"受益"的逻辑，安格斯·李（Angus Lee）指出，"对美国政策制定者来说，采用代理人战争作为主要战略具有诱人的前景",它允许美国在中东继续投射力量,在帮助地区盟友作战方面享有更大的灵活性,有利于美国绕开财政预算、人员伤亡等因素构成的障碍,为美国发挥影响力提供了另一种方式,"从直接干预转向间接干预可能是美国硬实力的局限性与其目标之间的必要妥协",但从长期来看,即使失去完全控制权,美国的回报也可能会更大。①

安德烈亚斯·克里格(Andreas Krieg)指出,由于小布什政府在中东地区进行长期和代价高昂的军事行动,美国面临战争疲劳、军费和军队缩减问题,因此将作战任务外包给地方代理人成为保护美国利益的重要手段,这是"风险转移"政策。② 有美国学者建议应将代理人战争作为"离岸平衡"战略(Offshore Balancing Strategy)的组成部分,即通过优化资源配置、推卸责任与建立均势等手段向合作伙伴转移资源和负担,进而达到远距离遏制对手的目的。③ 还有学者认为,美国的"幕后领导"策略是成功的。奥巴马政府倾向发动留下"轻微足迹"、脱离公众"雷达"(off the public radar)和富有成效的代理人战争。④ 这一方式就被白宫顾问称为"幕后领导",其"核心思想是授权其他参与者听从命令",将风险转移给代理人和盟友,而自己则脱离"事发现场",通过后者的努力来促进美国自身利益最大化。⑤

---

① Angus Lee, "U. S Proxy Warfare: Patterns in Middle Eastern Conflicts", *LSE*, Sep. 3, 2019.

② Nick Turse, "Washington puts its money on proxy war", *Aljazeera*, Aug. 15, 2012, https://www.aljazeera.com/indepth/opinion/2012/08/20128128345053728.html.

③ C. Anthony Pfaff, "Strategic Insights: Proxy War Norms", the U. S. Arm War College, Dec. 18, 2017, https://ssi.armywarcollege.edu/index.cfm/articles/Proxy-War-Norms/2017/12/18;姚全:《"离岸平衡"战略:客观条件、核心目标与实现手段》,《太平洋学报》2020年第4期,第26—41页。

④ Andreas Krieg, "Externalizing the burden of war: the Obama Doctrine and U. S. foreign policy in the Middle East", *International Affairs*, Vol. 92, No. 1, 2016, pp. 98-104.

⑤ Ryan Lizza, "Leading From Behind", *New Yorker*, April 26, 2011; Ryan Lizza, "The Consequentialist: How the Arab Spring remade Obama's foreign policy", *New Yorker*, April 25, 2011, https://www.newyorker.com/magazine/2011/05/02/the-consequentialist.

此外，学界注意到美国中东代理人战争的"地方化"成效。人们对代理人战争的关注主要集中在国际体系层次上，将其视为美苏冷战对抗的产物，这是对代理人战争一种过时的、刻板的印象。在不断演化的战争形态中，"代理人战争实际上是用来处当地人关心的地方层面事务"。① 阿富汗和伊拉克的教训促使美国重新调整了镇压暴乱的方向，即不直接使用美军介入其中，而是通过经济和安全援助及作战建议，重点支持地方力量的反暴乱努力。② 例如，在伊拉克和叙利亚，美国依赖库尔德武装打击恐怖主义，利用地方部落来应对"基地"组织制造的麻烦。实际上，历届美国政府不仅在地方安全机制约束下开展工作，同时也拼凑一些辅助的、非正规力量，来填补在地作战的能力缺口。③ 西约姆·布朗指出："美国从海外军事战斗转向推动区域和平与安全或国家建设，而大部分角色转移到了地方代理人。"④ 概言之，美国倾向将中东的地方性麻烦交给地方代理人解决，以增强其应对非对称威胁的灵活度和有效性。

相对于上述的积极看法，以下研究则凸显了美国在中东运作代理人战争的困境。亚历山德拉·斯塔克（Alexandra Stark）指出，美国在中东进行代理战争在某些情况下并没有实现其战略目标，甚至适得其反，不但没有在代理人战争中取得快速、彻底的胜利，而是发现自己陷入了复杂的泥潭，地区施动方已经把局部冲突蔓延到国界之外并变成了破坏稳定的地区战争。⑤ 此外，亚历山德拉·斯塔

---

① Geoffrey Stern, *The Structure of International Society: An Introduction to Study of International Relations*, London: Pinter Publishers Limited, 2000, p. 216.

② U. S. Department of Defense, "Sustaining U. S. Global Leadership: Priorities for 21st Century Defense", January, 2012, p. 6.

③ International Crisis Group, "A Force in Fragments: Reconstituting the Afghan National Army", May 12, 2010, https://d2071andvip0wj.cloudfront.net/190-a-force-in-fragments-reconstituting-the-afghan-national-army.pdf.

④ Seyom Brown, "Purposes and Pitfalls of War by Proxy: A Systemic Analysis", *Small Wars & Insurgencies*, Vol. 27, No. 2, 2016, p. 243.

⑤ Alexandra Stark, "Give up on Proxy Wars in Middle East", *Foreign Policy*, Aug. 7, 2020, https://foreignpolicy.com/2020/08/07/united-states-give-up-on-proxy-wars-middle-east/.

克和阿里尔·阿拉姆（Ariel I. Ahram）在另一篇文章中认为，美国应该脱离中东地区的代理人战争，因为"代理人战争往往是漫长而难以取胜的，这让政策制定者感到失望，他们期望以廉价而简单的方式解决地区安全挑战。但是施动方和代理人不可避免地会遇到委托—代理问题。施动方必须冷酷无情，关键是让代理人为其目标战斗和牺牲。反过来，代理人试图操纵施动方，使后者承担更大的风险并投入更多资源，同时追求自己更狭隘的议程"。① 例如，美国中央情报局向叙利亚反对派提供的武器并没有被全部用来打击恐怖组织，有些流入"努斯拉阵线"手中。② 美国律师协会人权中心副主任布列塔尼·贝诺维茨（Brittany Benowitz）等人对美国在中东运作代理人战争也持消极看法。他们指出，美国越来越依赖间接方式打击恐怖主义，支持非国家武装代理人增加了暴行的风险，因为有外国支持的武装团体不太可能依赖当地居民的支持，导致它们更有可能掠夺、恐吓平民，这些行为是非法的，反过来又可能增加美国的连带责任和援助风险。③ 皮特·贝尔根（Peter Bergen）等学者在共同编著中对美国在叙利亚、利比亚和也门进行的代理人战争进行了考察，得出的关键结论包括：一是代理人战争最好是用来达到破坏性的目的，如推翻现有的政权和击败恐怖组织，但在实现建设性的目标方面显然是失败的；二是那些能够帮助发起者取得战场胜利的代理人，并不一定是那些在战争结束后最擅长控制和治理领土的人。④

---

① Alexandra Stark, Ariel I. Ahram, "How the United States Can Escape the Middle East's Proxy Wars", Philadelphia: Foreign Policy Research Institute, Oct. 22, 2019.
② Mark Mazzetti, Adam Goldman and Michael S. Schmidt, "Behind the Sudden Death of a $1 Billion Secret C.I.A. War in Syria", *The New York Times*, Aug. 2, 2017, https://www.nytimes.com/2017/08/02/world/middleeast/cia-syria-rebel-arm-train-trump.html.
③ Brittany Benowitz, Alicia Ceccanese, "Why No One Ever Really Wins a Proxy War", Just Security, School of Law for New York University, May 11, 2020.
④ Peter Bergen, Candace Rondeaux, Daniel Rothenberg, David Sterman, Ed., *Understanding the New Proxy Wars: Battlegrounds and Strategies Reshaping the Greater Middle East*, Oxford University Press, December, 2022.

控制与自主：美国的中东代理人战争

（四）对既有研究的总体评价

既有研究极大地丰富了笔者对代理人战争一般规律、理论的认识，有助于笔者以更平衡的视角观察代理关系中的张力，并意识到管控代理人自主性问题是代理人战争研究的一个重要创新点。与此同时，既有研究对美国在中东的代理人战争实践特点、效果进行了总结，为笔者提供了具象的经验素材，进一步强化了笔者的问题意识，即美国的中东代理人战争管控困境是如何产生的。可以说，既有研究已经构成美国中东代理人战争研究"全景图"的重要一部分。

1. 从"施动方中心"到双向博弈

既有研究从一般理论、地区经验和美国的具体案例等维度增进了人们对代理人战争的认识，笔者从中提炼出以下观点。

一是既有研究在一定程度上形成了"施动方中心"论范式，而代理人的自主性和利益并没有被放到研究视野的显著位置，因此有必要尝试在方法上以更平衡视角观察代理人在代理人战争所扮演的角色。

二是既有研究已经对代理人战争被理想化、简单化、片面化的描述表达了不满，认识到施动方与代理人的关系不是简单的单向"输出—执行"模式，而是难以控制的双向博弈，代理关系中的持续张力增加了代理人战争的复杂性和潜在风险。

三是既有研究已尝试引入"委托—代理"理论的基本原理和分析框架来观察代理人战争，这有助于纠正"施动方中心"的叙事方式。随着施动方与代理人之间的博弈以及代理人战争的"成本—收益"进入研究视野，代理人战争的固有软肋被暴露出来。

四是施动方在管控代理人战争走向和代理关系的过程中面临系统性挑战。施动方与代理人的共同利益并非一成不变，它们所拥有的信息也是不对称的。与此同时，施动方为管控代理人而施加必要的激励与监督，但这些"纠正"举措并不能彻底消除施动方与代理人之间的相互猜忌和背叛。

2. 代理人战争性质与概念分歧

通过上文的梳理发现，学界对代理人战争的性质和概念尚未达成高度一致。在不同的文献中，学界对代理人战争的界定至少有十几种，且人们对代理人战争相关名称的表述显得多元且随意，达到了极为混乱的地步（见表2）。

表2　　　　　　　代理人战争相关表述

序号	代理人战争：影子战争/傀儡战争/幽灵战争/授权战争/第三方战争/间接战争	委托人：施动方/赞助者/主人/雇主/恩人/顾客/主导者/辅助者/托付者/委任者/操纵者/教唆者/主谋/宗主	代理人：木偶、傀儡/替身/化身/卫星/靴子/足迹/替代品/仆人/雇用兵/帮凶/附庸	代理关系：托付关系/帮凶关系/主仆关系/宗藩关系/主从关系/庇护关系/委任关系
1	Proxy War/Proxy Warfare	Principal	Proxy/Agent	Proxy Relationship/Principal-Agent Relationship
2	Shadow War	Activator	Puppet	Trust-Agent Relationship
3	Clash of Puppets	Sponsor/Patron	Surrogate	Helper-Doer Relationship
4	Ghost War	Master	Avatar	Master-Servant Relationship
5	Delegated War	Employer	Satellite	Suzerain-Vassal Relationship
6	Third-part War	Benefactor	Boots	Client-Server Relationship
7	Indirect War	Client	Footprint	Patron-Client Relationship
8		Dominant Power	Substitute	Mandate-Agent Relationship
9		Helper	Servant/Server	
10		Trust	Mercenary	
11		Mandate	Accomplice/Doer	
12		Manipulator	Subordinate/Vassal	
13		Instigator		
14		Mastermind		
15		Suzerain		

表述上的混乱反映出人们对代理人战争性质和概念存在分歧，也意味着学界对代理人战争研究的规范化程度不足。长期以来，学界基本上也承认代理战争是"概念化和理论化不足的"（under-conceptualised and under-theorised）。① 对此，布列塔尼·贝诺维茨（Brittany Benowitz）、汤米·罗斯（Tommy Ross）给出如下评价：

> 一些评论家倾向用"间接"（indirect）、"替身战"（surrogacy warfare），或"由、与、通过"（by, with, and through, BTW）等术语描述代理人战争，这些术语上的差异部分源于对代理人战争确切性质的分歧。一些人认为，这一术语意味着委托人——代理人关系，在这种关系中，施动方对其代理人的行为施加实质性控制，而另一些人则认为，它包括一种更广泛的关系，其中一方支持另一方参与敌对行动。然而，在实践中，施动方很少对代理行为施加实质性控制。相反，代理人几乎总是根据自己独特的利益、领导特质和内部压力来运作。②

很显然，贝诺维茨和罗斯不满学界对代理人战争的描述停留在刻板的"主从"形式上。实践中的代理人战争远非如此，当代理人的自主角色被纳入其中，人们看到的将是另外的面貌。

总体而言，既有研究未能深入考察施动方和代理人之间的非对称相互依赖和交互博弈，而这是影响美国运作中东的代理人战争的重要因素。随着研究的推进，侧重"施动方中心"的研究范式在概念、逻辑上和经验上逐渐遭到挑战，代理人自主角色"再发现"的过程和意义逐渐清晰地呈现出来。学界逐渐深化对代理人战争复杂性的理解，越来越多的学者注意到管控代理人自主性的难度、成本

---

① Candace Rondeaux and David Sterman, "Twenty-First Century Proxy Warfare", *New America*, Feb. 20, 2019.
② Brittany Benowitz, Tommy Ross, "Time to Get a Handle on America's Conduct of Proxy Warfare", Lawfare Institute, April 9, 2020.

并开始探究其背后的原因。

此外，略有不足的是，国际关系学界在管控代理人自主性这个问题上尚没有形成较高的关注度和共识，自然也没有构建理论化程度较高和更加普适性系统分析框架。更直接地说，既有研究仍然处于不成熟的阶段，观察视角较为零散且学界缺乏足够的理论对话和积累，不利于形成广为接受的研究脉络、规范和共同体知识。因而，这也显示出在代理人战争研究中有待改进和完善的空间和可能性。

三 研究价值

（一）理论意义

代理人谋求自主性是代理人战争中的一种常见现象，但在理论上却讨论得不够。很多研究认为施动方可以利用代理人战争促进自身的利益，而弱小的代理人被假定为服从施动方命令的工具。实际上，代理关系远非单向的，代理人与施动方之间存在大量、持续的博弈，这导致施动方难以轻易地完全控制代理人战争的进程。因此，当人们在讨论代理人战争时，还应当注意到如下事实。

一是突破"施动方中心"范式是非常有必要的。"施动方中心"的研究范式在逻辑、方法上是不完整的，很容易忽视或者低估代理人在代理人战争中的自主角色和代理人战争中的代理成本。施动方无法完全压缩代理人自主性空间，因此应以更平衡的视角来看待代理关系中的互动和博弈。

二是代理关系应被理解为复杂的双向博弈过程。施动方与代理人在互动中分工协作、各取所需，以期实现各自利益最大化，代理关系的张力始终无法彻底消除，以静态的、单向的视角看待这种关系过于简单化，不能很好地揭示代理关系的动态博弈过程。

三是美国难以搭建起驾驭中东代理人战争的架构。在代理人战争中，施动方与代理人之间存在不完全相同的利益和不对称的关系，在缺乏合适激励和有效监督的情形下,不可避免地出现代理人谋求扩大自主性的现象。影响或约束代理人的行为和偏好往往要付出巨大的激励成本和监督成本,这对施动方的管控能力和意愿构成巨大挑战。当美国试图管控中东代理人的背离,就需要承担管控成本,当管控所要耗费的成本超过代理收益,搭建一体化约束架构的努力也将遭到削弱。

鉴于以上认识,本书尝试将三个关键维度嵌入"委托—代理"分析框架中,之所以作出这一设想是基于如下考虑。

第一,"委托—代理"框架的兼容性较强。该框架最早产生于经济学,逐渐渗透到管理学、社会学、法学和政治学等领域,其之所以具有较强的跨学科扩散优点,是因为关心一个普遍存在的且难以回避的问题:施动方与代理人之间因为利益分歧和信息不对称等原因,使得代理人的自主性难以被完全管控,并由此造成"代理困境"(proxy dilemma)和代理成本。而在非正当的代理情景中(本书特指代理人战争)存在同样的问题指向,这为"委托—代理"框架进一步向代理人战争研究领域拓展提供了一定的兼容空间。

第二,"委托—代理"框架不过分侧重"委托人中心"范式,因而,可以被用来分析代理人战争中施动方与代理人相互作用过程,以更平衡的视角观察代理人自主行为的产生,这是对"施动方中心"范式的挑战和补充。

第三,"委托—代理"框架是一个动态的、开放式的分析框架,不仅可以较好地适应代理关系的变化,也可以兼容多种观察维度,如利益、激励和监督三个维度与该分析框架并不抵触。

总之,在"委托—代理"的分析框架下,结合三个维度来观察代理人战争中的代理人自主性问题,对拓展、转变代理人战争的既有研究范式和完善代理人战争理论谱系具有一定的价值。

(二)现实意义

冷战时期,在相互确保摧毁的"核平衡"威慑下,美苏超级霸权为避免直接对抗并导致冲突失控，倾向于在全世界范围内利用代理人战争实现各自的地缘战略目标，致使很多亚非拉发展中国家陷入长期的内部冲突和动荡。冷战结束后，代理人战争一度从狂热状态陷入冷却期、潜伏期。但是，代理人战争的逻辑和吸引力并没有完全消失。随着主要经济体日益融合，陷入冲突的代价日益增大，因此，战争预计将从国家间的显性冲突转向隐性的代理人战争，在可推诿否认的缓冲区间进行。① 国家资助代理人作战的趋势在中东地区尤为明显，特别是"9·11"事件和伊拉克战争之后，中东的代理人战争开始回潮并不断发酵，而2011年爆发的西亚北非动荡将这一波代理人战争浪潮推向新的高度。美、俄等域外大国和沙特阿拉伯、伊朗、土耳其等地区中等强国为追求各自的目标同时避免卷入直接战争带来的风险，纷纷运用当地代理人在中东开展旷日持久的冲突，加剧了中东乱局的长期化、复杂化。

近几年来，大国战略竞争重现，现实主义和地缘政治在加速回归，美国与俄罗斯在中东、东欧开展的旷日持久的代理人战争已经引起国际社会广泛关注。随着中国综合国力和国际地位的提升，中国面临越来越大的地区和全球层面战略竞争压力。美国2018年《国防战略报告》指出："国家间的战略竞争现在是美国国家安全的首要问题"。自特朗普政府以来，美国将中国视为系统性的战略对手，对华政策越来越具有竞争、对抗的色彩。针对大国竞争加剧的现实，代理人战争研究的权威学者安德鲁·芒福德确定了四种趋势："反恐战争综合症"、私营军事企业的崛起、数字技术的发展、中国崛起。他认为这四种趋势会增加决策者对代理人战争的兴趣和发起频率。毫无疑问，代理人战争将影响国际政治，塑造武装冲突的未来，成为大国战略竞争的"衍生品"。基于上述判断，本书至少具备以下现

---

① Helen Warrell, "Future of Warfare: High-tech Militias Fight Smouldering Proxy Wars," *Finace Times*, Jan. 21, 2020, https://www.ft.com/content/ab49c39c-1c0c-11ea-81f0-0c253907d3e0.

控制与自主：美国的中东代理人战争

实意义。

一是密切关注美国的中东代理人战争回潮,保护中国的海外利益。美国在中东进行持续战略收缩,试图通过发展地区代理人网络来维系其中东霸权。在过去十年中,中东国家的国内冲突的数量有所增加,而且国内冲突的国际化特征显著,这意味着将有更多大国通过代理人战争介入中东地区事务。未来很长一段时期,中东的大多数冲突将以代理人战争形式进行,美国将成为躲在远处的"影子"力量,操纵中东政治和安全事务。对此,中国必须更新战略思维,预见到中东地区安全环境的快速变化,并相应做出政策调整。

二是防范潜在对手利用代理人战争遏制中国发展。潜在对手与中国发生正面抗衡、冲突乃至战争的代价越来越高昂,因此转而采取代理人战略扰乱中国的和平发展环境和遏制中国地区和全球影响力则具有一定的可能性。约翰·米尔斯海默曾建议美国应当为未来最可能与中国在非洲争夺资源而发生非对称和次国家代理人战争做好准备。① 美国战略与国际研究中心的报告指出,大国之间"灰色地带"(Gray Zone)竞争日益加剧,扶植代理人被视为"灰色地带"竞争的有效手段之一。② 因此,中国需要严密关注潜在对手的印太和全球安全战略变化,防范外部力量利用中国内部、周边地区和全球范围的各类代理人,以非对称的方式来破坏中国主权和领土完整,迟滞中国经济发展,扰乱"一带一路"沿线地区的安全秩序,恶化中国的内外发展环境,从而遏制中国的全面崛起。

---

① [美] 约翰·米尔斯海默:《大国政治的悲剧》,王义桅、唐小松译,上海人民出版社 2015 年版,第 413 页;Mark O. Yeisley, "Bipolarity, Proxy Wars, and the Rise of China", *Strategic Studies Quarterly*, Vol. 5, No. 4, 2011, pp. 82-86。
② Kathleen H. Hicks, etc., "By Other Means", PART I, "Campaign in the Gray Zone", A Report of the CSIS International Security Program, CSIS, July, 2019, https://csis-prod.s3.amazonaws.com/s3fs-public/publication/Hicks_GrayZone_interior_v4_FULL_WEB.pdf.

三是关注战争形态演变,革新传统安全思维。战争的形态在持续演变,甚至有学者指出,人类正在通向"多边疆战争的新时代",将没有统一的战场、没有一致的战线、没有同一的结果,出现多领域、多主体、多形态和多结果同时发生的复合现象。① 代理人战争作为多边疆战争的一部分,几乎同步发生深刻的变化。坎迪斯·荣德斯(Candace Rondeaux)等学者指出,"在这个代理人战争的新时代,技术、信息和武器的扩散已经打破了国家对使用武力的垄断",② 武力运用进一步从国家军队流散到多元行为体或由国家外包(Outsourcing)给私人武装(如军事安保公司、雇佣军等),出现武力"去中心化"现象。乔治城大学防务战略研究教授肖恩·麦克法特指出:各类武装力量在利益驱使下游荡于战场,不但国际法无法阻止他们,相反国际社会对他们的服务需求每年都在增长,与战争相关的东西曾经被认为理所当然地由政府垄断,而现在可以从市场上买到,"这是我们这个时代最危险的趋势之一"。面对这种挑战,他指出,"战争正在转入地下,西方必须发展自己的'影子战争'和更好地利用代理人部队和雇佣军"。③ 可以预见的是,大国间的蛮力较量正在发生转型,冲突往往发生在"灰色地带",并转化为非国家行为体之间的"影子战争"。

此外,随着科技的发展,战争空间向多维化拓展,这就要求各国加快调整军事力量结构和作战理论。网络、人工智能等技术已经被引入到虚拟和现实战场,战争将在多个维度以复合化模式同时进行,俄乌冲突已经清晰地呈现出这种趋势,未来各国如何在军事上

---

① 张家栋:《多边疆战争:未来战争的可能形态》,《人民论坛·学术前沿》2021 年第 10 期,第 56—63 页。

② Candace Rondeaux, David Sterman, "Twenty-First Century Proxy Warfare: Confronting Strategic Innovation in a Multipolar World", *New America*, Feb., 2019, p. 7.

③ Sean McFate, *The New Rules of War: Victory in the Age of Durable Disorder*, New York: William Morrow, 2019, pp. 246-248。Sean McFate 在安全战略研究上获得很高的评价,美国海军上将、北约盟军前最高指挥官詹姆斯·斯塔夫里迪斯(James Stavridis),现为塔夫斯大学弗莱彻法律与外交学院院长,称赞他是"一个新的孙子"(A New Sun Tzu)。

控制与自主:美国的中东代理人战争

应对多维冲突的挑战？美国国家战略文件和国防规划者不断加快将代理人等非常规力量纳入美国的国防战略转型规划，作为优化部队规模和结构的一部分。① 未来，美国不但运用大规模常规战争应对大国博弈，还将加大对特种作战司令部、网络司令部的资源投入，以及评估主要竞争对手的力量和能力。此外，根据美国退役海军上将詹姆斯·斯塔夫里迪斯（James Stavridis）在彭博社的文章透露，美国国防部副部长凯瑟琳·希克斯（Katherine Hicks）已提出名为"复制者"（Replicator）计划，希望在未来两年内部署数千个自主武器系统，该计划所体现的理念正是美国长期以来所谋求的国防转型的一部分，即从庞大、昂贵且脆弱的平台（例如航空母舰、大型飞机和人造卫星）转向更为轻便、更为智能且成本更低的系统，从而推动美国军队变得规模更小、成本更低且更为智能。② 前沿科技向战场渗透，战争向多维空间拓展，大国军队日益强化非常规、非对称作战能力，这也促使中国在安全战略谋划和武力的运用方面进行反思和创新。

四是认清和利用美国在中东开展代理人战争的"软肋"。我们应认识到美国在中东扶植的代理人存在高度自主性，这会增加美国管控代理人战争进程的难度。施动方总是试图扩大自身的优势，但是在现实中却又难以管控"不完美代理人"。代理人的行为路径不可能总是被躲在身后的力量所规划，代理关系通常处于动态变化中而不是"铁板一块"。因此，我们有必要收集更多有关代理人（包括潜在代理人）的信息，以了解他们的真实目标和能力。在此基础上，进一步评估和识别美国及其中东代理人的利益匹配度以及激励、监督难题。只有认清代理人与外部力量之间的代理关系所存在的"软

---

① Frank Hoffman, Andrew Orner, "The Return of Great-power Proxy Wars", *War On The Rocks*, Sep. 21, 2021.
② James Stavridis, "Pentagon Building Killer Drone Swarms for Possible War Against China", *Bloomberg*, Sept. 1, 2023, https：//www.bloomberg.com/opinion/articles/2023-09-01/pentagon-building-killer-drone-swarms-for-possible-war-against-china.

助"，才能有助于我们在中东地区应对当下和未来的非对称、非常规的代理人战争及其带来的风险。

总之，对于以上的挑战，我们既要警惕代理人战争的战略破坏力，也应当认识到其局限性。虽然大国、强国试图通过"长臂干预"的方式影响目标国和地区局势的发展，但是它们并不能完全主导这个进程的走向，因为施动方与代理人的目标和利益诉求并不完全相同（即便相同也可能出现分化），代理人的自主性空间难以被彻底压缩，代理人的行为在调节无效的情况下会阻碍、破坏甚至反噬施动方的利益和原本的目标。因此，控制战争的方式、节奏和后果的阀门不一定由施动方掌握。研究者可借助委托—代理分析框架下的三个维度（利益、激励、监督）来观察代理人战争的不确定性以及代理关系的高昂成本和脆弱性。

第一章 代理人战争内涵解析

从历史上看,代理人战争与战争本身一样古老,它是一种常见的军事手段和冲突现象。修昔底德在公元前 400 年前后就生动描述了发生在希腊科西拉岛上的代理人战争。① 当然,作为历史现象或经验的知识与它上升为一种理论之间还存在着巨大的鸿沟,这被学者称为"前理论阶段"(pre-theoretical stage)。② 客观地讲,第二次世界大战(以下简称"二战")后关于代理人战争的"理论自觉"进程才正式开启,尤其是"核平衡"使得代理人战争更频繁,冷战期间两个相互竞争的超级核大国之间没有发生直接和公开的战争。然而,残酷的现实是,美苏两国利用各自的代理人在世界各地制造小规模、局部冲突,致使和平流于表象。关于这一时期代理人战争,学界已经从历史、战略、理论等角度做了比较丰富的研究,正式分析领域的出现标志着代理人战争概念谱系中的一个独特时期。③ 代理人战争的研究渐渐从经验性的案例分析、历史梳理转变成一种规范化的研究领域,被赋予更多的学理意义,与之相关的概念界定、

---

① [古希腊]修昔底德:《伯罗奔尼撒战争史》,谢德风译,商务印书馆 2010 年版,第 260—271 页。注:代理人战争中的"伯罗奔尼撒人—贵族党"为一方,"雅典人—民主党"为另一方。
② Vladimir Rauta, "A Structural-Relational Analysis of Party Dynamics in Proxy Wars", *International Relations*, Vol. 32, No. 4, 2018, p. 450.
③ Barry Buzan and Lene Hansen, *The Evolution of International Security Studies*, New York: Cambridge University Press, 2009, pp. 66-73.

内涵、特征与外延得以相继发展，并在此过程中不断被修正和补充。① 遗憾的是，截至目前，学界尚未就代理人基本形态达成清晰的共识并做出细致的区分。因此，当人们研究这个主题时，会出现概念滥用、内涵不明的现象。笔者将在本章就代理人战争的形态作进一步的论述和澄清。

第一节 代理人战争模式

代理人战争通常被描述为国家 A 让国家 B 代替自己去执行某些政策和任务，这完全是基于国家中心视角下的经典模式。实际上，考虑到主权和国际关系规范，正常国家之间建立不平等的代理关系会引起严重的国内和国际合法性问题，代理人战争中的互动模式早已超越了国家中心范式。在一个多元的互动模式中，施动方和代理人都不再限定为国家行为体，代理关系也不局限于简单的"一对一"模式，施动方与代理人更愿意在精心构建起的复杂授权网络中进行互动。

一 多元行为体交织

在埃德蒙（Osmańczyk Jan Edmund）的界定中，代理人战争是指两个国家或非国家行为体之间的武装冲突，这些行为体在教唆下采取行动或代表没有直接参与敌对行动的其他各方行为体。② 他对代理人战争参与者的性质进行了开放式界定，既涵盖了国家和非国家行为体，又不限定施动方与代理人各自的组织属性，反映出代理人战争有多种组合形式的可能。在代理人战争中，不同性质的行为体组合，在很大程度上决定了代理人战争的运作方式，因此，有必要对施动方与代理人的主体性质进行区分。

---

① Andrew Mumford, *Proxy Warfare*, UK: Polity Press, 2013, pp. 12-17.
② Osmańczyk Jan Edmund, *Encyclopedia of the United Nations and International Agreements*, Abingdon: Routledge Books, 2002, p. 1869.

控制与自主：美国的中东代理人战争

首先，施动方通常是国家，包括大国和小国，但是非国家行为体在一定程度上也可以扮演这一角色。大国（美国、俄罗斯等）天然具有充当施动方的资源优势和动机，例如，美国有强大的军事投送、后勤支持能力和海外军事基地网络，能够更有力地支撑海外代理人战争。而中小国家（土耳其、以色列、伊朗、沙特阿拉伯、阿拉伯联合酋长国、叙利亚等）在资源、能力不足或避免卷入直接冲突的情况下也经常被迫或主动利用邻国的代理人来维护自身的利益，代理人战略"非常适合那些相对于对手处于战略劣势的国家，或者那些发现直接挑战对手的成本非常高的国家"[1]。例如，在1980年代，由于缺乏战略和资源，叙利亚无法正面对抗驻在黎巴嫩的美欧军队组成的多国部队和以色列占领军，因此，它只能依靠当地的真主党来重建影响力并帮助其重返黎巴嫩舞台。[2]

在代理人战争中，除了国家行为体之外，一些非政府行为体也可以扮演施动方。国家在代理人战争中的作用不再是唯一的，也不一定是最重要的。"尽管以国家为中心（state-centric）的方法恰如其分地描述了冷战期间和冷战后早期的大多数施动方-代理人关系，但它们现在掩盖了一个更复杂的现实。对当代代理关系的粗略回顾表明，近年来，意识形态和地理位置多样化的非国家行为体扮演了类似于传统上由国家扮演的赞助角色。"[3] 在中东地区，一些国家在溃败，接近"无政府"状态，国家结构和功能性被严重削弱，例如利比亚、叙利亚和也门等国的中央政府对大片领土和人口缺乏控制。相反，一些非政府组织包括"哈马斯""胡塞"武装、库尔德武装以及被推翻之前的"伊斯兰国"组织，多多少少具备国家主体的性

---

[1] Erica D. Borghard, "Arms and Influence in Syria: The Pitfalls of Greater U. S. Involvement", Policy Analysis of Cato Institute, August 7, No. 734, 2013, p. 4.

[2] Emile El-Hokayem, "Hizballah and Syria: Outgrowing the Proxy Relationship", The Washington Quaterly, Vol. 30, No. 2, 2007, p. 36.

[3] Assaf Moghadam and Michel Wyss, "The Political Power of Proxies: Why Nonstate Actors Use Local Surrogates", International Security, Vol. 44, No. 4, 2020, p. 120.

质、功能和形态。① 这些非国家行为体打破了主权规范和国家对武力的垄断，并有资源和意愿发展自己的代理人去介入广泛的地区冲突。例如，"基地"组织"真主党"在叙利亚、伊拉克、也门等国发展了各自的代理人武装，并利用后者争夺地区影响力，这种现象被金姆·克拉金（R. Kim Cragin）称为"半代理人战争"（semi-proxy war）。②

尽管非国家行为体也像国家一样发展自己的代理人，但是它们仍存在动机和能力上的区别。阿萨夫·穆加达姆（Assaf Moghadam）和迈克尔·韦斯（Michel Wyss）对此进行了深入讨论和比较。③ 他们指出，非国家行为体的代理人作为政治助手的价值更高，军事价值相对次要，他们比非国家施动方更能代表当地人口的某些部分，从而使后者能够进入通常不那么受欢迎的环境。它们通过政治手段而不是进攻性军事行动增强了非国家施动方的行动自由、合法性与政治抱负。与之不同的是，国家行为体将代理人视为推进战略目标的工具，同时降低国内观众成本和国际惩罚的风险，如果依靠代理人作为一种公开的政治工具，在大多数情况下会挫败他们的总体目标，并加剧他们面临的限制。因此，国家行为体倾向利用代理人的军事价值，因为这种合作比与高可见度的政治伙伴关系更有利于推诿。

此外，由于能力和资源上的明显差异，非国家行为体对代理关系的管控效力更弱。非国家行为体与代理人的关系比国家与代理人的关系更加对称，这也导致前者的代理人有更多的杠杆来讨价还价，但这种关系将建立在不稳固的基础上，并容易受到意图破坏这些关

---

① Robert Malley, "The Unwanted Wars Why the Middle East Is More Combustible Than Ever", *Foreign Affairs*, Vol. 98, No. 6, 2019, pp. 38-46.

② R. Kim Cragin, "Semi-Proxy Wars and U.S. Counterterrorism Strategy", *Studies in Conflict & Terrorism*, Vol. 38, No. 5, 2015, pp. 311-327.

③ Assaf Moghadam and Michel Wyss, "The Political Power of Proxies: Why Nonstate Actors Use Local Surrogates", *International Security*, Vol. 44, No. 4, pp. 119-156.

控制与自主：美国的中东代理人战争

系的第三方外部行为者的压力和操纵。而且，非国家行为体获取大量资源来主导代理关系的难度比较大，即使像塔利班"基地"组织"伊斯兰国""真主党"这样的非政府组织能够从其控制范围内获得一定的灰色收入（税收、罚款、犯罪活动和石油等），它们依然要从外部国家那里获得资源和指示，并不能成为高度独立的、真正意义上的施动主体。

其次，代理人可以是多元的行为体吗？一个合法的、主权完整的国家可以成为另外一个国家的代理人吗？关于这一点学界存在争议。杰兰特·休斯（Geraint Hughes）认为将国家贴上代理人标签是低估了一个国家能够遵循自己的国家利益，并作出战略选择的自主性。因此，他明确将代理人限定为非国家准军事集团。① 伯蒂尔·杜奈尔也认为国家作为别国的代理人而进行的战争虽有理论意义，但它在现实中可能不曾发生过。② 主权完整、政权合法且稳定的国家在与外部力量互动的过程中到底是遵循外交关系还是代理关系规范？可以说，几乎没有一个正常的国家愿意成为外部力量操控的代理人。更常见的情形是，代理人由非政府武装组织或权威受到挑战的不稳定、不完整的政府（如叙利亚阿萨德政权）来扮演，这与国家内部武装冲突上升的趋势密切相关。美军现役军官简·葛雷曼（Jan K. Gleiman）认为，非国家行为体如部落武装、政党武装、恐怖组织、雇佣军、私营军事安保公司（PMSCs）等在代理人战争中发挥越来越明显的作用，未来的冲突中将充满次国家和非国家武装组织，将这些行为体纳入代理人战争行动和战略在军事上是必要的，

---

① Geraint Hughes, *My Enemy's Enemy: Proxy Warfare in International Politics*, Sussex Academic Press, 2012, pp. 11–14.

② Bertil Dunér, "Proxy Intervention in Civil Wars", *Journal of Peace Research*, Vol. 18, No. 4, 1981, p. 359.

应使其成为美国更大战略的一部分。① 而一些精心伪装的非武装机构（商业、公益、社会文化或科学研究等）和个人也会参与其中，使代理人战争的运作方式更加隐蔽。例如，在第一次世界大战时期，英国在阿拉伯地区设置了大量的代理人网络，其中劳伦斯（T. E Lawrence）率领的考古勘察队打着"巴勒斯坦探索基金会"的旗号行动，实际上那是英国军方主持的复杂代理人战略的一部分。② 又如，20世纪50年代朝鲜战争期间，美国通过中央情报局管理的门面机构"驻朝鲜联合会顾问委员会"（JACK）来对当地代理人的海上作战行动进行指挥和协助。越南战争期间（20世纪60—70年代），CIA控制的一家商业公司（美国航空公司）为地面代理人（老挝赫蒙族人部落）的越境侦察任务提供辅助支持（后勤补给、战斗支援、搜索、救援等）。③ 自20世纪70年代始，CIA和德国联邦情报局秘密收购瑞士一家加密公司Crypto AG并利用该公司商业身份、设备、客户网络从120多个国家和地区获取情报，没有人意识到情报机构的介入。④

此外，需要注意的是，一些非政府行为体可以在代理人战争中同时扮演多重角色，既是施动主体又是代理人。例如，实力强大的黎巴嫩真主党既是伊朗和叙利亚政府的代理人，也同时作为施动主体并根据自身的利益去发展受它控制的代理人网络。"基地"组织也兼具施动方与代理人的双重角色，在"9·11"事件之前，它曾作为塔利班的代理人开展活动，与此同时，"基地"组织也在发展比自己

---

① Jan K. Gleiman, "The Future of War Is Here: Proxy Warfare", *The National Interest*, October 24, 2014, https://nationalinterest.org/blog/the-buzz/the-future-war-here-proxy-warfare-11546.

② ［美］斯科特·安德森：《阿拉伯的劳伦斯：战争、谎言、帝国愚行与现代中东的形成》，陆大鹏译，社会科学文献出版社2014年版，第9—17页。

③ ［美］约翰·C. 弗雷德里克森：《美国特种部队》，朱振国译，上海科技文献出版社2014年版，第186—187页。

④ "CIA used Swiss Encryption firm to Spy on Dozens of Nations for Decades", *Russia Today*, February 12, 2020, https://www.rt.com/news/480627-cia-spied-swiss-firm/.

更弱小的代理人武装团体。

从参与行为体来看,代理人战争虽然存在多种可能的组合形式,但是最为常见的组合是"国家—权威受损的政府或非政府武装组织",这在艾瑞克·博哈达(Erica D. Borghard)的代理人战争界定中也得到体现:"各国同意向武装组织提供资源、培训和其他形式的支持,以换取后者同意代替前者作战"。①

二 代理关系类型

从代理关系类型上看,主要存在以下四种:"有凝聚力的单方委托""辐辏委托""分裂的集体委托"和"多边委托",每一种代理关系类型都有利弊。

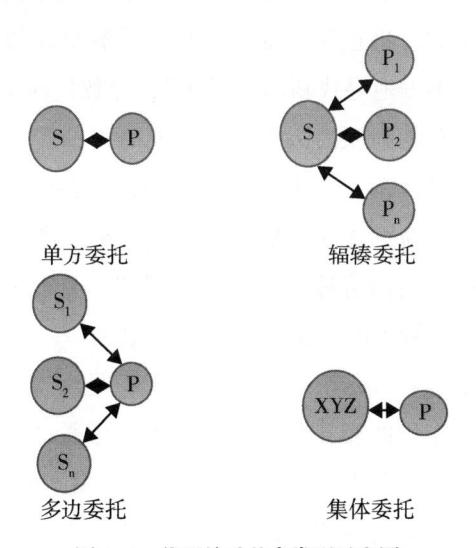

图 1-1 代理关系基本类型示意图

最简单的是"单方委托"(unilateral delegation)类型,即一个施动方和一个代理人("一对一"类型)。在单方委托的代理人战争

---

① Erica D. Borghard, "Arms and Influence in Syria: The Pitfalls of Greater U. S. Involvement", *Policy Analysis of Cato Institute*, No. 734, August 7, 2013, p. 3.

第一章 代理人战争内涵解析

中，代理人被支持去攻击一个共同的敌人。例如，俄罗斯—乌克兰东部民间武装之间的代理关系就属于这种类型。"一对一"单方委托—代理关系的优点在于施动方对代理人的控制力度较强，代理人的自主性受限。但是其缺点也是明显的，施动方为维持对代理人的有效控制，必须向后者提供昂贵的援助，而且在"一对一"的代理关系中责任归因相对简单。

"辐辏委托"（hub-spoke delegation）关系是指一个施动方同时发展多个不同的代理人，形成"一对多"类型的代理关系。这种代理关系类型形同美国在亚太地区的盟友体系结构，美国作为其中的主导者，分别与日本、韩国、澳大利亚等国建立相互独立的双边联盟。在"辐辏委托"关系中，施动方拥有强势地位，而代理人面临随时被取代的压力。也正是如此，代理人具有更高的风险意识和安全焦虑，因此会不停地寻找新的"靠山"，导致代理关系始终处于混乱之中。例如，在叙利亚内战中，美国同时资助多个叙利亚反对派武装团体进行暴乱运动，其中有些武装团体存在出格的行为，以至于美国试图通过重新审查和甄别后者的资质来"净化"反对派代理人阵营。而那些被美国清理出去的武装团体，会迅速投靠极端组织或其他阵营，出现频繁的"敌友变换"现象。

"集体委托"（collective delegation）关系是由多种力量或多个行为体构成的相互作用的委托集体，由这个集体通过各个单元间的协商来设计、管理与一个代理人的授权契约（"集体对一"）。在"集体委托"关系中，施动主体之间需要通过协商来应对内部分歧，这是国际政治中比较常见的代理类型。例如，成员与国际组织之间就是一种"集体委托"关系，成员可以通过协商来确定或改变对国际组织（代理人）的授权范围。在代理人战争中，施动方也可以是多个国家组成的集体，即多个施动主体之间为推动同样的议程，通过协作来向特定的代理人转移资源。"集体对一"代理关系的优势在于多个施动主体共同承担风险和成本，而且它们可以发挥各自的比较优势来为代理人战争注入独特的资源。其缺点在于施动主体之间达成集体行动所需要的协调、监督成本较高,谁应该承担这部分成本?而且由于"事前"和"事中"缺乏明晰的"产权",它们在后期的利益分配问题上将产生更多的纠纷。此外,"多边主义使得决策迟缓,与大多数军事上需要统一指挥的理解相背离"。① 这些令人头痛的难题将抑制集体意识和行动,代理人因此可以从施动主体之间的分歧和松散的组织架构中获得更多的自主性。例如,在叙利亚冲突中,"叙利亚之友"(Friends of Syria)国家与叙利亚反对派之间就形成了集体代理关系。美国中情局在其中扮演主导、协调和训练叛军的角色,沙特阿拉伯、卡塔尔等国家的情报机构则主要负责提供资金、采购和输送武器、提供庇护场所。但它们对反政府武装的支持一直是不稳定和不协调的。②

"多边委托"(multilateral delegation)关系是指由多个相互独立的施动主体与同一个代理人达成多个独立的授权契约,建立起"辐轴状"的代理关系,这也可以理解为一个代理人同时与多个施动主体互动("多对一")。例如,黎巴嫩真主党同时与叙利亚、伊朗存在代理关系,且叙利亚、伊朗在20世纪90年代早期对真主党的政策存在明显的矛盾,二者可被视为独立的施动主体,它们分别与真主党达成不同的代理契约,形成"多对一"的代理关系。当前,叙利亚阿萨德政权也与俄罗斯、伊朗同时存在代理关系,俄罗斯、伊朗在庇护阿萨德政权议题上同属一个阵营,二者之间存在密切配合的成分,但是二者的叙利亚政策并非完全相同,甚至存在相互竞争

---

① [美]玛莎·芬尼莫尔:《干涉的目的:武力使用信念的变化》,袁正清、李欣译,上海人民出版社2018年版,第16页。
② Mark Mazzetti, Matt Apuzzo, "U. S. Relies Heavily on Saudi Money to Support Syrian Rebels", *New York Times*, Jan. 23, 2016, https://www.nytimes.com/2016/01/24/world/middleeast/us-relies-heavily-on-saudi-money-to-support-syrian-rebels.html?_r=0; Zachary Laub, "Syria's Civil War: The Descent Into Horror", Council on Foreign Relations, Feb. 19, 2020, https://www.cfr.org/article/syrias-civil-war.

的一面。它们与阿萨德政权之间的契约既有重叠的部分,又有独立的部分。因此,俄罗斯、伊朗与阿萨德政权三者形成一种兼具集体和多边委托关系。在现实中,"多边委托"关系比较少见,它的形成表明代理人对多个施动主体都具有非常重要的价值,这就可能导致不同的施动主体在拉拢和影响代理人方面上存在一定的竞争。正是由于这种竞争的存在,代理人将不必急于倒向哪一方,这种关系实际上有利于代理人在多个施动主体之间寻求讨价还价的空间。

出于对代理人战争的不同理解,学界对代理关系类型的分类存在差异,例如,福克斯认为施动方与代理人的互动方式是极为丰富的,经典的剥削型、交易型模式"不能充分地反映代理关系的广度",因此,他主张将代理关系模式增加到五种:剥削型(exploitative)、交易型(transactional)、文化型(cultural)、胁迫型(coerced)和契约型(contractual)。这五种关系模式揭示了代理和风险分担问题,是代理人战争中伙伴关系的决定性特征,进而福克斯试图以这些基本关系模型来指导代理人战争中的战略互动。[①] 具体情况参见表1-1。

表1-1　　　　　　　　福克斯的五种代理关系模式

类型	基本特点	案例
剥削型	代理人依赖于其委托人来生存,这种关系几乎可以被视为"寄生虫"和"宿主"之间的关系。委托人为寄生的代理人提供了生存的意向和能力。然而,代理人对委托人依然是很重要的。当存在的威胁出现时,委托人会确保其代理人完好无损。这种依赖在代理人和委托人之间建立了牢固的联系,导致委托人对代理人拥有近乎无限的权力和影响力	在乌克兰东部顿巴斯地区的冲突中,俄罗斯在多次战斗中解救了不堪重负的代理人

[①] Amos C. Fox, "Five Models of Strategic Relationship in Proxy War", *Georgetown Security Studies Review*, Vol. 8, No. 2, 2020, pp. 50-78.

续表

类型	基本特点	案例
交易型	对委托人和代理人都有利的服务和物资交换是交易模型的核心。从战略上讲，代理人在关系中拥有权力，因为它与委托人的关系完全是策略性的。考虑到这段关系的商业性质，当第一枪打响时，这段关系的持续时间就开始计时了。在这种关系模型中，代理人处于主导地位，可以对共同任务和委托人施加限制，委托人跟随并支持代理人。也就是说，代理人一旦不再从与委托人的关系中获益，或者看到对方的危险，就可以脱离委托人。在任何一种情况下，在交易模式中，玩世不恭的利己主义控制着彼此之间的承诺	2014年，伊拉克政府在打击"伊斯兰国"问题上寻求美国帮助。美国军队则通过伊拉克正规和非正规的地面部队对"伊斯兰国"进行打击，这是一场代理人战争。到2017年底，当在伊拉克的"伊斯兰国"被击溃，伊拉克代理人力量就消极怠战，并呼吁驻伊美军撤离
胁迫型	胁迫模式与剥削模式相似，但不同之处在于代理人不一定是制造出来的，而是不愿意或勉强的合作伙伴。也就说，代理人是一个"预先存在的代理人"（pre-existing agent），被强迫进入委托—代理关系。由于这种关系的强制性，代理人帮助委托人分担风险的意愿较低，这也导致代理人的自主性程度较低。被胁迫的代理人往往是一种情景下的副产品，即委托人进入一个地区，击败了现有的统治机构及其安全部队。这次失败之后，委托人从被击败政权的安全部队挑选了所谓值得信任的主要成员。实际上，代理人要么对委托人（占领者）漠不关心，要么关心与委托人合作的效果，与占领者合作的动机很少。代理人的能力有限，无论是在治理还是安全方面	这一模式最显著的例子是美国与阿富汗政府和阿富汗安全部队的关系。在长达20年的武装冲突中，美国是这一关系的施动方，而阿富汗人则是被胁迫的代理人，后者不情愿对抗塔利班"基地"组织
文化型	但由于委托人和代理人之间的文化纽带，两者是紧密耦合的。因此，代理人愿意与委托人一起冒战略和战术风险。最常见的文化杠杆点是宗教、种族、语言和历史地理。文化代理人往往出现在文化跨越政治边界的冲突地区。在这个模型中，委托人在有政治或战略利益的地方操纵一个或多个文化联系，以获得权力和影响文化上相似的可塑群体。委托人和代理人之间紧密的文化纽带造就了坚定的代理人，代理人通常会站在委托人一边，并分担高度的风险	俄罗斯在乌克兰东部的代理人是一个很好的文化代理人的例子。尽管这也是剥削型代理关系的例子。伊朗利用宗教、文化纽带，在中东什叶派新月地带发展代理人是另外一个例子

续表

类型	基本特点	案例
契约型	契约模型可能是委托人和代理人之间最古老的关系模型之一。在这种模式中,委托人是将实现军事目标的任务外包给有手段来实现这些目标的团体。由于委托人的国内观众没有看到从他们国内派遣大批穿着制服的士兵,这种模式增加了委托人的行动机密性和推诿便利度。契约代理人是一种快速、简单的增加战术选择的方法	中东战争为契约代理人的使用提供了佐证。在令人眼花缭乱的伊拉克"自由行动"期间,"黑水"(Black water)、"神盾"(Aegis)和"三篷"(Triple Canopy)等公司成为臭名昭著的军事服务商。事实上,在许多情况下,像黑水公司这样的合同代理人与美国军队并肩作战,偶尔负责并参与了战争中一些大的战役

资料来源:笔者根据福克斯的论文整理。

福克斯对代理关系模式的分类很有创建性,有助于人们理解不同模式下施动方与代理人的不同互动方式和代理人战争的成效。但是,必须指出的是,这五种代理关系模式之间的界限并不是泾渭分明的,在一些情形下,可能同时有几种模式叠加在一起。例如,人们很难准确区分俄罗斯与乌克兰东部地区的民兵组织是哪一种代理关系模式,因为俄罗斯不但支持乌东民兵组织,还引入瓦格纳集团(Wagner Group)这类合同制军事力量,那么这种关系可能是剥削型、文化型和契约型的叠加态。与此同时,在俄乌冲突中,美国和欧洲国家不但支持基辅政权,而且引入了合同制雇佣军,那么这种代理人关系模式也难说具体属于哪一种,它更可能是剥削型和契约型的叠加态。

三 复杂的授权链网络

从"授权链"(chain of delegation)上看,存在"单链"和"长

链"代理模式,这与施动方的政治制度运作和代理任务的类型有关。"单链"代理模式的授权非常简单,施动方与代理人直接达成契约,是一种"短距离"代理关系。这也意味着施动方对代理人的管控和信息分享环节也更直接。在这种"短链"代理模式下,代理人可能受到更直接、严格、有效的监督,信息在双方间的传递损耗较低,代理人谋求自主性空间相对较小。当然,"单链"授权模式更像是一种理想化的存在,实际中"长链"模式远比它复杂而常见。"长链"代理模式是指最初的施动方与最终的代理人之间存在多个中间行为体。这些中间行为体在一定程度上既是代理人也是施动方,所有这些行为体共同构成一个长距离的授权链条。

发动代理人战争需要经过复杂的"设计",主要原因有以下几点。

一是从功能视角看,"一对一"的"单链"授权模式过于理想化、简单化,几乎无法应对复杂的战争场景,历史和实际经验也表明了这一点。这是因为,代理人战争的任务、目标和议程是复杂多元的,具有不同的专业优势和资源的部门共同加入进来,才能形成多要素组合的协同作战平台。为了包容和整合这些大大小小的上下游机构,使它们在某种非正式机制或体系内为达成特定的议程而分工协作,就需要发展一个网络状的授权链,处在其终端的施动方决策者将通过这个"长链"授权模式来间接操纵、管控代理人网络。

二是从推诿的角度看,利用"长链"授权模式有利于隐藏代理关系,减少内部阻碍(官僚主义、反战情绪、国会授权与监督等),加大证据回溯的难度,规避"被牵连"的风险,等等。发动代理人战争不需要公开宣战和经过复杂、低效的官僚系统授权,其高度保密的特征也减少了公众的监督和关注。因此,为避免制造太大的动静和留下明显的痕迹,施动方决策者通常授权给专业的特殊部门(如 CIA)去执行与代理人战争相关的各种项目。而特殊部门的能力、资源也是有限的,它们又需要授权并发展下一级别的代理人,依此类推,最终会形成一个复杂的代理人网络。在这个结构中,授权链条两端的距离被拉大,以至于最前端的代理人甚至不确定终极施动方是谁,这种"长链"授权的代理人网络有利于隐藏代理关系和帮助施动方推诿。

三是长链授权也有利于维护代理人的"合法性"。过近的、露骨的授权关系可能导致代理人轻易被内部怀疑出卖自主利益而面临合法性危机,一旦代理人的合法性遭到内部挑战,它为施动方的偏好而努力的成本也会极大上升,这同样不符合后者的利益。"在某些情况下,一些政府与西方结盟不受欢迎,给这些政府带来的代价多于其得到的物质援助,最终的结果不利于西方原来打算支持的利害关系。"① 例如,2002 年 4 月,时任阿富汗政府主席卡尔扎伊试图获得一种授权:允许阿政府威胁动用(非真正动用)美国部队来迫使不合作的普什图军阀帕扎·汗·扎德兰投降。但是这样做,会使得卡尔扎伊看上去彻头彻尾就是一些对手所说的那类人:"美国的爪牙"。在政治上,这对美国和卡尔扎伊都是不利的。② 又如,奥马尔·卡拉米(Omar Karami)政府被认为在宪法修改、哈里里遇刺等事件上遵循叙利亚的指示,其后果是奥马尔·卡拉米政府于 2005 年 2 月被黎巴嫩民众推翻,驻扎在黎巴嫩的叙利亚军队也被迫全部撤离。③

四是长链授权模式还有一个结构性的优势即依靠代理关系网络发挥成本分摊和协同作用。若其中某一个"节点"受到限制而暂时退出共同议程,这也不会使整个代理人战争的进程瘫痪。例如,20

---

① [法]雷蒙·阿隆:《和平与战争:国际关系理论》,朱孔彦译,中央编译出版社 2013 年版,第 377 页。

② [美]唐纳德·拉姆斯菲尔德:《已知与未知:美前国防部长 拉姆斯菲尔德回忆录》,魏骅译,华文出版社 2013 年版,第 292—293 页。

③ Esther Pan, "What is Syria's role in Lebanon?", Council on Foreign Relations, Feb. 22, 2005, https://www.cfr.org/backgrounder/middle-east-syria-and-lebanon; "Bush tells Syrians: get out of Lebanon altogether", The Guardian, Apr. 20, 2005, https://www.theguardian.com/world/2005/apr/20/usa.syria.

世纪70年代末,当时美国国会因CIA多年的权力滥用而钳制了它的羽翼,但是沙特阿拉伯发起一个名为"狩猎俱乐部"(Safari Club)的组织(成员还包括摩洛哥、埃及和法国等国)继续推动美国淡出后的非洲代理人战争。2002年,沙特阿拉伯前情报局长图尔基·费萨尔亲王(Prince Turki al-Faisal)在乔治城大学的一次演讲中回忆道:"沙特王国与这些国家一起,在某种程度上帮助维护了世界的安全,而当时美国无法做到这一点。"① 又如,2017年7月,特朗普虽然停止了CIA主导的颠覆阿萨德政权的叙利亚代理人战争项目,但是沙特阿拉伯等海湾国家和土耳其仍然可以继续向各路反对派武装团体提供资金、武器、训练和庇护等方面的援助,反阿萨德进程在美国缺位的情形下继续通过其他国家来推动。

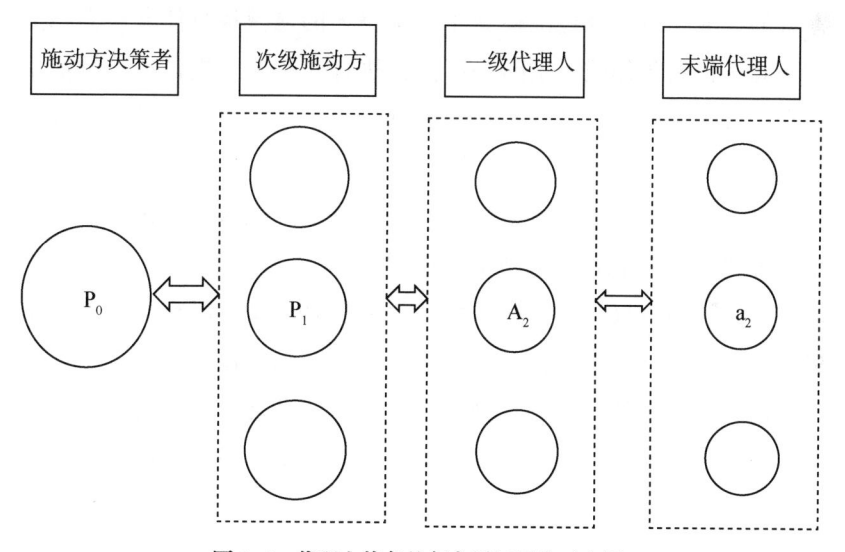

图1-2 代理人战争的复杂授权网络示意图

基于隐蔽需要,施动方与代理人需要谨慎地处理自身的角色和

---

① Mark Mazzetti and Matt Apuzzo, "U.S. Relies Heavily on Saudi Money to Support Syrian Rebels", *New York Times*, Jan. 23, 2016, https://www.nytimes.com/2016/01/24/world/middleeast/us-relies-heavily-on-saudi-money-to-support-syrian-rebels.html?_r=0.

掌控好代理关系的"远近度"和运作方式。长链授权可以吸纳各类行为体（如公益组织、基金会、文化教育机构、商业机构、个人等）作为中间角色并发挥它们身份优势，使之按照特定的规则来推进代理关系的传导过程，这样有助于淡化、隐匿代理关系的痕迹。例如，美国通过非常复杂的授权链条来发展代理人网络，总统可以根据不同的目标任务，分别授权给 CIA、国家安全局或国防部等机构去执行不同的代理人战争项目，或者授权给这些机构协作达成同一目标。CIA 是美国发动代理人战争的最主要机构，它会继续授权给"特别行动部"（SAD），该部门是 CIA 指挥链的关键部分，职能限于秘密作战行动以及其他"黑色"行动，它从美国特种部队退役军人中招募新成员，伪装成一个"民营机构"，政府因此可以否认曾派遣隶属军方的作战单位，绕过法律禁止美军进入的区域执行任务。实际上 SAD 是美国特种作战力量的一部分，执行一些非常规任务，包括扶植非友好国家的反对派代理人。根据分工不同，该机构又分设多支分遣队，各个分遣队再进一步发展代理人。20 世纪 90 年代，"特别行动部"下属的一支分遣队在索马里笼络部分军阀，通过他们来获取"基地"组织在该国的活动情报。①

总之，随着授权链的网络化，美国政府不仅可以充分整合各个部门的专业优势来开展复杂的代理人战争项目，而且可以从中获取有利的推诿。这使得代理人战争更隐蔽、专业化、更容易、风险更低。当然授权网络越复杂，信息损耗也就越多，施动方决策者将难以及时获得执行端代理人真实而全面的信息，这也可能导致代理人战争变得不可控。

四 代理人战争"复合化"

间接介入作为代理人战争在理论讨论上的标签，安德鲁·芒福德坚

---

① ［美］约翰·弗雷德里克森：《美国特种部队》，朱振国译，上海科技文献出版社 2014 年版，第 314—318 页。

持将"间接干预"(indirect involvement)作为代理人战争的概念边界,以便同常规战争区别开来。他明确指出代理战争可以定义为:"第三方对冲突的间接介入,以影响其战略结果","一切代理人战争都可以看作是当代行为的间接方式(indirect approach)"①。从概念层面看,间接干预毫无疑问是代理人战争的核心特征,有助于准确区分冲突的性质。而且"间接干预"隐含了施动方的优势地位、操控能力、主体利益和发动代理人战争的动机。但是,间接干预不过是理论层面的划分标志,并不能真实地呈现出代理人战争的复合形态(complex morphotype)。正如福克斯所指出,当国家行为体使用代理人来追求其目标时,他们(国家行为体)在之外活动,而他们的代理人则在武装冲突范围内活动,这种把施动方与代理人分开的理论错误地理解了现代代理人战争,实际上并非如此,"使用代理人的行为体通常深深沉浸在武装冲突中,与他们的代理人在一起"。②

首先,代理人战争形态是一幅不断变化的"光谱"(spectrum)。为适应不同的作战任务场景(如镇压暴乱、"反恐"、政权更迭等),代理人战争与常规战争之间的界限并不是"非黑即白",常常是以复合方式进行,而非彻底的"间接方式"。国家既可以在特定的任务上亲自介入而同时又授权代理人在其他任务上使用暴力。③ 休斯认为代理人战争是交战国利用第三方作为一种补充手段或替代自己的军

---

① Andrew Mumford, *Proxy Warfare*, UK: Polity Press, 2013, pp. 21-24; Andrew Mumford, "The New Era of the Proliferated Proxy War", *The Strategy Bridge*, Nov. 16, 2017; Andrew Mumford, *Proxy Warfare*, Cambridge: Polity, 2013, p. 1; Andrew Mumford, "The New Era of the Proliferated Proxy War", *Real Clear Defense*, Nov. 16, 2017, https://www.realcleardefense.com/articles/2017/11/16/the_ new_ era_ of_ the_ proliferated_ proxy_ war_ 112648. html.

② Amos C. Fox, "Five Models of Strategic Relationship in Proxy War", *Georgetown Security Studies Review*, Vol. 8, No. 3, 2020, p. 50.

③ Idean Salehyan, Kristian Skrede Gleditsch and David E. Cunningham, "Explaining External Support for Insurgent Groups", *International Organization*, Vol. 65, No. 4, 2011, p. 713.

队直接参战。① 在其概念中，代理人战争兼具补充或替代两种方式来减少直接介入的深度，这意味着代理人不一定必须独立完成全部的任务，对此，伯蒂尔·杜奈尔也指出："间接干预的一种方式不是自己完成工作而是让别人全部或部分地完成工作。"② 在代理人战争中，代理人并非被要求成为一种完全的替代力量，它可以与施动方并肩作战，"并不一定像传统代理人那样取代施动方的全部军事能力，有时可能只是对现有能力的补充"。③

当然，即便代理人作为一种补充力量，在具体议程上，地面作战任务和生命成本会大部分转移到代理人那里，其逻辑依然是向代理人转移代价。为发展和赋能地面代理人，施动方也会提供直接的军事支持，如向目标国派驻特种部队，这样做的目的往往不是增加直接军事介入程度，而是便于前沿指挥和辅助代理人作战，提升代理人的作战效能，从而可以在未来的任务中减少自身的直接介入。有限的直接军事介入并不伤害代理人战争的负担外部化（externalize the burden）的基本逻辑和间接作战的属性，正如丹尼尔·拜曼指出："代理人战争是一个光谱"，太多的直接军事支持实在不算什么代理人战争，但较低的参与范围依然在代理人战争的光谱里，"代理人战争是指一个大国在另一个国家的战争中起主要的支持和指挥作用，而在实际的战争中只起很小的作用"。④

对美国而言，完全由中东的地方代理人代替美军行动可以降低伤亡和经济成本，但是当地代理人并没有足够的能力单独开展复杂的作战任务。因此，美国试图找到平衡成本与效率的办法。在实际

---

① Geraint Hughes, *My Enemy's Enemy: Proxy Warfare in International Politics*, 2012, pp. 1-2.

② Bertil Dunér, "Proxy Intervention in Civil Wars", *Journal of Peace Research*, Vol. 18, No. 4, 1981, p. 353.

③ Andreas Kriega, Jean-Marc Ricklib, "Surrogate Warfare: the Art of War in the 21st Century?", *Defence Studies*, Vol. 18, No. 2, 2018, pp. 115-116.

④ Daniel Byman, "Approximating War", *The National Interest*, September/October, 2018, p. 12.

运作中，美国往往选择与代理人进行资源交互，在提升代理人作战效能的同时，向后者转移风险和代价。美国在中东进行反恐、反暴乱、政权颠覆等多任务代理人战争时，常常是以复合方式进行。①

过于强调代理关系的形式，而不关注代理人战争的协作性质，就无法触及代理人战争的本质。"代理联盟是安全化结盟的具体表现，它将冲突中的国家和非国家行为体联系起来，以相互合作的方式发动战争"。② 从2003年至今，美军在伊拉克、利比亚、叙利亚、也门等中东国家与当地代理人协同行动，模糊了代理关系的形式。美军将地面作战任务移交给当地武装代理人，同时为后者提供空中打击、情报、指挥和顾问等援助，帮助地面代理人在与敌人"短兵相接"的过程中占据优势，从而规避自身遭受重大伤亡的风险，"正是由于施动方脱离实际的地面冲突，才决定了代理人干预并使其有用"。③ 例如，伊拉克战场上确实存在大量的美军部署，但具体到镇压伊拉克"基地"组织的暴乱的议程上，美军和其他北约国家更多只是辅助伊拉克安全部队和安巴尔部落民兵组织作战，后者才是承担地面任务和风险的主体。曾在前线服役的英国军官理查德·艾恩（Richard Iron）认为只有"把当地的人力和对当地情况的了解与我们（英国）的能力结合起来"，才能赢得实质的胜利。④ 又如，在也门的反恐战争中，英国寻求在不部署大规模军事力量的情况下应对威胁，"由于当地力量参与了大部分的前线战斗，英国总体上是一个辅助角色，提供训练和装备，并在必要时提供空中、情报支持以及

---

① Andreas Kriega and Jean-Marc Ricklib, "Surrogate Warfare: The Art of War in the 21st Century?", *Defence Studies*, Vol. 18, No. 2, 2018, pp. 115-116.

② Abbas Farasoo, "Rethinking Proxy War Theory in IR: A Critical Analysis of Principal-Agent Theory", *International Studies Review*, Vol. 23, Vol. 4, 2021, p. 1858.

③ Chris Loveman, "Assessing the Phenomenon of Proxy Intervention", *Conflict, Security & Development*, Vol. 2, No. 2, 2002, p. 33.

④ Richard Iron, "The Charge of the Knights", *The RUSI Journal*, Vol. 158, No. 1, 2013, p. 62.

利用英国特种部队的协助加强当地力量"。①

其次,复合代理人战争思维受到关注并付诸政策实践。美国中央司令部前指挥官约瑟夫·沃特尔(Joseph Votel)和埃罗·克拉佛利(Eero Keravuori)认为,没有能力和资源来解决当地的冲突,这可能会使美国在该地区的利益处于危险之中,因此美国军方必须组织、提供资源和训练联合力量,以便利用各种类型的代理人参与或通过共同行动来提高海外作战效能。② 理查德·安德烈斯(Richard B. Andres)等学者则系统地论述了"阿富汗模式"(Afghan model)的创新性、优势及其应用潜力。他们认为,空军、特种部队和本土部队组成了一个强大而有力的组合。这种新的战争方式降低了美国在鲜血和财富方面的成本,它创造了一种更可信的手段,如果使用得当,"阿富汗模式"将为美国在海外提供战略优势和影响力。③ 美国前国防部长唐纳德·拉姆斯菲尔德(Donald Rumsfeld)在回忆录中也对"阿富汗模式"赞赏有加:B-52轰炸机在地面部队(美国特种兵与当地代理人部队)的引导下投掷炸弹,精确击中很远之外的目标,短短几周就推翻了塔利班的统治。经过反复试验,美国已经量身定制出一套战略、战术和步骤,能够适应他们面临的异常情况,在地面投入相对较少的人力就能带来毁灭性的打击力量。这展现出来的正是美国总统设想中的国防转型。④

此外,近年来西方大国囿于地面军事部署高昂成本而转向海外

---

① Jack Watling and Namir Shabibi, "Defining Remote Warfare: British Training and Assistance Programmes in Yemen, 2004—2015", Briefing No. 4, Remote Warfare Programme, Oxford Research Group, June, 2018.

② Joseph Votel, Eero Keravuori, "The By-With-Through Operational Approach", *Joint Forces Quarterly*, No. 89, 2018, https://ndupress.ndu.edu/Portals/68/Documents/jfq/jfq-89/jfq-89.pdf? ver=2018-04-19-153711-177.

③ Richard B. Andres, Craig Wills, and Thomas E. Griffith Jr, "Winning with Allies: The Strategic Value of the Afghan Model", *International Security*, Vol. 30, No. 3, 2005, pp. 124-127.

④ [美]唐纳德·拉姆斯菲尔德:《已知与未知:美前国防部长拉姆斯菲尔德回忆录》,魏骅译,华文出版社2013年版,第291页。

的轻微军事干预，远程战争（Remote Warfare）随之兴起。"在不部署大规模军事力量的情况下，寻求远程对抗威胁的方法的出现，是远程战争的一种概括性定义"。① 但是远程战争必须依赖当地代理人的配合，因为施动方距离事发地太远，如果亲自解决麻烦，就面临远程军力投送、后勤能力和时效性等方面的极大的挑战。美国在朝鲜和越南战争中失利的重要原因之一就是"其战略抵达能力和军事解决问题的能力还是有限的，美国对超出其作战半径的能力存在过高估计"。② 如果采取空中和远程武器打击，则还需要强大的情报系统支持才能避免滥杀无辜。可以说，远距离解决麻烦的难度和成本依然极高。为了缓解远程作战困境，军事力量需要部署在目标邻近地，以便于获取所需的人力情报，了解其确切的位置和状况，并将平民排除在附带损害范围之外，因此，更有理由依靠当地的代理人力量，无论它是正式军队、军阀民兵还是自由流动的雇佣军。③ "前沿军事基地＋当地代理人"组合很好地克服了远程战争的困境。中东研究学者孙德刚系统地研究了美军在大中东地区的军事基地部署，他指出，"小型、机动和隐蔽"化的"柔性"军事基地推动了美国军力部署前沿化、低成本化和灵活性，有效提升了美军投送能力和应对恐怖主义等非对称威胁的能力、可信度。④ 小规模的前沿军力部署更靠近当地代理人武装，能够更好地指挥、监视和支援当地代理人作出快速、灵活的反应。

最后，在美国推动下，中东地区日益成为美军与当地代理人交

---

① Jack Watling and Namir Shabibi, "Defining Remote Warfare: British Training and Assistance Programmes in Yemen, 2004—2015", Briefing No. 4, Remote Warfare Programme, Oxford Research Group, June, 2018.
② 王帆:《卷入越战：美国的决策错误及其原因》,《战略决策研究》2019 年第 6 期, 第 38 页。
③ Seyom Brown, "Purposes and Pitfalls of War By Proxy: A Systemic Analysis", *Small Wars & Insurgencies*, Vol. 27, No. 2, 2016, p. 247.
④ 孙德刚:《美国在大中东地区军事基地的战略部署与调整趋势研究》, 时事出版社 2018 年版, 第 56—61 页, 第 179—185 页。

互作战的实验场。为规避风险并提升代理人的作战效能，美军与当地代理人频频进行交互作战行动。从 2011 年开始，美国在中东战场大力发展"空中为辅，地面为主"的干预方式，这种交互作战被称为"平行代理人战争"（parallel proxy warfare），① 即从空中支持地面代理人武装，如同"一只脚在里面，一只脚在外面"。② 美国将"空中干预"模式与地面代理人的战斗结合起来，从而"脱离实际的地面冲突"，避免了重大伤亡风险。③ 事实上，在 2011 年利比亚战争中，美国主导的北约联军就采取了复合代理人战争方式，通过空中打击配合利比亚地面反对派武装团体的进攻，以混合干预的方式推翻了卡扎菲政权。在 2014 年"9·11"纪念日上，奥巴马对全美观众发表了打击"伊斯兰国"的讲话。

> 对恐怖分子展开系统的空袭行动（systematic campaign of airstrikes），加强对地面部队打击这些恐怖分子的支持。美国军队不会被拖入另一场地面战争，但他们需要用训练、情报和装备来支持伊拉克和库尔德武装。希望美国人民明白，美国作战部队不会在外国领土上作战，反恐行动将通过利用我们的空中力量和我们对地面伙伴部队的支持。④

奥巴马打击"伊斯兰国"战略的核心也是复合代理人战争。2014 年 9 月，美军在伊拉克进行了 150 多次成功的空袭，为伊拉克库尔德部队从"伊斯兰国"手中夺回关键领土，鉴于此，奥巴马宣

---

① Andrew Mumford, *Proxy Warfare*, UK: Polity Press, 2013, p. 25.
② 牛新春：《美国中东政策：开启空中干预时代》，《西亚非洲》2017 年第 1 期，第 14—22 页。
③ Chris Loveman, "Assessing the Phenomenon of Proxy Intervention", *Conflict, Security & Development*, Vol. 2, No. 2, 2002, p. 33.
④ "President Obama on How U. S. Will Address Islamic State", NPR, September 10, 2014, https://www.npr.org/2014/09/10/347515100/transcript-president-obama-on-how-u-s-will-address-islamic-state.

布将空袭行动扩大至"伊斯兰国"控制的叙利亚地区。2015年1月，美国领导的联军发动近700次空袭，帮助叙利亚库尔德武装彻底夺回对北部城市科巴尼的控制权，结束长达三个月的地面战斗。[①]

美国在中东进行的代理人战争并没有严格遵循"间接介入"的边界，反而呈现出交互作战的特点，即美军与当地代理人根据各自的角色和优势来综合权衡武装介入的深度、规模和组合形式，以分工协作、资源互补的方式卷入冲突。美国的这种做法增强了作战效能。

总之，施动方可以将代理人战争作为冲突的补充（supplementary）或替代（substitute）手段，或者同时混合两种战略。只要施动方主要依靠而非取代地面代理人的作战方式不变，"间接介入"作为代理人战争的基本特征就没有发生质变。如果以"间接介入"为绝对界限，排斥任何"直接介入"的成分，这等同于对代理人战争形态进行"一刀切"，不仅淡化了代理人战争的复杂性，也会限制它的效率、灵活性。代理人战争的模式是多元的和发展的，施动方与代理人以分工协作、资源互补、并肩作战的方式应对复杂的战场情景，正在推动代理人战争的复合化进程。

第二节 代理人战争的内生特性

代理人战争的运作场景和方式比较特殊，涉及施动方与代理人在一种非对称的代理关系中互动。在这种环境中内生了一些代理人战争的特性，如信息非对称、相互制约、非正式、非正当和代理人自主性等，而这些特性又折射出代理人战争的复杂面貌和不确定性。

[①] Anne Barnard and Karam Shoumali, "Kurd Militia Says ISIS Is Expelled From Kobani", *New York Times*, Jan. 26, 2015, https://www.nytimes.com/2015/01/27/world/middleeast/kurds-isis-syria-kobani.html?_ga=2.189388909.713920416.1575370900-2096671912.1568775482.

一 非对称性:代理人优势

在代理人战争中,施动方与代理人之间存在显著的权力、实力和身份的非对称性,这一点是公认的常识,毋庸赘言。但是强大的施动方也有其脆弱之处,而代理人尽管要弱小得多,却依然拥有弱者所特有的非对称优势。在几乎所有的代理关系中,无论是正当或非正当的,代理人都至少拥有信息和能力两个方面的非对称优势。实际上,为优先满足和扩大私利,代理人有足够的动机将非对称优势转化为与施动方进行博弈的杠杆。

(一) 信息不对称优势

在代理人战争中,代理人占据私人信息(private information)优势。艾瑞克·雷霆格尔(Eric Rittinger)指出:"代理关系涉及在信息不对称(information asymmetry)条件下签订的正式或非正式合同。委托人将一些权力委托给代理人,代理人则负责代表委托人工作。"① 海伦·米尔纳(Helen V. Milner)指出:"信息非对称指的是一些行为体掌握其他行为体所不知的私人信息。"② 在代理人战争情景中,信息不对称主要是指代理人对如何执行代理议程和实际付出的努力程度有深入的理解,而这些不容易被施动方所衡量或观察。

信息不对称为代理人谋求私利提供了掩护,使其具备了"进退自如"的主动权,而它的存在使得行为体之间进行诚实的合作变得异常困难。罗伯特·基欧汉(Robert Keohane)和海伦·米尔纳都指出,信息不对称造成的不确定性是阻碍协议达成与合作低效重要根源之一,一些行为体可能比其他行为体对一种形势所占有的信息要

---

① Eric Rittinger, "Arming the Other: American Small Wars, Local Proxies, and the Social Construction of the Principal-Agent Problem", *International Studies Quarterly*, Vol. 16, No. 2, 2017, p. 397.
② [美] 海伦·米尔纳:《利益、制度与信息:国内政治与国际关系》,曲博译,上海人民出版社2015年版,第18页。

更多，即某些人比其他人拥有更多的知识，因此有能力和政治优势操纵一种关系或者成功地实行欺诈行为。① 由于国家在相对能力和意图上存在错误展示（故意夸大或示弱、欺诈、掩饰等）的动机，因此对私人信息的需求非常强烈。理性行为体都试图占有相对更多的信息，因为"信息就是力量，信息会有利于那些掌握私人信息的行为体"。② 信息非对称通常导致施动方面临代理关系管理难题，"尽管委托人当然希望代理人完全像委托人一样履行其职责，但是鉴于两方之间存在信息不对称，这不太可能发生，因为代理人更了解自己的偏好、自己的表现以及手头的任务"。③ 信息不对称可能会鼓励代理人在追求自身目标的同时偏离施动方的指示，且仍然获得代理关系带来的好处。④

在信息不对称的环境下，"逆向选择"（adverse selection）和"道德风险"（moral hazard）就会发生。在经济学、风险管理和保险行业"逆向选择"和"道德风险"常被用来解释信息不对称情形下代理人懈怠的原因：代理人操纵私人信息以推进不利于委托者的利益，所以委托—代理关系总是在追求一个"次优"结果。⑤

"逆向选择"是描述交易中的一方比另一方拥有更准确和不同的信息，信息较多的一方更有优势，前者能够利用这种信息优势（隐藏的信息）来使自己受益。代理人具有委托人所不了解的专业知识，

---

① ［美］罗伯特·基欧汉：《霸权之后：世界政治经济中的合作与纷争》，苏长和、信强等译，上海人民出版社2006年版，第96页；［美］海伦·米尔纳：《利益、制度与信息：国内政治与国际关系》，曲博译，上海人民出版社2015年版，第18—21页。

② ［美］海伦·米尔纳：《利益、制度与信息：国内政治与国际关系》，曲博译，上海人民出版社2015年版，第20页。

③ Ora Szekely, "A Friend in Need: The Impact of the Syrian Civil War on Syria's Clients", *Foreign Policy Analysis*, Vol. 12, No. 3, 2016, p. 452.

④ Steve Fernzi, "Want to Built a Better Proxy in Syria? Lessons from Tibet", Aug. 17, 2016, https://warontherocks.com/2016/08/want-to-build-a-better-proxy-in-syria-lessons-from-tibet.

⑤ ［美］海伦·米尔纳：《缘何多边主义？对外援助与国内委托—代理问题》，载［美］戴仑·霍金斯、戴维·莱克、丹尼尔·尼尔森、迈克尔·蒂尔尼主编：《国际组织中的授权与代理》，白云真译，上海人民出版社2015年版，第117页。

当代理人利用这种优势来追求与委托人不一致的目标，或隐藏动机时，逆向选择就发生了。在代理人战争中，选择可靠的、有能力的代理人对于推进施动方的利益至关重要。① 然而，信息不对称使得施动方遭受"逆向选择"风险：如何选择最优代理人？在代理关系建立前，施动方缺乏对等的知识和信息，对潜在代理人的能力、可靠性、信誉等"过往记录"（track records）了解甚少，只能经过大致的筛选、评估，并从中找到那些貌似具有相似利益的代理人。但是，这就有可能导致选择错误。相对施动方而言，代理人更了解自身的行为和意图，一些无能或不忠诚的代理人就可以利用信息不对称优势来隐瞒自身真实能力、可靠性和动机，通过欺骗来获取施动方更优惠的授权和资助条件，进而获得更大的收益。以上这些例子都是不受欢迎的代理人懈怠行为。"逆向选择"主要是指代理人利用"隐藏信息"（hidden information），如隐藏资质、能力和动机信息等，对此，委托人又没有必要的专业知识来识别。简而言之，代理人利用信息不对称优势欺骗施动方，导致施动方无法识别和选择一个可靠的代理人。

道德风险是指参与合约两方（A 和 B）之间由于信息不对称，A 所面临 B 可能改变行为而损害到本方利益的风险。B 在达成交易后改变其行为（隐藏的行为）而不必因此承担任何代价，反而将风险转移到 A。② 道德风险在保险市场时有发生。例如，在没有健康保险时，有些人可能由于费用太高或生病不严重而放弃医药治疗。但是在健康保险变得可利用后，有些人可能要求保险提供方支付没必要发生的医药治疗费用。又如，在购买火险后，有些人可能会较少关

---

① 陈翔：《大国竞争时代的美国代理人战略》，《世界经济与政治论坛》2020 年第 1 期，第 4—5 页。

② Steven Nickolas, "Moral Hazard vs. Adverse Selection: What's the Difference?", Investopedia, Apr. 13, 2019, https://www.investopedia.com/ask/answers/042415/what-difference-between-moral-hazard-and-adverse-selection.asp; David L. Weimer, Aidan R. Vining, *Policy Analysis: Concepts and Practice*, Prentice Hall, 2017, p. 121.

控制与自主：美国的中东代理人战争

注防火措施,将风险转移到保险公司。简言之,一旦获得施动方的授权、承诺和援助后,代理人就像获得了"保险",且完全明白自身行为的变化所产生的代价主要由施动方来承担。

在代理人战争中,道德风险无处不在,例如代理人倾向于懈怠和偏离,包括:不投入全部的努力、采取更加冒险的行为、谋求持续的援助,甚至采取与施动方的偏好和指示相反的行动,等等。肖恩·麦克法特将代理人战争中的道德风险比喻为租车行为,人们随意驾驶租来的车,而不像爱惜自己的车那样,这会鼓励司机的破坏行为,代理人类似"用完即弃"的"被租借的力量"(rented force),他们不必为承担后果而小心行事。① 实际上,当代理人"事先"(ex ante)获得施动方的援助和可信的安全担保后,更加明白自己的重要价值以及施动方的"兜底"角色,道德风险就可能发生。"有了来自强大施动方的保险,代理人更有理由选择暴力而不是妥协,有更充分的理由和更多的资源来挑起一场冲突,给自己和施动方带来风险"。② 代理人的道德风险可能将施动方卷入持久的冲突中。例如,如果叙利亚阿萨德政权倒台,俄罗斯将失去其在中东地区的最后一个战略据点,大马士革完全明白自身对俄罗斯的重要价值,因而相信克里姆林宫提供"保险"协议是可靠的,敢于采取激进方式来打击反对派武装,并预料到俄罗斯会动用安理会否决权来阻挠国际惩罚行动。③

在信息不对称的情形下,代理人拥有同时制造"逆向选择"与"道德风险"的机会,一旦其认为这样做可以谋取更多的私利,就会导致施动方遭到欺骗和承担不想要的后果。

---

① Sean McFate, *The New Rules of War: Victory in the Age of Durable Disorder*, New York: William Morrow, 2019, pp. 186-187.
② C. Anthony Pfaff, Patrick Granfield, "How (Not) to Fight Proxy Wars", *National Interest*, March 27, 2018, https://nationalinterest.org/feature/how-not-fight-proxy-wars-25102.
③ Hanefi Yazici, "Proxy Wars in Syria and a New Balance of Power in the Middle East", *Journal of management and economics research*, September 2018, pp. 3-8.

(二) 能力非对称优势

一方面，地方代理人具有本地专长（local expertise）优势。作为施动方的国家与非国家的地方代理人之间往往存在巨大的实力差距及"主从"关系结构，但这并不影响双方的务实合作，因为二者各自的非对称优势可以创造利益互补空间。外部施动方需要从地方代理人那里"取长补短"，获得大量高质量、大规模的当地知识，降低"事必躬亲"的昂贵成本和代价。一般而言，不同的个人、团体和公司都有各自的专业领域，这使得他们从事一项活动比一个团体做所有事情更有效率。① 地方代理人更了解当地语言文化、风俗习惯、当地居民偏好、人口结构、地形地貌、关键基础设施等信息，同时高度熟悉当地事务和社会网络，因而能在地方更有效地执行某项任务，有能力去做施动方不能或不便做的事情。

在如何借助地方代理人的相对优势问题上，美国有丰富的经验。例如，"基地"组织残余于2001年12月逃到普什图族控制的阿富汗托拉博拉山区（"基地"组织前首领本·拉登被怀疑藏匿在此）。美国国防部原本准备授权大规模部队进入追击，但其常规地面部队并不熟悉那里的语言、文化和地形，若直接插入普什图核心地带，则可能造成大量伤亡，并破坏情报部门尝试与当地人建立合作的努力。最终，中情局和特种作战部队招募了一支对那片土地的情况了如指掌地方代理人部队即"普什图联军"（美国称其为"东方联盟"），以更隐秘、安全的方式介入其中。② 又如，在叙利亚战场上，美国也需要依赖库尔德等反对派武装提供空袭所需的地面位置信息，为

---

① Daniel Byman and Sarah E. Kreps, "Agents of Destruction? Applying Principal-Agent Analysis to State-Sponsored Terrorism", *International Studies Perspectives*, Vol. 11, No. 1, 2010, p. 3.

② [美] 唐纳德·拉姆斯菲尔德：《已知与未知：美前国防部长 拉姆斯菲尔德回忆录》，魏骅译，华文出版社2013年版，第288—289页。

提高后者的情报能力，美国还向其提供无线电、GPS 等设备和相关培训。① 此外，有些学者也主张国家常规军增进对战争场地本土知识的了解。肖恩·麦克法特认为，获得本土化专长应该成为美军发展新能力的重要一环。他建议美国军事外交官应沉浸在一个地区，多与当地人生活在一起，学习当地的语言、文化和政治，并观察当地人如何打仗和为什么打仗，进而提升根据美国利益影响地方事务的能力。②

另一方面，代理人具备"干脏活"的能力与优势。对于施动方而言，一些"见不得光"又必须做的任务常使得它陷入左右为难的境地：亲自干"脏活"要冒着巨大的道德、政治、法律代价和遭到报复、冲突升级的风险。那么，一种替代方案是施动方希望代理人去发挥"脏手"角色，因为"代理人（非国家行为体）可以漠视战争的传统规则，代之以非常规手段，而国家行为体则受限较多，这意味着非国家行为体可以突破现代战争的规范限制，其战略和战术选择也比国家行为体更加多元和丰富"。③ 而且，外界似乎比较容易接受代理人固有的道德瑕疵，其充当"脏手"角色符合人们心理和经验上的某种预设，以至于它从事违背国际规范的罪恶活动时也不会引起广泛的"诧异"。与此同时，代理人的法律地位不明确，对其进行责任和证据追溯、认定存在诸多难题。"非正规代理部队与施动方之间错综复杂的关系，常常掩盖了命令的发布方式以及交战规则的实际制定者。当一名代理战斗人员在冲突国家的宪法秩序之外行

---

① Alex Marshall, "From Civil War to Proxy War: Past History and Current Dilemmas", *Small Wars & Insurgencies*, Vol. 27, No. 2, 2016, p. 184; Julian E. Barnes and Adam Entous, "U. S. to Give Some Syria Rebels Ability to Call Airstrikes", *The Wall Street Journal*, February 17, 2015, https://www.wsj.com/articles/u-s-to-give-some-syria-rebels-ability-to-call-airstrikes-1424208053.

② Sean McFate, *The New Rules of War: Victory in the Age of Durable Disorder*, New York: William Morrow, 2019, p. 41.

③ 左希迎：《非常规战争与战争形态的演变》，《世界经济与政治》2020 年第 3 期，第 90—91 页。

动,为空袭提供目标坐标,提供化学武器袭击的情报,或动员网络机器放大虚假信息时,往往跨越红线而不会产生任何后果"。① 代理人的"脏手"能力不但不构成代理关系形成的主要障碍,而且成为可资利用的"优势"。例如,当美军需要利用安巴尔部落酋长来打击伊拉克"基地"组织的时候,后者曲折的过去和可疑的忠诚都可以被忽略,麦克法兰甚至认为:"一个好人不可能成为酋长,这些人是无情的角色……这并不意味着他们不能成为可靠的合作伙伴"。② 又如在冷战之初,面对美国拥有核威慑能力这一事实,苏联自身不太可能发动一场全面的战争,但可能的策略是把卫星国作为其干"脏活"的代理人。③

二 相互制约性:"被抛弃"与"被牵连"

在代理人战争中,"被抛弃"与"被牵连"是常见现象。由于施动方与代理人的实力差距和身份差异,其利益关切点存在明显不同,这也是为什么它们对"被抛弃"和"被牵连"的敏感度不一样,即施动方一般更担心被牵连,而代理人则更担心被抛弃。由于双方都知道彼此更担心哪一种后果,这一点可以被用来制约彼此。

"被牵连"主要是指代理人接受施动方的援助后,其行为变得更加激进、冒险,严重违反国际法、国际关系准则、人权规范和基本道德,施动方因代理人的出格行为卷入不想要的事件中,并产生非常负面的后果。代理关系中的被牵连,如同格伦·斯奈德(Glenn Snyder)对联盟的描述:"各国既面临寻求维持盟友支持,同时又将

---

① Candace Rondeaux, David Sterman, "Twenty - First Century Proxy Warfare: Confronting Strategic Innovation in a Multipolar World", *New America*, February 20, 2019, https://www.newamerica.org/international-security/reports/twenty-first-century-proxy-warfare-confronting-strategic-innovation-multipolar-world/.
② Jim Michaels, "An Army Colonel's Gamble Pays Off in Iraq", *USA Today*, April 20, 2007, http://www.usatoday.com/news/world/iraq/2007-04-30-ramadi-colonel_n.htm.
③ [美]约翰·加迪斯:《长和平:冷战史考察》,潘亚玲译,上海人民出版社2010年版,第149页。

避免被其盟友拖入不必要的战争的风险。"① 对施动方而言，自身的安全和声誉都可能被代理人牵连。例如，美国通过支持越南共和国政府遏制苏联扩张，鼓动了越南共和国政府的冒险，导致灾难性的冲突升级和美军大规模直接卷入。当代理人采取冒险的行动导致冲突失控或敌人的报复，施动方可通过明确否认、沉默、降低资助代理人的力度等方式切割彼此间的关联。例如，2021年10月，美国指责伊朗支持其民兵武装攻击美军的叙利亚坦夫军事基地，伊朗对此矢口否认。当代理人的暴力行为严重挑战人道主义和国际规范时，施动方担心自己的声誉受到牵连，同样会撇清自身的责任，增加证据回溯的难度。例如，国际人权观察组织一直指责由莫斯科控制的雇佣兵公司瓦格纳集团（Wagner Group）深度参与了非洲马里、中非等国家的广泛武装冲突，折磨和杀害数以百计的平民。对此，俄罗斯驻联合国副大使表示，有关俄罗斯雇佣军参与屠杀的说法是"肮脏的地缘政治游戏"的一部分。②

"被抛弃"是指施动方不再满意代理人的表现，或代理人的利用价值降低、丧失，或施动方可以选择其他代理人，那么继续支持代理人不再符合施动方的利益和预期，代理人就可能被施动方抛弃。例如，20世纪80年代末，当苏联军队从阿富汗撤离，且戈尔巴乔夫对西方采取积极合作的政策，阿富汗抵抗"圣战"组织（Mujahedin）在代理人冲突中的战略重要性下降，并很快被美国所抛弃。③ 又如，1961年，美国中情局扶植的古巴流亡势力试图武装推翻卡斯特罗政权。然而，在赫鲁晓夫的恫吓下，美国总统肯尼迪拒绝为古巴流亡武装的登陆提供空中掩护，以至于中情局策划、主导的"猪湾行动"完

---

① Glenn Snyder, "The Security Dilemma in Alliance Politics", *World Politics*, No. 4, 1984, p. 36.

② Jason Burke, Emmanuel Akinwotu, "Russian Mercenaries Linked to Civilian Massacres in Mali", *The Guardian*, May 4, 2022.

③ Geraint Hughes, *My Enermy's Enermy: Proxy Warfare in International Politics*, Sussex Academic Press, 2012, p. 131.

第一章 代理人战争内涵解析

败,而古巴流亡组织领导人也对美国的抛弃进行了绝望的抨击。①

"被牵连"和"被抛弃"是一组相互制约机制。在联盟中,强国害怕被牵连,弱国担心被抛弃,但二者实际上也构成相互制约(mutual binding/constraining)的机制,对被牵连和被抛弃的恐惧会因盟友不同的实力、意图状况而存在差异,实力对比、意图匹配程度这两个变量正是通过影响成员国对"被牵连"和"被抛弃"的恐惧来制约其管理联盟意愿。② 在代理人战争中,施动方与代理人的实力、身份、意图严重不对称是加剧施动方对"被牵连"和代理人对"被抛弃"的恐惧的根本原因,双方都有可能利用对方的"恐惧点"来实现互相制约。

在施动方一边,它可以通过改变(或威胁改变)对代理人的支持力度、更换代理人乃至中断(或威胁中断)代理关系等负面激励的方式来触碰代理人的"恐惧点"(即"被抛弃"),"一方越强大,弱小一方脱离联盟所要付出的代价就越大,强国对弱盟友的控制力就越强"。③ 因而,施动方可以通过抛弃(或威胁抛弃)代理人来迫使后者遵从代理议程。

在代理人一边,它也可能采取不恰当的行为(包括采取激进的冒险行动、残暴的手段、超出授权之外的偏离、懈怠等)或公开暴露代理关系的运作方式来逼近施动方的"恐惧点"(即"被牵连"),使后者付出一系列高昂的观众成本:国内外声誉受到严重损害而面临国内政治掣肘、公众反对和国际社会谴责。与此同时,施动方还可能因为代理人的冒险行为卷入"不想要"的代价高昂的战争中,并因此增大遭到敌人报复的风险。一方对代理人的支持往往

---

① 崔建树:《折戟沉沙:"美国猪湾"行动始末》,南京大学出版社2018年版,第294—320页。
② 苏若林、唐世平:《相互制约:联盟管理的核心机制》,《当代亚太》2012年第3期,第16—18页。
③ 苏若林、唐世平:《相互制约:联盟管理的核心机制》,《当代亚太》2012年第3期,第20—24页。

招致对手以同样的方式反制,这种"连锁反应"使有限的冲突升级为全面冲突,并可能造成更大的不稳定。①

在有些情况下,"被牵连"与"被抛弃"几乎是同时发生的现象。例如,20世纪70年代中期,美国支持南非在安哥拉开展代理人战争的证据被报道后,美国官方开始后退并否认此事。然而,南非国防部长揭露:"我们是在美国人的赞同和了解下越过边界的,但他们却让我们陷入困境。"② 在这个例子中,南非被美国抛弃,而美国同时也被南非牵连。

可以说,代理关系中始终存在"互相牵连"(mutual entanglement)的风险:一方面,施动方与当地代理人并肩作战,可能纵容后者的冒险和出格行为,从而反噬自身的声誉;另一方面,当地代理人与施动方的关系过近,也可能被视为入侵者的"帮凶",从而导致自身合法性遭到严重削弱。

三 非正式与非正当性:"影子战"

在大多数情况下,施动方和代理人不希望它们的互动被公开,以及其行为受到正式契约和道义上的约束,更希望代理人战争中是以非正式和非正当的"便利"方式运作,这为彼此的互动提供了足够的灵活度。如果不能获得这种灵活度,那么代理人战争的运作也将变得异常困难。

首先,代理人战争通常以非正式、非正当的方式和逻辑来运作,绕开了道义和法理的约束。在战争中,不择手段地获胜与道德之间

---

① Daniel Byman, Peter Chalk, Bruce Hoffman, William Rosenau, David Brannan, "Trends in Outside Support for Insurgent Movements", RAND, 2001, pp. 3, 34.

② P. W. Botha, 17 April 1978, Republic of South Africa, House of Assembly Debates, col. 4852; Piero Gleijeses, "Moscow's Proxy? Cuba and Africa 1975-1988", *Journal of Cold War Studies*, October 1, 2006, p. 102.

一直存在着紧张关系,迈克尔·沃尔泽称之为"战争中的两难困境"。① 为约束、规范武力的使用,圣奥古斯丁、托马斯·阿奎那、克劳塞威茨、格劳秀斯、约翰·罗尔斯等先哲努力构建起战争的界限和"正义战争论"的道德标准、悠久传统:正当的理由和正确的意图,合适的权威和公开宣战,最后的诉诸手段,较高的成功可能性,武力与威胁相称,不得轻蔑人类的生命,避免伤害非战斗的平民。②

然而残酷的现实是,为了绕开对武力使用所施加的法理和道义束缚,一些国家转而将"蒙面力量"(masked force)引入战争中,以非正式、非正当的方式继续滥用武力。在代理人战争中,"冲突中的重要角色很可能是准国家组织,它们不会按照《日内瓦公约》这样的国际法律规范行事。危险在于战争变得无法无天和难以预测,因为代理人武装组织将不受所有联合国成员国目前都接受的多边协议的约束"③ "与遵循着基本国际规则的国家行为体相比,非国家行为体的战争伦理相对较为薄弱,往往无视既有国际规则"。④ 代理关系通常是施动方秘密地支持"处于武装冲突国宪法秩序之外的第三方常规或非正规"的武装代理人去应对具体的、显著的威胁的一种非正式、非正当安排,在这种安排中,很少会出现清晰、严谨的书

---

① 〔美〕迈克尔·沃尔泽:《正义与非正义战争:通过历史实例的道德论证》,任献辉译,社会科学文献出版社 2015 年版,第 205-211 页。

② Brian Orend, "Michael Walzer on Resorting to Force", *Canadian Journal of Political Science*, September, 2000, pp. 523 – 547; C. Anthony Pfaff, Patrick Granfield, "The Moral Peril of Proxy Wars", *Foreign Policy*, Apr. 5, 2019, https://foreignpolicy.com/2019/04/05/proxy-wars-are-never-moral/; David Gordon, "Just War Theory and the US Attack on Syria", Mises Insitute, Apr. 24, 2018, https://mises.org/wire/just-war-theory-and-us-attack-syria.

③ Jack Watling's view in the article "Future of Warfare: High-tech Militias Fight Smouldering Proxy Wars", written by Helen Warrell, *Financial Times*, Jan. 21, 2020;〔美〕约翰·罗尔斯:《正义论》,何怀宏等译,中国社会科学出版社 2009 年版,第 297-298 页。

④ 左希迎:《非常规战争与战争形态的演变》,《世界经济与政治》2020 年第 3 期,第 95 页。

控制与自主:美国的中东代理人战争

面权责、承诺约束条款，它们很难被直接观察到。① 由于非国家行为体为非作歹的成本、难度和受关注度比主权国家低得多，由它们承接国家行为体想干而不便干的非正当勾当就显得"再合适不过了"，这也是为什么会出现国家资助恐怖主义组织开展非正当的（illicit）代理人战争。一旦国家利用非国家行为体的身份参战，就打破了常规战争的规范和框架。

其次，由于代理人战争的非正式、非正当性，它对于那些不愿直接使用自身力量的国家决策者来说是一个有吸引力的政策选择。在代理人战争中，施动方与代理人都力图通过秘密和模糊行动来保留合理推诿，以便为未来的行动创造灵活度和战略优势。而非正式、非正当的安排使国家能够挑战对手，同时获得"合理推诿"的便利性。② 此外，由于代理关系被隐形化处理，这进一步强化了"影子战争"的吸引力。当国家支持代理人战争与自身标榜的正义、合法形象相抵触，代理关系就以"去证据化"方式运作，在"授权-控制"环节上尽量满足无文本化、模糊性、隐蔽性和弱关联等要求。例如，"代理人战争中的'脏手'（dirty hands）问题也许是美国最关心的，对于美国这样一个从自身榜样的力量和军事力量中获取合法性的国家来说，这具有特殊的重要性。"③ 因此，施动方希望代理关系被隐形化处理，避免其声誉受到牵连。实际上，不透明的运作成为责任追溯障碍以及施动方决策者从事非正当活动的"遮羞布"，且代理人的"脏手"角色会受到纵容和保护。

总之，代理人战争以非正式、非正当的方式运作，极大地便利

---

① Candace Rondeaux, David Sterman, "Twenty-First Century Proxy Warfare: Confronting Strategic Innovation in a Multipolar World", New America, February 20, 2019, https://www.newamerica.org/international-security/reports/twenty-first-century-proxy-warfare-confronting-strategic-innovation-multipolar-world/principal-rivalries-proxy-dilemmas/.

② Daniel Byman and Sarah E. Kreps, "Agents of Destruction? Applying Principal-Agent Analysis to State-Sponsored Terroris", *International Studies Perspective*, No. 1, Feb. 2010, pp. 3-6.

③ C. Anthony Pfaff, Patrick Granfield, "How (Not) to Fight Proxy Wars", *National Interest*, March 27, 2018.

了施动方与代理人之间的"去道义化"互动,这不但导致"蒙面力量"被引入广泛的冲突,也增加了"影子战争"对任何想发动战争而不承担后果的人的吸引力。①

第三节　代理关系与国家联盟的区别

这里所提及的代理关系限于代理人战争情形下的非正当代理关系,国家联盟主要是指国家间的安全联盟。代理战争和国家联盟战争有相似的特点,代理关系(proxy relationship)与联盟(alliance)都属于军事、安全合作范畴,它们都具有风险共担(risk sharing)和应对共同敌人的功能。人们不禁质疑代理关系与联盟的根本区别什么?笔者认为,二者主要存在以下本质的和细微的区别。

第一,基本特性差异。联盟是国家间以正式和非正式协议确立的安全义务与承诺,承诺在面对特定安全形势时,或相互支持,或保持中立,或互不侵犯。② 联盟大体上是国家中心范式下的产物,国家之间的互动基本上遵循主权规范、国际准则、道德价值和彼此间的契约。联盟意味着国家之间某种明确、稳定的战略关系的确立。虽然针对特定的国家,但联盟并不意味着在条约中明确所针对的特定国家以及明确军事义务。③ 代理关系指施动方(主要是国家行为体,但非国家行为体也可以扮演这一角色)与代理人之间形成的非正式、不透明的契约(包括口头承诺、默契等)。根据这种契约,施动方为代理人提供各种援助和庇护,而后者在接受施动方的好处后,

---

① Sean McFate, *The New Rules of War: Victory in the Age of Durable Disorder*, New York: William Morrow, 2019, p.246.

② Brett Ashley Leeds et al., "Alliance Treaty Obligations and Provisions, 1815–1944", *International Interactions*, Vol.28, No.3, 2002, p.238.

③ [美]斯蒂芬·沃尔特:《联盟的起源》,第12页; Glen H. Snyder, "Alliance Theory: A Neorealist First Cut", *Journal of International Affairs*, Vol.44, No.1, 1990, p.104; 宋伟:《联盟的起源:理性主义研究新进展》,《国际安全研究》2013年第6期,第4页。

需要代替施动方进行地面战斗，以实现后者的预期目标。在代理关系中，施动方主要采取间接行动，将地面作战的流血代价转移给代理人。很显然，二者在基本特性上存在明显的差异，主要包括：间接方式确立了代理关系与联盟的边界；相对于国家行为体组成的联盟，代理人关系中的行为体更加多元化，非国家行为体扮演了重要的角色；与联盟相比，施动方与代理人的能力、身份相差悬殊，是一种高度非对称的关系；联盟契约更加正式、透明，而代理关系契约不但形式随意，且其内容隐蔽、模糊。

第二，组织化、制度化差异。联盟组织化、制度化程度较高，一般严格按照文本（协议、条约）运作，盟友的权利和义务边界比较清晰。由于代理关系的各方普遍不愿意暴露它们之间的非正当的勾当，因此其运作方式缺乏透明度，不受正式的文本约束，施动方和代理人的权利和义务的界限模糊不清，不愿意处于组织化和制度化的关系中。代理关系的组织化、制度化程度较低，致使施动方难以通过组织、制度约束代理人，但是也为施动方提供了组织和制度之外的灵活推诿空间，而代理人则从中获得较大的自主行动空间。

第三，平等性差异。尽管在国家联盟中也普遍存在实力、权力与地位不平等问题，但是这种不平等性在代理关系中表现得更加显著。在联盟中，弱小的盟友，其主权、核心利益等基本权益受到盟约保障，成员的权利、义务和地位相对平等，即便强大的盟友也必须按照盟约采取行动，它们往往并肩作战，而不是一方代替另一方作战。如格伦·斯奈德（Glenn H. Snyder）指出的那样，联盟产生了"特殊性、法律和道德义务、以及互惠性"。① 但是代理关系很多时候是按照"剥削型"模式进行，即强大的施动方可以为所欲为，而弱小的代理人则吃尽苦头。后者在施动方眼里往往是可以被牺牲的工具，而不是平等的合作伙伴。尤其是当施动方达到目标后，代理

---

① Glenn H. Snyder, *Alliance Politics*, Cornell University Press, 1997, p. 8.

人可能面临被抛弃的残酷现实。

第四，实践性差异。在国际关系理论中，国家间结盟主要有两种逻辑：制衡（权力制衡或威胁制衡）和追随，制衡是为了安全，追随是为了获得利益。① 学界普遍认为，国家之间建立联盟的首要目的是应对潜在的共同外部威胁和预防战争。② 这意味着联盟很多时候处于制衡潜在对手状态，而不会触发关键的作战条款。可以说，联盟的成立和作用不一定是面对非常具体的、当下的、明显的外部威胁，它很大程度上是为应对不确定性和假想敌所作出的机制安排，通过契约划清盟友之间权利、义务和承诺的适用边界，规避"无限责任"。与之不同的是，施动方和代理人建立代理关系是针对当下的、明确的敌人，它们会迅速介入到正在进行的冲突，而不是预防未来的战争，可以说代理关系的实践性比联盟要强烈得多。

第五，资质要求差异。在代理关系中，代理人的道德水平不是施动方所要考察的重点，有道德瑕疵的代理人是常见的，但是这不会阻碍施动方对它的扶植，因为施动方不需要代理人去执行多么光明正大的任务。如果施动方对代理人的合法性、道德要求过高、过严，那反而会妨碍它们之间的合作。例如在 1939 年，当有人问美国总统罗斯福（Franklin Roosevelt）支持尼加拉瓜独裁者阿纳斯塔西奥·索摩扎（Anastasio Somoza）是否明智时，他曾说过一句经常被引用的话："索摩扎也许是狗娘养的，但他是我们的狗娘养的"（He May Be An SOB, But He's Our SOB）。又如在 20 世纪 80 年代，美国在阿富汗扶植"圣战"武装抵抗苏联的占领，如果美国对代理人的合法性、道德有要求，绝不会筛选出这些作恶多端的"圣战"组织。

---

① Abbas Farasoo, "Rethinking Proxy War Theory in IR: A Critical Analysis of Principal‐Agent Theory", *International Studies Review*, Vol. 23, Vol. 4, 2021, pp. 1835–1858.
② 斯蒂芬·沃尔特（Stephen M. Walt）的研究，威胁主要包括综合实力、地理毗邻性、进攻能力和进攻意图，参见 Stephen M. Walt, *The Origins of Alliances*, Ithaca: Cornell University Press, 1990, chapter 1；刘丰、董柞壮：《联盟为何走向瓦解》，《世界经济与政治》2012 年第 10 期，第 5 页。

与之不同的是，联盟要经受合法性、道德标准和观众成本等方面的检视。联盟是国家间的合作，成员国政府首先应当是合法政府和国际责任主体，其行为不但受制于盟约，还受到联合国宪章、国际关系基本准则、国际法和基本道德规范约束。而且，盟约一旦废除或没有得到遵守，将产生昂贵的观众成本，这对国家的国内和国际声誉产生很大影响，学者们通常将盟友的可信度与从公开承诺中后退所导致的国内、国际声誉成本联系起来。① 此外，正式盟约（正式规则）能够"降低信息、监督以及实施成本"，② 成员国能从中明确各自角色和规范、预期未来的行为。如果成员国在获得联盟保险后就为所欲为，必然会引发国际社会对该联盟的谴责和警惕，削弱联盟的合法性和凝聚力。

由于上述差异的存在，联盟与代理关系在建立、运作、管理等环节也存在根本的区别。总体上看，代理关系是脆弱、隐蔽、灵活、权责模糊和高度实践性的非对称主从力量组合形式，而联盟是相对稳定、透明、权责清晰和平等的安全共同体。

第四节　代理人战争的再概念化

二战之前的代理人战争研究被有些学者称为"前理论阶段"（pre-theoretical stage），关于代理人战争的理论自觉进程始于冷战期间，诸多学者围绕这一经典冲突形式展开了广泛探讨。③ 冷战期间，

---

① Robert F. Trager, "The Diplomacy of War and Peace", *Annual Review of Political Science*, 2016, p.9.6; Brett Ashley Leeds, "Domestic Political Institutions, Credible Commitments, and International Cooperation", *American Journal of Political Science*, 1999, pp.986-991; James D. Morrow, "Alliances: Why write them down?", *Annual Review of Political Science*, 2000, pp.63-81.

② ［美］道格拉斯·诺思：《制度、制度变迁与经济绩效》，杭行译，韦森审校，格致出版社2008年版，第65—66页。

③ Vladimir Rauta, "A Structural-Relational Analysis of Party Dynamics in Proxy Wars", *International Relations*, Vol.32, No.4, 2018, p.450.

美苏两大超级核大国受"核平衡"约束,避免了直接、公开的大规模常规战争。而这一现象也被约翰·加迪斯（John Lewis Gaddis）等学者描述为"长和平"（Long Peace）。实际上,大国竞争并不总是表现为直接的、旷日持久的、高强度的战争,而是转向利用代理人战争谋取地缘战略利益,因此,冷战几乎不是一个"长和平",尤其是当人们考虑到无数外部教唆、国家内部冲突和影子战争时。①

冷战结束后,为了因应国际体系的变化,学界进一步从概念、方法和理论上深化了对代理人战争的研究。《剑桥词典》（Cambridge Dictionary）指出,代理人战争"是代表其他大国利益并可能得到这些大国帮助和支持的集团或小国之间的战争";芒福德将代理人战争定义为"第三方希望影响其战略结果而间接参与的冲突";布伦丹·索泽（Brendan Sozer）将代理人战争描述为"寻求间接影响冲突结果的外部行为体,通过向冲突中的现有行为体提供直接和有意的援助来实现其战略政策目标"。② 阿巴斯·法拉索（Abbas Farasoo）明确指出:"代理人战争是指通过与当地行为体结盟,影响该国政治的一种间接干预方式。"③ 尽管这一概念已经比较接近实际,但是并没

---

① Frank Hoffman, Andrew Orner, "The Return of Great-power Proxy Wars", *War on The Rocks*, Sep. 21, 2021.

② Karl W. Deutsch, "External Involvement in International Wars", in Harry Eckstein, ed., *Internal War: Problems and Approaches*, New York: Free Press of Glencoe, 1964, p. 102; Andrew Mumford, "Proxy Warfare and the Future of Conflict", *The RUSI Journal*, Vol. 158, No. 2, 2013, p. 40; Andrew Mumford, "The New Era of the Proliferated Proxy War", *Real Clear Defense*, November 16, 2017, https://www.realcleardefense.com/articles/2017/11/16/the_new_era_of_the_proliferated_proxy_war_112648.html; Geraint Alun Hughes, "Syria and the Perils of Proxy Warfare", *Small Wars & Insurgencies*, Vol. 25, No. 3, 2014, pp. 523-524; Seyed Abbas Hashemi, Mostafa Sahrapeyma, "Proxy War and US's Smart-Power Strategy (the Case of Syria, 2011-2016)", *The Quarterly Journal of Politic Studies of Islamic World*, Vol. 6, No. 24, 2018, pp. 85-86; Brendan Sozer, "Development of Proxy Relationships: A Case Study of the Lebanese Civil War", *Small Wars and Insurgencies*, Vol. 27, No. 4, 2016, p. 643;《剑桥词典》对代理人战争的定义,参见 https://dictionary.cambridge.org/zhs/%E8%AF%8D%E5%85%B8/%E8%8B%B1%E8%AF%AD/proxy-war。

③ Abbas Farasoo, "Rethinking Proxy War Theory in IR: A Critical Analysis of Principal-Agent Theory", *International Studies Review*, Vol. 23, No. 4, 2021, p. 1835.

有揭示施动方与代理人之间是如何互动的。杰拉特·休斯（Geraint Hughes）、奥斯曼·埃德蒙（Osmańczyk Jan Edmund）、艾瑞克·博哈达（Erica D. Borghard）、伊莱·伯尔曼（Eli Berman）、大卫·莱克（David A. Lake）等学者都从不同角度深化了对代理人战争的理解，主要包括：非国家行为体在代理人战争中扮演了重要的角色；代理关系不是单向的"输出—执行"，而是各类行为体一系列复杂的利益交换过程；"委托—代理"框架引入代理人战争研究，有助于分析"间接控制"（indirect control）战略的优劣。① 学界已经从概念辨析、历史案例、战略运用以及理论构建等多个面向推动代理人战争研究规范化，标志着代理人战争概念谱系进入一个独特时期。②

过去二十年，中东的代理人战争的形态已然不同冷战时期。1990 年代初，两极格局崩溃，代理人战争从美国霸权治下的全球秩序中退潮，进入"隐退期"（1991—2001 年）。"9·11"事件后，代理人战争再度局部回潮。美国领导西方国家大举入侵、改造中东，在中东开展反恐战争，掀起政权更迭，引发地区体系持续动荡、重组。2011 年西亚北非动荡冲击波接踵而至，中东本已脆弱的安全环

---

① 关于代理人战争的代表性概念探讨，可参见 Osmańczyk Jan Edmund, *Encyclopedia of the United Nations and International Agreements*, Abingdon: Routledge Books, 2002, p. 1869; Geraint Hughes, *My Enemy's Enemy: Proxy Warfare in International Politics*, Eastbourne: Sussex Academic Press, 2012, pp. 5, 11–13; Andrew Mumford, *Proxy Warfare*, Cambridge: Polity Press, 2013, p. 1; Eli Berman, David A. Lake, Gerard Padro I Miquel and Pierre Yared, "Principals, Agents, and Indirect Foreign Policies", in Eli Berman and David A. Lake edited, *Proxy Wars: Suppressing Transnational Violence through Loc-al Agents*, Ithaca, NY: Cornell University Press, 2019, pp. 1–27; Erica D. Borghard, "Arms and Influence in Syria: The Pitfalls of Greater U.S. Involvement", Cato Institute, August 7, 2013, p. 3, https://www.cato.org/sites/cato.org/files/pubs/pdf/pa734_web_1.pdf; Andrew Mumford, "The New Era of the Prolifera-ted Proxy War," Real Clear Defense, November 16, 2017, https://www.realclearde-fense.com/articles/2017/11/16/the_new_era_of_the_proliferated_proxy_war_112648.html。

② Barry Buzan and Lene Hansen, *The Evolution of International Security Studies*, New York: Cambridge University Press, 2009, pp. 66–73; Vladimir Rauta, "Framers, Founders, and Reformers: Three Generations of Proxy War Research", *Contemporary Security Policy*, Vol. 42, No. 1, 2021, pp. 1–22.

境进一步恶化,恐怖主义、极端暴力、教派冲突、暴乱、内战等乱象叠加丛生。在地区与国家秩序碎片化叠加的地缘政治和安全环境中,代理人战争加速向中东"脆弱国家"蔓延。利比亚、叙利亚、也门、伊拉克等"脆弱国家"逐渐沦为多方力量混战的泥潭,代表了 21 世纪的"多边影子战争"(multisided shadow wars)。① 域外大国(美国、俄罗斯等)和地区强国(土耳其、伊朗、沙特阿拉伯、以色列、阿拉伯联合酋长国等)利用各类代理人推进它们在目标国相互交织的议程,塑造出异常复杂的代理人战争形态。例如,自 2011 年 3 月至今,叙利亚内战演变为史上最具代表性的"复合代理人战争"(complex proxy war),甚至被称为"微型世界大战"(mini-World War)。②

随着大国竞争时代的到来和冲突空间的拓展,代理人战争进入活跃期,并进一步朝着复合化的方向发展。③ 近年来,大国竞争被激活,美俄在传统地理空间(中东、东欧)与虚拟空间(网络)利用各类代理人进行博弈。对此,美国不断创新军事力量运用方式和作战理念,网罗不同类型的非常规力量并置入网络化的委托—代理结构之中,进而介入多种安全议题交织的多维冲突空间,形成复合

---

① Will Marshall, "Drones, Disinformation and Proxies: What the Middle East's 'Forever Wars' Tell Us about the Future of Conflict", Global Risk Insights, February 14, 2022, https://globalriskinsights.com/2022/02/drones-disinformation-and-proxies-what-the-middle-easts-forever-wars-tell-us-about-the-future-of-conflict/.

② Amir Taheri, "A Global Struggle Finds Its Battlefield in Syria", The Times, July 18, 2012, https://www.thetimes.co.uk/article/a-global-struggle-finds-its-battlefield-in-syria-dm6wm6zkjtf; Liz Sly, "A Mini World War Rages in the Fields of Aleppo", The Washington Post, February 14, 2016, https://www.washingtonpost.com/world/middle_east/a-mini-world-war-rages-in-the-fields-of-aleppo/2016/02/14/d2dfff02-d340-11e5-a65b-587e721fb231_story.html; Amin Saikal, "The Syrian Conflict: A Mini-World War III?", Sydney Morning Herald, February 22, 2016, https://www.smh.com.au/opinion/the-syrian-conflict-a-miniworld-war-iii-20160222-gn0l0h.html; Hala Zain, "Participants in French-Syrian Friendship Association: What Syria Is Witnessing Is a Mini World War", Syrian Arab News Agency, March 18, 2021.

③ Frank Hoffman, Andrew Orner, "The Return of Great-power Proxy Wars", War on The Rocks, Sep. 21, 2021.

控制与自主:美国的中东代理人战争

化的中东代理人战争形态,其主要特性表现为:一是美国和当地代理人进行资源交互,显著提升了战斗效能,模糊了传统代理人战争的概念边界,形成并肩作战的混合模式;二是美国与中东代理人形成网络化的代理关系,其中每个"节点"都可能扮演复杂多变的角色,提升了力量组合的灵活性与韧性;三是互联网与人工智能等新兴科技的发展,正在改变美军在中东的作战场景和方式,"网络代理人"和"智能代理人"被引入该地区的多维战争空间,成为美国的高科技"爪牙";四是中东安全"市场化"现象显现,私营商业武装日益介入中东的广泛冲突中,扮演辅助美军作战的"前线代理人"。

代理人战争的形态和内涵在不断演变,学界越来越难对代理人战争的概念进行规范化处理,但是捕捉、提炼其核心特征是可行且必要的。

安东尼·普法夫指出,相容性(compatibility)、替代性(replaceability)、意向性(intentional)是代理人战争相关的三个显著的特征。①

一是相容性。在具体的实践中,间接行动与直接行动并非是严格对立的,施动方可以与代理人协同行动,以积聚(augment)自身的整体能力和资源,使其在直接行动中更有效地追求同样的目标。

二是替代性。施动方将原本属于自己的作战任务转移到代理人身上,使代理人替代自己的位置,其目的是将风险转嫁给代理人,而不是利用代理人来积聚自身的力量。

例如,北约颠覆利比亚卡扎菲政权的代理人战争就兼具相容性(北约提供空中支持,叛军承担地面作战,二者协同作战,有助于北约联军积聚战斗力)与替代性(叛军替代了美国本来必须投入地面部队,承担了美国转移的风险和成本)。又如,美国在打击伊拉克"基地"组织的暴乱的过程中,也结合了代理人战争的相容性(美

---

① C. Anthony Pfaff, "Proxy War Ethics", *Journal of National Security Law & Policy*, Vol. 9, No. 305, 2017, pp. 310-312.

军与安巴尔部落民兵组织协同作战，利用后者的本地化优势积聚自身的作战效率和资源）和替代性（安巴尔部落民兵组织代替美军与"基地"组织进行艰难、危险的巷战，大幅减少了美军的伤亡）。

三是意向性。意向性是代理关系形成重要标准，它意味着施动方必须有意协助代理人，而代理人又必须有意利用这种协助，即彼此对合作的意图进行了相互确认。例如，美国入侵伊拉克，推翻了复兴党逊尼派势力，这一结果似乎满足了伊朗扩张地区影响力的期望，但这只是结果上的巧合，不具有意图上的一致性，因而不能据此认为美国是伊朗的代理人。

结合上述的论述，笔者认为代理战争的核心特征是：第三方的作用，当地行为体的角色，间接干预以及行动者之间的互动。在此基础上，笔者试图进一步规范和发展代理人战争概念：施动方（Sponsors，主要是指外部国家行为体）与代理人（Proxies，主要是指地方非政府武装行为体）为实现共同目标（如削弱共同的敌人）和扩大各自的利益，在互利的原则下结合各自的优势达成非正式、非正当的委托—代理关系（Principal-Agent relationship），并在此基础上以非常规、非对称的间接方式介入目标国正在进行的冲突。更具体地讲，驱使代理人战争的动力来自施动方与代理人之间的互动：一是赞助方为减少风险和成本，将不能、不便或不愿意做的事"外包"（outsourcing）给具有非对称优势的当地代理人，并通过各种形式的援助（包括武器、资金、空中力量、训练、情报、咨询、后勤和政治支持等）为后者赋能；二是代理人愿意接受施动方的资助，并在施动方的授权（包括口头、默契、暗示等非正式形式）下，代替后者在有组织暴力冲突中承担主要的地面作战任务和生命代价；三是代理人固有的自主性不会丧失，其从施动方获得好处的同时仍趁机谋求私利，代理关系中始终存在管控与自主的持续张力。

在此必须明确，代理人战争有 proxy war 和 proxy warfare 两种表达，它们的区别是细微的，但是非常重要的。如果使用 proxy war，一般是侧重战略层面的举措，而 proxy warfare 更强调战术层面的军事行为。一场 proxy war 可以分解为一系列不同议题、不同组合形式的 proxy warfare 去完成。例如，美国试图通过不同议题和组合的 proxy warfare 去推进中东反恐战争（War on Terror）进程，这个大的战略进程可以分解为不同的代理人在不同的时间、地点发动的形式多元的多场 proxy warfare，可以说 proxy warfare 是 proxy war 进程的行为、行动的承载和表达方式。proxy warfare 的规模相对较小，形式上较灵活，政策意义上有明显的策略色彩，一般不适用于指代"国家—政府组织"发起的大规模代理人战争。本书如果没有做出特别强调，都将代理人战争（国家—非国家武装团体）视为 proxy war。

本章小结

本章从形态、特性、运作和概念等多个维度对代理人战争的内涵进行了挖掘，呈现出代理战争的一般面貌。代理人战争作为一种间接为主的武力运用方式，既具有战争的基本属性，又与常规战争截然不同，尤其是它的运作环境、关系模式具有一定的独特性。代理关系以高度非对称、非正式的方式运行，兼具脆弱性和灵活性，既为施动方（外部干预国）创造了低显示度和合理推诿的环境，也为代理人（地方性非国家武装行为体）在冲突中扮演越来越重要的角色提供了空间。随着大国竞争的加剧以及冲突空间的拓展，代理人战争内涵和基本元素不断地发生变化，它越来越适应复杂的、多维的、小规模的、高频度的地缘政治、安全博弈，逐渐向多议题、多元行为体、"长链"授权、多种代理模式交织在一起的复合代理人战争（complex proxy war）演化。

第二章　代理人战争爆发的一般性解释

关于代理人战争爆发的一般性原因，丹尼尔·拜曼（Daniel Byman）、伊甸·萨利杨（Idean Salehyan）等学者认为，代理人战争是国家在衡量干预或不干预的国内外成本和声誉成本（reputational costs）后选择的折中方案。① 从根本上讲，代理人战争爆发是基于理性的成本—收益的权衡。但是这种解释过于笼统、抽象，因此需要进一步细分。经由梳理可见，学界已初步形成权力竞争、避免冲突升级、常规战争退化、推诿四类解释视角。

第一节　权力竞争视角

政治的首要关注是权力，或者说政治的本质就是围绕争夺权力的博弈，而战争是政治的延续，代理人战争作为一种非常规类型的战争，同样是权力政治的衍生品，无法脱离政治的操控而独立运作。英国联合部队司令部前司令理查德·巴伦斯（Richard Bar-

---

① 参见 Daniel Byman and Sarah E. Kreps, "Agents of Destruction? Applying Principal-Agent Analysis to State-Sponsored Terrorism", *International Studies Perspectives*, Vol. 11, No. 1, 2010, pp. 1-18; Idean Salehyan, Kristian Skrede Gleditsch, and David E. Cunningham, "Explaining External Support for Insurgent Groups", *International Organization*, Vol. 65, No. 4, 2011, pp. 709-744; Jeremy M. Berkowitz, "Delegating Terror: Principal-Agent Based Decision Making in State Sponsorship of Terrorism", *International Interactions*, Vol. 44, No. 4, 2018, pp. 709-948; Tyrone Groh, "The Utility of Proxy War", *Lawfare*, April 28, 2019。

rons）将军甚至断言："代理人战争是我们这一代进行的最成功的政治战争"。① 可以说，权力竞争是理解代理人战争爆发的不可或缺的重要视角。

首先，大国权力转移将不可避免地改变国际体系的特征，加剧了守成国与崛起国之间的权力竞争，提高代理人战争爆发的可能性及频率。马克·耶斯利（Mark O. Yeisley）认为，在中国崛起和新两极格局逐渐形成的背景下，中美"直接冲突确实有可能发生，但仍然遥不可及"，反而更可能因争夺非洲资源而爆发代理人战争，这也要求美国在国家安全战略、国防采购计划、军事学说等方面作出调整。② 泰隆·格罗（Tyrone L. Groh）则提出，代理人战争爆发的概率会随着国际体系中"极"（即大国数量）的变化而变化，2001年后国际体系处于"准单极时刻"，致使地区大国具有对外干预和扩大影响范围的"更大灵活性"，随着国家权力结构的多极化演进，各国越来越倾向于诉诸"间接战争"，代理人战争的爆发概率正在增加。③ 西约姆·布朗（Seyom Brown）也指出，在新兴全球体系中，国家和非国家行为体呈现不稳定的"多头政治"（polyarchy）形态，这也增大了国家使用军事代理人的"诱惑"。④ 斯蒂芬·库克（Steven A. Cook）则聚焦中东地区，认为美国中东霸权的"终结"推动地区力量格局的调整，导致"权力真空"，也成为地区内外大国纷纷采取代理人战略，进而导致代理人战争频发的一大诱因。⑤ 由

---

① Peter Roberts (ed.), "The Future Conflict Operating Environment out to 2030", RUSI Occasional Paper, June 2019, p. 11.
② Mark O. Yeisley, "Bipolarity, Proxy Wars, and the Rise of China", *Strategic Studies Quarterly*, Vol. 5, No. 4, 2011, pp. 75–91.
③ Tyrone L. Groh, *Proxy War：The Least Bad Option*, Stanford, California：Stanford University Press, 2019.
④ Seyom Brown, "Purposes and Pitfalls of War by Proxy：A Systemic Analysis", *Small Wars & Insurgencies*, Vol. 27, No. 2, 2016, pp. 243–257.
⑤ Steven A. Cook, "Major Power Rivalry in the Middle East", Council on Foreign Relations, March 2021, https：//www.cfr.org/report/major-power-rivalry-middle-east.

此可见，代理人战争的回潮正在受到国际权力结构变动的影响，这成为理解 21 世纪代理人战争演化的宏观视角。

其次，全球大国战略调整日益带有地缘政治和安全色彩，大国权力竞争与对抗重返国际政治的中心位置，间接军事冲突的风险在上升。在大国战略竞争回潮的背景下，大国必须聚焦首要战略威胁，防止战略透支，而代理人战争为大国开展地缘政治和安全博弈提供一种貌似"谨慎"的方案。安德鲁·芒福德明确指出，几个世纪以来，以代理人战争为代表的"廉价战争"对一些国家产生极大吸引力，已被证明是"不可抗拒的战略诱惑"。① 他在另外一篇关于西方国家在叙利亚的代理人战略的文章中指出，当今代理人战争是著名战略家利德尔·哈特（Liddell Hart）所论述的"间接战略路径"的现代表现，间接路径将随着大国政治和战略调整而重回西方战略视野。② 詹姆斯·肯尼思·维勒（James Kenneth Wither）认为，近年来大国战略纷纷发生调整，使得大国间地缘政治竞争再度泛起，同时各国均寻求在引发重大战争的背景下实现目标，而这两个因素共同导致代理人战争将是未来国际政治的"常态"。③ 2017 年来，在中美战略竞争加剧的背景下，学界日渐担心中美转向代理人战争这样一种前景。例如多米尼克·蒂尔尼（Dominic Tierney）认为，当前中美战略界均认为两国应避免发生直接战争，但不排除爆发代理人战争，且可能会以意想不到且代价高昂的方式升级冲突。④ 国内学者左希迎也指出，大国的长期对抗必然要求竞争者寻找非对称优势，

---

① Andrew Mumford, "Proxy Warfare and the Future of Conflict", *The RUSI Journal*, Vol. 158, No. 2, 2013, p. 40.
② Andrew Mumford, "The New Era of the Proliferated Proxy War", *The Strategy Bridge*, November 16, 2017, https://thestrategybridge.org/the-bridge/2017/11/16/the-new-era-of-the-proliferated-proxy-war.
③ James Kenneth Wither, "Outsourcing Warfare: Proxy Forces in Contemporary Armed Conflicts", *Security and Defence Quarterly*, Vol. 31, No. 4, 2020, pp. 17-34.
④ Dominic Tierney, "The Future of Sino-US Proxy War", *Texas National Security Review*, Vol. 4, No. 2, 2021, pp. 50-73.

使得以代理人战争为代表的非常规战争拥有非常特殊的地位。① 简言之,大国战略调整和战略互动将显著影响代理人战争爆发的频率和范围。

最后,由于担心在权力竞争中失败,相关各方产生巨大焦虑感和压力,进而倾向利用代理人战争作为胁迫和反制对手。国家发动代理人战争的核心目标不一定是为了消灭对手,并赢得绝对的权力。这是因为赞助方在代理人战争的资源投入通常比较少,且代理人的能力、可靠性也存在诸多瑕疵,因此代理人战争并不能像大规模常规战争那样在较短的时间内塑造决定性的局面。一般而言国家发动代理人战争的战略目标是有限的,即通过代理人战争胁迫和反制对手,致使对手在权力竞争中让步或至少不能轻易赢得权力优势。② 美苏在冷战中的军事对抗主要是通过代理人战争进行的,在避免相互毁灭的前提下,平衡或削弱对方的权力优势。可以说,在权力争夺的压力下,相关各方通过代理人战争进行对抗"具有结构上的必要性"。③

例如在20世纪50—60年代,为避免在激烈的地缘政治竞争中败下阵来,苏联在越南的共产主义代理人与美国作战,尽管没有打败美国,但也使美国损失惨重。20世纪80年代,美国在阿富汗和尼加拉瓜以同样的方式报复了苏联,支持反共暴乱分子破坏苏联取得的地缘政治成果,以非常低的成本让苏联陷入困境。又如,在叙利亚的冲突中,美国试图通过代理人战争胁迫阿萨德政府下台或建立包容性政府,而俄罗斯和伊朗则利用代理人战争反制美国的干预。同样,在乌克兰战争中,北约并不指望乌克兰军队能快速战胜俄罗

---

① 左希迎:《非常规战争与战争形态的演变》,《世界经济与政治》2020年第3期,第95—99页。
② Vladimir Rauta, "Proxy Warfare and the Future of Conflict: Take Two", *The RUSI Journal*, Vol. 165, No. 2, 2020, pp. 5-6.
③ Janice Gross Stein, "Proxy Wars: How Superpowers End Them: The Diplomacy of War Termination in the Middle East", *International Journal*, Vol. 35, No. 3, 1980, p. 518.

斯军队，但是它们通过向乌克兰军队输入资源来维持其反制能力，以至于俄罗斯无法轻易赢得胜利，并不得不承担长期消耗。① 对此，美国总统拜登和国防部长劳埃德·奥斯汀（Lloyd Austin）公开表达支持乌克兰的明确意图：是为了"削弱"俄罗斯以及增加俄罗斯的痛苦。② 而俄罗斯则大力扶植乌东地区的亲俄民兵组织，试图通过后者的战斗迫使基辅政权在谈判桌上妥协，接受既成事实。

第二节　避险视角

国家发动代理人战争的一个主要动机是风险规避（risk aversion）。尽管国家间也会爆发直接的军事冲突，但通常面临难以收场的局面，惨痛的历史经历和可怕预期强化了国家决策者的风险意识，可谓是"兵者，国之大事，死生之地，存亡之道，不可不察也"。为避免"玉石俱焚"的后果，国家决策者倾向将风险转移给代理人，通过幕后操纵代理人，小心翼翼地控制冲突的规模和节奏，避免卷入失控的战争之中。另外，国家决策者不得不权衡国内政治、经济和社会对大规模战争的承受能力，当内部风险过高，转向规模更小、更隐蔽的代理人战争就成为一种替代方案。"因为风险降低了，避免战争的动机也降低了，甚至消失了。"③

一方面，国家担心直接的军事介入会引起冲突螺旋升级，以至于爆发大规模战争，甚至是核大战，因此当事国转而利用代理人介入冲突。泰隆·格罗认为，当国家具有较强对外干预意愿但不愿承

---

① Hal Brands, "Russia Is Right: The U.S. Is Waging a Proxy War in Ukraine", *The Washington Post*, May 10, 2022.

② Joe Biden, "What America Will and Will Not Do in Ukraine", *The New York Times*, May 31, 2022; "The U.S. has a big new goal in Ukraine: Weaken Russia", *The Washington Post*, April 26, 2022.

③ C. Anthony Pfaff, "Proxy War Ethics", *Journal of National Security Law & Policy*, Vol. 9, No. 305, 2017, p. 310.

担高昂代价时，求助外国代理人便成为一个可行的方案。① 阿莫斯·福克斯等学者认为代理人战争有助于管控冲突烈度，防止冲突螺旋上升为直接的大规模对抗。②

冷战时期，尽管美苏竭尽全力地避免发生直接冲突，但热衷于在世界各个角落发动代理人战争，以间接的、相对克制的方式争夺势力范围和霸权地位。美苏面对"相互确保摧毁"的核威慑，都极力避免将大规模战争作为实现战略利益的主要手段，其替代政策选项"一是打'口水战'，在象征和符号领域进行争夺；二是在边缘地区表现强硬和战胜对手以建立信誉"。③ 鉴于美国的实力优势，苏联自身不太可能发动一场全面的战争，但可能的策略是把卫星国作为其干"脏活"的代理人。④ 同样，美国前总统艾森豪威尔（Dwight David Eisenhower）将代理人战争视为"世界上最便宜的保险"。⑤ 近半个世纪的冷战经验表明，"在核扩散发生的地方，大规模常规战争实际上已经结束，人类从来没有发明过一种武器，却在

---

① Tyrone L. Groh, *Proxy War: The Least Bad Option*, California: Stanford University Press, 2019, p. 37.

② Amos C. Fox, "Strategic Relationships, Risk, and Proxy War", *Journal of Strategic Security*, Vol. 14, No. 2, 2021, pp. 1-24; Candace Rondeaux and David Sterman, "Twenty-First Century Proxy Warfare: Confronting Strategic Innovation in a Multipolar World", New America, February 20, 2019, https://www.newamerica.org/international-security/reports/twenty-first-century-proxy-warfare-confronting-strategic-innovation-multipolar-world/; Daniel Byman, "Why States are Turning to Proxy War", *The National Interest*, August 26, 2018, https://nationalinterest.org/feature/why-states-are-turning-proxy-war-29677.

③ 王立新：《世界领导地位的荣耀和负担：信誉焦虑与冷战时期美国的对外军事干预》，《中国社会科学》2016年第2期，第202—203页。

④ [美]约翰·刘易斯·加迪斯：《长和平：冷战史考察》，潘亚玲译，上海人民出版社2010年版，第149页。

⑤ "Memorandum of Discussion at the 267th Meeting of the National Security Council, Camp David, Maryland, November 21, 1955", in *Foreign Relations of the United States, 1955—1957, Foreign Aid and Economic Defense Policy*, Vol. X, 1989, https://history.state.gov/historicaldocuments/frus1955-57v10/d9.

这么长时间内不使用它"。① 与此同时，美苏两大霸权国在"边缘地带"国家进行的代理人战争达25场，占冷战期间代理人战争总数的83.3%。②"当人们考虑到大量外部煽动的国内冲突和发生的影子战争时，冷战很难说是一种'长和平'。"③"长和平"是一种表象，尽管美苏默契地维持着波澜不惊的水面，但它们利用频繁的、血腥的代理人战争搅动水下的风暴。可以说，代理人战争是美苏两极争霸的衍生物之一，深刻反映出冷战时期两极体系具有较强的风险规避功能。

当前正在发生的俄乌冲突也表明，核武器大国不会在乌克兰战场"硬碰硬"，而是转向血腥的代理人战争。2022年2月俄乌冲突爆发以来，北约国家主要通过军事援助的方式帮助乌克兰军队对抗俄罗斯的"特殊行动"，避免因直接卷入乌克兰战场而引发与俄罗斯的全面战争。可以说，核平衡机制始终制约西方与俄罗斯之间的直接军事冲突，但这反过来强化了北约利用代理人战争消耗俄罗斯的动机。2022年4月，俄罗斯外长谢尔盖·拉夫罗夫指出，乌克兰战争不仅仅是莫斯科和基辅之间的冲突，"北约实质上是通过代理人与俄罗斯交战，并为代理人提供武器"。④

另一方面，规避国内外的法理、道义风险也是国家决策者转向代理人战争的一个重要原因。从国内层面看，国家决策者面临节制战争成本的压力，而代理人战争可降低政治代价和公众的关注度。

---

① Martin van Creveld, "Modern Conventional Warfare: An Overview", reports of the NIC 2020 project, The National Intelligence Council, May 2004, p. 2, http://www.dni.gov/nic/PDF_GIF_2020_Support/2004_05_25_papers/modern_warfare.pdf.

② 陈翔：《冷战时期代理人战争为何频发》，《国际政治科学》2017年第4期，第132—136页。

③ Frank Hoffman and Andrew Orner, "The Return of Great-Power Proxy Wars", War on the Rocks, Sep. 2, 2021, https://warontherocks.com/2021/09/the-return-of-great-power-proxy-wars/.

④ "Russia's Lavrov: Do Not Underestimate Threat of Nuclear War", *Reuters*, April 26, 2022.

控制与自主：美国的中东代理人战争

在拜曼看来,"代理人战争使廉价干预成为可能。其费用只占国家部署自身军队的一小部分,且代理人承担死亡。因为成本更低,代理人战争在政治上也更容易接受"。① 而且,在目标国支持代理人战斗,不会引起本国民众的强烈抵制,"暴力在如此遥远的地方被执行,以至于它变得不可见,不被关注"。② 使用代理人作战的好处是拉开了本国人民与战争的距离,从而减少了干预国的内部风险。③ 兰德公司发布的代理人战争研究报告指出:"我们确实反复看到证据表明,支持暴力的非国家行为体(Violent Nonstate Actors,VNSAs)通常对政策制定者(无论是民主国家还是专制国家)具有吸引力,正是因为它避免了或至少限制了国内政治成本和审查,这些成本和审查将伴随着国家自身军事力量的使用,特别是大规模的军事力量"。④ 例如,美国总统可以在未经国会授权的情形下,在海外发起的小规模代理人战争,这些行动可能违反国际法和严重影响美国声誉,但是美国公众、国会对一系列潜在风险的行动知之甚少。

从国际层面看,施动国决策者试图通过代理人战争绕开国际法制裁。美国律师协会人权中心负责规范代理人战争法律框架的专家布列塔尼·贝诺维茨(Brittany Benowitz)、汤米·罗斯(Tommy Ross)指出,规范代理人战争的国际法律框架包括一般原则、习惯国际法、《日内瓦(四)公约》、《武器贸易条约》(Arms Trade Treaty)和人权条约,该框架不但规定了国家使用武力的具有约束力的规则(相称性、区分性、必要性和人道性),还规定了施动国对它们所支持的代理人的行为应承担责任,该框架为代理人部队的国家赞助者规定了一套

---

① Danniel Byman, "Approximating War", *The National Interest*, September/October, 2018, p. 10.
② Jolle Demmers, Lauren Gould, "The Remote Warfare Paradox: Democracies, Risk Aversion and Military Engagement", *E-International Relations*, June 20, 2020, p. 6.
③ Amos C. Fox, "Five Models of Strategic Relationship in Proxy War", *Georgetown Security Studies Review*, Vol. 8, No. 2, 2020, p. 56.
④ Stephen Watts, etc., "Proxy Warfare in Strategic Competition: State Motivations and Future Trends", RAND Corporation, 2023, p. vii.

义务，尽管有时是含糊不清的。但是，他们发现："现有的国际法律框架确立了适当的法律义务，将国家与代理人战争有关的负责任行为联系起来。然而，缺乏的是一套执行这些义务的有效机制……规则不是问题，真正的差距在于履行这些义务"。① 实际上，正是由于执法困境，施动方决策者并不担心发动代理人战争会遭到国际法框架强有力的限制。

此外，财政紧缩政策、国防预算削减、民众厌战情绪以及阿富汗和伊拉克战争等因素，都在不同程度上增加了美国决策者开展大规模海外军事干预的风险。美国内部早已对小布什政府推行激进的中东政策缺乏承受能力，以至于奥巴马政府一上台就不得不改弦更张，开启中东战略收缩进程，并发誓"不做蠢事"（Don't do stupid shit），极力避免陷入中东战争泥潭。因为，2008年金融危机严重削弱了美国的综合国力，奥巴马政府将经济复苏和推动社会改革等议程置于更优先的位置。面对2011年叙利亚内战的爆发以及2014年"伊斯兰国"的崛起，奥巴马政府都没有选择大规模出兵干预，而是转向了代理人战略，利用当地代理人武装介入广泛的地区冲突。2013年，为打击活跃在非洲萨赫勒、非洲之角等地区的"基地"分支、"索马里青年党""圣灵抵抗军""博科圣地"等恐怖组织，奥巴马政府同样选择了代理人战争方案，授权美国非洲司令部向乌干达、肯尼亚等国派遣小股军队，为后者提供军事训练、后勤支持，通过间接的方式推进美国在非洲的反恐战略。可以说，奥巴马限制大规模海外军事干预，并不是因为他热爱"和平"，而是这么做所需要的内部政治、经济和社会环境已经不合适。相对而言，发动代理人战争不需要动用大量的正规军队和挤占过多财政预算，也不必进行大量公开的政策辩论和动员，其操作过程"隐形化"降低了观众成本（audience cost），削弱了"民主政治审议"，在一定程度上有效

---

① Brittany Benowitz, Tommy Ross, "Time to Get a Handle on America's Conduct of Proxy Warfare", Lawfare Institute, Apr. 9, 2020.

规避来自国内和国际的潜在风险。①

第三节 推诿视角

"貌似合理推诿"（plausible deniability）增加了证据回溯的难度，为国家发动代理人战争提供了灵活性与便利，是代理人战争爆发一大诱因。在运作代理人战争前，施动方和代理人往往会在重复博弈之后，达成内容模糊、保密的合作协议或"默契"，为之后双方相互推诿预留操作空间。在代理人战争运作阶段，正式联盟内部所具有的"牵连—抛弃"困境也投射到施动方和代理人的互动中。②

一 深居幕后：施动方谋求"最小能见度"

施动方为了推诿的便利，往往借助代理人的"脏手"角色去达成目标。一些"见不得光"又必须做的任务常使得施动方陷入左右为难的境地，若直接从事不正当、不受欢迎的"勾当"，将会显著伤害自身的声誉与合法性，这一预期使得国家决策者保持高度谨慎。而代理人的"脏手"角色为施动方解除了后顾之忧。在具体实践中，"非正规代理部队与施动方之间错综复杂的关系，常常掩盖了命令的发布方式以及交战规则的实际制定者。当一名代理战斗人员在冲突国家的宪法秩序之外为空袭提供目标坐标、提供化学武器袭击的情

---

① 关于"观众成本"的理论探讨，可参见 James D. Fearon, "Domestic Political Audiences and The Escalation of International Disputes", *American Political Science Review*, Vol. 88, No. 3, 1994, pp. 577-592; Kenneth A. Shultz, "Looking for Audience Costs", *Journal of Conflict Resolution*, Vol. 45, No. 1, 2001, pp. 32-60; Jolle Demmers, Lauren Gould, "The Remote Warfare Paradox: Democracies, Risk Aversion and Military Engagement", *E-International Relations*, June 20, 2020, pp. 1-9。

② 关于"联盟困境"的探讨，可参见 Glenn H. Snyder, "The Security Dilemma in Alliance Politics", *World Politics*, Vol. 36, No. 4, 1984, pp. 461-495; Glenn H. Snyder, *Alliance Politics*, Ithaca: Cornell University Press, 1997; 王帆《联盟管理理论与联盟管理困境》，《欧洲研究》2006 年第 4 期，第 111—125 页；苏若林、唐世平《相互制约：联盟管理的核心机制》，《当代亚太》2012 年第 3 期，第 6—38 页。

报或动员网络机器放大虚假信息时,其行动往往跨越红线,而不会产生任何后果"。① 例如,当美军需要利用安巴尔部落酋长来打击伊拉克"基地"组织的时候,基本忽略了后者的资质和道德,麦克法兰甚至认为:"一个好人不可能成为酋长,这些人是无情的角色……这并不意味着他们不能成为可靠的合作伙伴"。②

在大多数情况下,施动方的行为依然要受到主权规范、国际关系准则、国际法的制约,直接武力干预外国事务可能会产生破坏国际秩序、损害国家声誉、遭到外部敌人和国内政治对手报复等方面的代价。特别是在以国家为中心的国际法体系中,直接的军事干预往往带有负面含义。而代理人战争可以为施动方规避风险提供一种推诿便利,它从公众的监督中模糊了施动方与代理人之间或明或暗的合同条款,这样做的另一个好处是可以让施动方歪曲、破坏或重塑既定的规范后,而不会受到对手的直接惩罚。③ 通常,对代理人的支持很难被观察到,因为它可能是在相对保密的情况下进行的,而且政府可能有动机向国际和国内观众隐瞒在外国侵略的行为。④ 代理关系以"公开的秘密"运作,即便它的存在是众所周知的,但其具体条款仍然是秘密的,当然外界"可能确实不知道外国的支持,或者至少不知道支持的程度,但是在另一些国家,这是一种方便的虚构:不知道或至少没有公开鼓吹支持,允许一个国家在它希望避

---

① Candace Rondeaux, David Sterman, "Twenty-First Century Proxy Warfare: Confronting Strategic Innovation in a Multipolar World", New America, February 20, 2019, https://www.newamerica.org/international-security/reports/twenty-first-century-proxy-warfare-confronting-strategic-innovation-multipolar-world/.

② Jim Michaels, "An Army Colonel's Gamble Pays Off in Iraq", USA Today, April 20, 2007, http://www.usatoday.com/news/world/iraq/2007-04-30-ramadi-colonel_ n. htm.

③ Candace Rondeaux, David Sterman, "Twenty-First Century Proxy Warfare: Confronting Strategic Innovation in a Multipolar World", New America, February 20, 2019, https://www.newamerica.org/international-security/reports/twenty-first-century-proxy-warfare-confronting-strategic-innovation-multipolar-world/.

④ David P. Forsythe, "Democracy, War, and Covert Action", Journal of Peace Research, 1992, pp. 385-395.

控制与自主:美国的中东代理人战争

免这个问题时不作出反应"。①

　　施动方谋求"合理推诿"是规避"被牵连"风险的一种重要策略,安德鲁·刘易斯·皮克(Andrew Lewis Peek)将"推诿"视作代理人战争所提供的"特色战场优势",这比军事效果更重要,可将施动方排除在冲突之外。② 例如,20 世纪 60 年代末,在古巴"猪湾"入侵事件败露后,肯尼迪否认授权 CIA 开展这类行动,肯尼迪想要"最小能见度"(minimum visibility)和"干净细微"(net little)的渗透以便于合理推诿。"合理的推诿"意在保护总统,正如肯尼迪所使用的那样,这是一种获得并保持对一项行动控制权的工具……如果没有合理的推诿,古巴项目将移交给五角大楼而不是中情局。③ 20 世纪 70 年代至 80 年代初,CIA 担心国会一旦转变对阿富汗叛军支持的态度,它可能被卷入未来的丑闻中,因此非常谨慎,只让低级别的官员介入阿富汗项目,以便在支持"圣战"组织的过程中减少道德和行动上的后顾之忧。④ 与此同时,为避免挑衅莫斯科,CIA 仍然急于保持"貌似合理的推诿",拒绝考虑使用毒刺导弹或其他美国武器,仅确保从其他途径提供无法追踪到美国的武器。⑤ 2015 年 9 月,俄罗斯总统普京指责美国力量在背后策划了乌克兰领导人亚努科维奇(Viktor Yanukovych)的下台事件:

---

① Erica D. Borghard, "Arms and Influence in Syria: The Pitfalls of Greater U. S. Involvement", Policy Analysis of Cato Institute, August 7, No. 734, 2013, p. 6; Daniel Byman, "Approximating War", *The National Interest*, September/October, 2018, p. 13.

② Andrew Lewis Peek, *On the Effective Use of Proxy Warfare*, A dissertation submitted to Johns Hopkins University in conformity with the requirements for the degree of Doctor of Philosophy, May 2021, https://jscholarship.library.jhu.edu/bitstream/handle/1774.2/64072/PEEK-DISSERTATION-2021.pdf?sequence=1.

③ Evan Thomas, *The Very Best Men: The Daring Early Years of the CIA*, Simon & Schuster, Oct. 2006, pp. 262-266; James G. Blight, Peter Kornbluh (ed.), *Politics of Illusion: The Bay of Pigs Invasion Reexamined*, Lynne Rienner Publishers, Inc., 1998, pp. 2-6, 9-65.

④ Geraint Hughes, *My Enemry's Enemry: Proxy Warfare in International Politics*, Sussex Academic Press, 2012, p. 125.

⑤ Diego Cordovez, Selig S. Harrison, *Out of Afghanistan: The Inside Story of the Soviet Withdrawal*, Oxford University Press, 1995, pp. 159-160.

第二章　代理人战争爆发的一般性解释

我认识那些住在乌克兰的人，我们和他们有成千上万的联系，我们知道谁在哪里、什么时候、谁与推翻亚努科维奇的人见过面、与他们共事过，他们得到了怎样的支持，他们拿了多少钱，他们接受了怎样的培训，他们在哪里、在哪些国家，以及那些指导员是谁。我们知道一切。而美国政府郑重地否认与乌克兰领导人下台有任何关联。①

当然，俄罗斯也被外界指责雇用私人军事公司的合同兵去介入乌克兰（包括乌克兰东部与克里米亚半岛）和叙利亚的安全冲突，试图从军事代理服务中获得推诿，从而规避决定性的归因。

除了大国极力推诿责任，小国甚至非政府武装也有同样动机。2019年3月，美国战略与国际问题研究中心跨国威胁项目主任赛斯·琼斯（Seth G. Jones）发布的报告表明，伊朗在中东的代理人网络从2011年开始扩张，其人数从2011年的11万—13万增至2018年的14万—18万，伊朗"伊斯兰革命卫队圣城旅"（Islamic Revolutionary Guards Corps-Quds Force，IRGC-QF）在该地区（伊拉克、叙利亚、也门、巴林、巴勒斯坦、阿富汗、巴基斯坦）积极地与越来越多的行动者建立代理人网络，通过包括黎巴嫩"真主党"、也门"胡塞"武装等广泛的代理人组织开展活动，已经建立起强大的地区影响力，苏莱曼尼（Qassim Soleimani）被西方视为伊朗代理人战争的"设计师"。② 2019年末，伊朗被指控操纵代理人发动了一系列袭击事件：袭击沙特阿拉伯油轮和炼油设施；支持伊拉克"真主党旅"（Kataeb Hezbollah）袭击美国驻伊拉克军事基地，造成一名美国承包商死亡；

---

① Putin interviewed by Charlie Rose, 60 Minutes, *CBS News*, Sep. 27, 2015, https://www.cbsnews.com/news/vladimir-putin-russian-president-60-minutes-charlie-rose/.

② Seth G. Jones, "War by Proxy: Iran's Growing Footprint in the Middle East", CSIS Briefs, March 11, 2019, https://www.csis.org/war-by-proxy; Helen Warrell, "Future of Warfare: High-tech Militias Fight Smouldering Proxy Wars", *Finace Times*, Jan. 21, 2020, https://www.ft.com/content/ab49c39c-1c0c-11ea-81f0-0c253907d3e0.

策划袭击美国驻巴格达大使馆。对于发起代理人战争的指控，伊朗官方都会断然否认，这让美国"如鲠在喉"。像"基地"组织这样的非国家行为体，也试图从推诿中获得某种保护。"基地"组织担心"伊斯兰国"在叙利亚的暴行会连累自己而公开推诿，2014年2月扎瓦希里（Ayman al-Zawahiri）称后者"无视其命令，不是'基地'组织的一个分支，我们对其行为不负责任"。①

二 趋利避害：代理人的推诿本能

一方面，当代理人的行为被认为严重违背人类基本良知和国际法规范，致使来自施动方的继续庇护失去任何道义与合法性，在这种情况下，代理人因牵连施动方而遭到抛弃以及受到国际武力惩罚的风险极高。出于求生本能，代理人也会做出积极的"推诿"反应。例如，2013年4月，美国和"禁止化学武器组织"指控阿萨德政府军对反对派武装使用化学武器，阿萨德政府不得不坚决利用推诿来实现自我保护。俄罗斯总统普京在《纽约时报》为阿萨德政府辩护，"我们有充分的理由相信，（毒气）不是叙利亚军队使用的，而是反对派使用的"。② 对此，美国总统奥巴马指出："我们没有一系列的'监管链'（chain of custody）来确定到底发生了什么，当我在为美国的国家安全以及对化学武器使用采取进一步行动的可能性做出决定时，我必须确保我掌握了事实"。③ 由于缺乏更确凿的证据，美国被迫谨慎采取武力反制行动，而俄罗斯则可以继续在国际场合为阿萨德政权提供外交庇护，从2011年至2015年9月，俄罗斯先后7次

---

① "Al-Qaeda Disowns ISIL Rebels in Syria", *Al Jazeera*, Feb. 3, 2014, https://www.aljazeera.com/news/middleeast/2014/02/al-qaeda-disowns-isil-rebels-syria-20142385858351969.html.

② Vladimir Putin, "A Plea for Caution from Russia", *New York Times*, Sep. 11, 2013, https://www.nytimes.com/2013/09/12/opinion/putin-plea-for-caution-from-russia-on-syria.html.

③ The White House, "News Conference by the President", April 30, 2013, https://obamawhitehouse.archives.gov/the-press-office/2013/04/30/news-conference-president.

在联合国安理会否决美国发起的叙利亚战争提案。

另一方面,"合理的推诿"被用来巩固、提升代理人的合法性和权威。当代理人被其支持者和内部政治对手质疑为外部利益的代理人,这种局面对代理人非常不利,因此需要用"合理的推诿"来撇清那种关联。代理人武装团体(如反政府武装)往往需要依赖当地人的资源(包括兵源、资金、后勤保障、庇护、社会网络、情报信息等)和身份认同(族群、宗教、部落、文化习俗等形式)才能生存和发展。例如,黎巴嫩"真主党"、乌克兰东部反政府武装、库尔德武装、安巴尔部落民兵、"泰米尔猛虎"组织等代理人武装团体的背后都有特定社会基础支撑,这是它们最大的合法性来源,一旦失去了这个土壤,它们将变得软弱无力、寸步难行。例如,如果美国通过援助伊朗内部反对派颠覆现政权,那可能会抹黑后者在其他伊朗人眼中的名声,因此,有人反对这种适得其反的尝试。① 为了确保统治的合法性,代理人通常极力将自己包装成内部支持者的利益代表,它为之努力的议程是促进本地支持者的安全、政治权利和经济福利等。然而,过于依赖外国的资助,可能会导致当地代理人在国内失去合法性。② 外部力量的援助虽有助于代理人能力的提升,但也可能导致后者民族主义信誉丧失、腐败、犯罪和人权侵犯。一旦被发现"变质"和外国的"爪牙",代理人很可能会遭到当地人和政治对手排斥和反对,并因此而失去公众的支持与信任、动员能力、情报获取途径等。③ 在政治上被指控为代表外部势力利益的"叛徒",这种代价对于代理人来说无疑是极为沉重的,因此代理人需要排除这种关联。例如,"在公

---

① Eric S. Edelman, Ray Takeyh, "The Next Iranian Revolution: Why Washington Should Seek Regime Change in Tehran", *Foreign Affairs*, May/June, 2020, p. 143.

② Idean Salehyan, Kristian Skrede Gleditsch and David E. Cunningham, "Explaining External Support for Insurgent Groups", *International Organization*, Vol. 65, No. 4, 2011, p. 717.

③ Daniel L. Byman, "Friends like These: Counterinsurgency and the War on Terrorism", *International Security*, Vol. 31, No. 2, 2006, p. 104.

共话语中被习惯性地称为'伊朗代理人'的团体中,几乎没有一个会自己接受这个标签"。① 又如,第一次刚果战争期间(1996—1997年),尽管卡比拉(Laurent-Désiré Kabila)最初作为卢旺达在刚果的代理人,但他很快意识到,为了巩固权力并建立国内合法性,必须与外国资助方保持距离。② 出于同样的动机,黎巴嫩"真主党"和"泰米尔猛虎"组织都非常注重与背后的施动方保持"若即若离"的微妙关系,在必要的时候还会表现出强烈的自主意识和行为,甚至采取严重偏离施动方的偏好来彰显民族尊严和内部支持者的利益不被出卖的"决心"。例如,"泰米尔猛虎"组织通过违背印度的命令来强化它在当地泰米尔人中合法性。

第四节 替代视角

在"国家中心主义"叙事中,一国安全威胁主要来自外部国家发动的常规战争(conventional war)。常规战争可定义为一个国家通过正规军对另一个国家公开发动的武装冲突。③ 具体而言,常规战争具有三个特点:一是国家中央政府垄断暴力,国家正规军是作战主体;二是以征服对手、争夺土地和资源、谋取地缘利益等为作战目标;三是战争烈度大,导致交战方在一年内死亡1000人以上。④ 常规战争主导了人类战争史上绝大多数时期,两次世界大战期间大

---

① Jack Watling, "Iran's Objectives and Capabilities Deterrence and Subversion", Occasional Paper, Royal United Services Institute (RUSI), February, 2019, p. 6.
② Daniel Byman et al., "Trends in outside Support for Insurgent Movements", RAND, 2001, p. 34.
③ 关于"常规战争"的新近探讨,可参见徐万胜《大国竞争背景下美国高端常规战争能力建设评析》,《人民论坛·学术前沿》2021年第10期,第70—77页;Sean McFate, "The Unconventional Future of Conventional War", War on the Rocks, April 30, 2021, https://warontherocks.com/2021/04/the-unconventional-future-of-conventional-war/.
④ Peace Research Institute Oslo (PRIO), "UCDP/PRIO Armed Conflict Dataset Codeboo", March 14, 2003, p. 3, https://www.prio.org/Global/upload/CSCW/Data/UCDP/v1.2a/Codebook_v1_2a.pdf.

规模国家军队越过边界入侵他国,已经向人类证明了常规征服战争的剧烈破坏程度,也推动了各国决策者和公众在生命、财富与文明的系统性消亡中反思大规模战争的可取性。自21世纪以来,非常规战争不断兴起,其中一大代表性体现便是"大国在其他地区推行代理人战争"。① 可以说,代理人战争正在部分替代常规战争,并日益受到关注。

首先,冷战结束后,大规模常规战争的作用受到质疑。冷战结束后,随着两极对抗格局消失,国家间相互依赖进程不断深化,国际体系的性质发生了显著变化,安全威胁的来源多元化,国家面临传统安全的风险急剧下降,而非传统安全威胁的上升令国家常规军力无所适从。"9·11"事件及此后的美国反恐战争清楚地表明,即使像美国这样的全球霸主,也无法用常规战争有效应对非传统安全威胁,"一些次常规冲突远非小而无害的事件,而是如此凶猛,并导致如此巨大的伤亡……与这些冲突相比,传统战争的作用是相当小的,它可能会在未来进一步下降"。②

与此同时,在一些国家和地区,原本被两极对抗的压力所遮盖的内部矛盾开始凸显,国家内部的冲突此起彼伏,例如苏联和中亚地区长期遭受"三股势力"的威胁,但是未见哪个国家发动大规模常规战争来解决这些麻烦。又如,在中东地区,小布什政府执意要在伊拉克、阿富汗运用常规军力进行持久的反恐战争,但没有取得预期效果,还导致中东地区一度出现"越反越恐"的怪状。可以说,各国已认识到常规战争的作用是有限的,其在应对非传统安全挑战方面更是如此。如今,即便拥有强大常规军力的大国,也不会轻易发动常规战争去消灭无处不在的非传统安全威胁,那样只会导致国

---

① 左希迎:《非常规战争与战争形态的演变》,《世界经济与政治》2020年第3期,第99页。

② Martin van Creveld, "Modern Conventional Warfare: An Overview", reports of the NIC 2020 project, The National Intelligence Council, May 2004, p. 2, http://www.dni.gov/nic/PDF_ GIF_ 2020_ Support/2004_ 05_ 25_ papers/modern_ warfare. pdf.

家军队陷入无尽的奔波与持久的消耗之中。

其次,一国发动大规模常规战争的难度和代价越来越高,代理人成为一种具有成本效率(cost efficiency)优势的替代方案。国家对外发动战争的行为受到道义和法理的约束。历史上,圣·奥古斯丁(Saint Augustine)、托马斯·阿奎那(St. Thomas Aquinas)等思想家认为国家有发动战争的权力,但战争应在法律和道义的框架下运行,这被世人称为"正义战争论"。① 二战之后,随着国际社会对战争的看法更为审慎深刻,动用大规模地面部队入侵他国的暴力行径也受到日益充实的国际规范、国际法及仲裁机构、国际规则框架的约束和贬抑。② 一国对外发动大规模常规战争容易触犯《海牙公约》《日内瓦公约》和《联合国宪章》的基本原则,并丧失合法性。③ 例如,2003年小布什政府未经联合国授权,单方面利用大规模常规部队入侵伊拉克,遭到了包括美国盟友在内的普遍国际抵制,严重削弱了美国的全球信誉和领导力。

此外,当前国际社会缺乏有力的手段确保国家在运作代理人战争时遵守国际法义务。例如《武器贸易条约》要求一国对外转让武器之前需做风险评估,但由于美国、俄罗斯等大国未批准该条约,使其对代理人战争的约束效果大打折扣。④ 由于施动方和代理人往往以秘密方式达成合作意向或默契,未形成公开、文本化的协作框

---

① 关于"正义战争"思想的具体梳理,可参见周桂银、沈宏《西方正义战争理论传统及其当代论争》,《国际政治研究》2004年第3期,第22—30页;韦宗友《西方正义战争理论与人道主义干预》,《世界经济与政治》2012年第10期,第32—48页。

② [美]玛莎·芬尼莫尔:《干涉的目的:武力使用信念的变化》,袁正清、李欣译,上海人民出版社2018年版,第15—20页。

③ 关于战争法规范演化史的系统梳理,可参见徐进《暴力的限度——战争法的国际政治分析》,中国社会科学出版社2012年版。

④ American Bar Association's Center for Human Rights & Rule of Law Initiative, "The Legal Framework Regulating Proxy Warfare", American Bar Association, December 2019, https://www.americanbar.org/content/dam/aba/administrative/human_rights/chr-proxy-warfare-report-2019.pdf; Brittany Benowitz and Tommy Ross, "Time to Get a Handle on America's Conduct of Proxy Warfare", *Lawfare*, April 9, 2020, https://www.lawfareblog.com/time-get-handle-americas-conduct-proxy-warfare.

架,外界难以知晓它们的行为、动机和目标,这导致代理人战争所受的规制、监督较弱。因此,代理人战争被视为游走于国际规范和道义框架之外的"幽灵战争"(ghost war),① 为一些国家提供了冲突替代方案。

与此同时,相比于常规战争,代理人战争面临的国内阻碍也相对较小。常规战争可谓是"牵一发而动全身"的系统性工程,其成本和操作难度极其高昂,这对于国家决策者构成诸多层面的压力。常规战争主要依靠国家正规部队进行,其庞大的用兵规模、高昂的开支、极高的显示度和关注度等因素叠加在一起,限制了国家决策层的对外宣战冲动。即使对那些好战的国家,动用大规模正规军队所需要的国内政治程序也变得更加复杂。例如,美国于1973年通过了《战争权力决议》(War Powers Resolution),明确且详细地限制了总统发动战争的权力,推动美国将大规模使用武装力量的权力由总统转移到国会手中。此外,国会还可以通过表决《国防授权法案》(National Defense Authorization Act)、制定国防预算和做出拨款决策、召开听证会、督促军政部门提供防务报告等多种手段,实现对总统和行政部门(国防部、中情局等)发动战争和秘密行动的权力制约与监督。② 特别是在美国国内政治极化加剧的背景下,美国府会关于发动战争的协调难度更大,进一步削弱了总统发动战争的权限和战争动员的效果。

再次,国家间总体战争(total war)日渐朝着有限战争(limit war)形态演变。正如劳伦斯·弗里德曼(Lawrence Freedman)所指出的,"在有限战争中,交战国选择不全力作战,以使冲突既不加剧,

---

① Steve Coll, *Ghost Wars: The Secret History of the CIA, Afghanistan and Bin Laden*, London: Penguin Books Limited, 2005.
② [美]迈克尔·莫雷尔、比尔·哈洛:《不完美风暴:美国中央情报局反恐30年》,朱邦芊译,中信出版社2018年版,第25页。

控制与自主:美国的中东代理人战争

也不扩大"。① 尽管大国习惯于大肆筹备常规武器和军力，但是肖恩·麦克法特尖锐地指出"常规战争已经死亡"（conventional war is dead），"常规的战争思维"是导致西方国家与弱小敌人作战失败的重要原因。② 事实上，美军将领詹姆斯·马蒂斯（James N. Mattis）和弗兰克·霍夫曼（Frank G. Hoffman）于2005年总结阿富汗和伊拉克两场战争时就曾指出，"未来的敌人会是一个富有创造力的敌人，未来的战争将不会依照我们的规则进行"，我们要面对恐怖主义、暴乱、超限战、游击战乃至毒枭威胁等"不同战争模式、手段的合成与组合"的"混合战争"（hybrid wars）。③

最后，常规大战的衰落成为代理人战争流行的重要背景。"二战"以来，代价高昂的国家间常规大战受到了国际体系的抑制，大国发动大规模常规战争的难度大、意愿低。尽管如此，常规战争也不会完全、快速地消失，各国也不可能放弃常规军力建设，它在战争形态的光谱中依然占据中心位置。大国间没有放弃通过常规大战达成政治目标，但"从全球来看，随着常规战争规模的缩小和成本的提高，它的重要性和可能产生的政治结果都下降了"。④ 常规战争的弊端也是显而易见的，它的地位正在从不断变化的战争形态的光谱中偏移，其有效适用当今和未来的场景在减少。特别是，"非国家行为体在非对称战争中的战略行为与国家行为体有着重大区别，这导致了战争形态的变化"。⑤ "未来的战争将越来越多地混合传统和

---

① Lawrence Freedman, "Ukraine and the Art of Limited War", *Survival*, Vol. 56, No. 6, 2014, pp. 7-38.
② Sean McFate, *The New Rules of War: Victory in the Age of Durable Disorder*, New York: William Morrow, 2019.
③ James N. Mattis and Frank G. Hoffman, "Future Warfare: The Rise of Hybrid Wars", *Proceedings Magazine*, Vol. 132, No. 11, 2005, http://milnewstbay.pbworks.com/f/Mattis-FourBlockWarUSNINov2005.pdf.
④ Martin van Creveld, "Modern Conventional Warfare: An Overview", Report of the NIC 2020 Project, The National Intelligence Council, May 2004, p. 12.
⑤ 左希迎：《非常规战争与战争形态的演变》，《世界经济与政治》2020年第3期，第95页。

第二章 代理人战争爆发的一般性解释

非传统的手段。军事部门应加强其未来的非常规战争能力,承认战争的性质在变化,并承认需要平衡其力量,将其作为持续冲突时代的一项有效战略"。①

随着国际体系的演化,发动大规模的常规战争来征服他国变得越来越困难,这种作战目的和代价高昂的作战方式均已过时,"大战的退化"(obsolescence of major wars)成为必然之势。② 如今大国冲突往往发生在"灰色地带",并转化为较小的非国家行为体之间的冲突,这种变化导致了"持久混乱"状态,即战争变得"没有明确的开始或结束"。③ 大国抛弃边界清晰的大规模常规战争,"根本动力还是非常规战争(irregular warfare)的兴起,并在战争的光谱上占据越来越重要的位置"。④ 可以说,国家发动大规模常规战争意愿比较低,非常规的小规模代理人战争正在从大战的退潮中复苏,被一些国家视为谋取和维护海外利益的替代方案。

本章小结

综上所述,发动代理人战争为一些国家决策者提供了替代性的低成本博弈手段,并规避了诸多风险、责任和道德负担,以至于代理人战争成为更便利、更便宜、更流行的方案。尽管高昂的内部成本并没有从根本上消除大国通过对外征战牟取利益的动机,但国家决策者必

---

① Ian Langford, "Finding Balance Between the Conventional and Unconventional in Future Warfare", Strategy Bridge, December 4, 2018, https://thestrategybridge.org/the-bridge/2018/12/4/finding-balance-between-the-conventional-and-unconventional-in-future-warfare.

② John Mueller, *Retreat from Doomsday: The Obsolescence of Major War*, New York: Basic Books, 1989; Andrew Mumford, *Proxy Warfare*, UK: Polity Press, 2013, pp. 38-41; 唐世平:《国际政治的社会演化:从公元前8000年到未来》,董杰旻、朱鸣译,中信出版社2017年版。

③ Sean McFate, *The New Rules of War: Victory in the Age of Durable Disorder*, New York: William Morrow, 2019, pp. 25-42, 244-248.

④ 左希迎:《非常规战争与战争形态的演变》,《世界经济与政治》2020年第3期,第95页。

然面临一个艰难境地：难以清楚地向国内官僚体系和社会证明发动大规模常规战争在行为和动机上是"正当"且"可行"的。由此，政策制定者试图寻求更具操作性的方案来规避潜在的阻碍。代理人战争具有低成本、低能见度、间接控制等特性，有利于决策者绕开官僚主义杯葛，以及程序合法、武力正当性等方面的审查和公众的关注，降低了国内政治成本。① 而且，代理人战争不是以征服他国为目的的战争，这使得它所需动员的资源相对来说是较少的。

由于代理人战争存在诸多常规战争不具有的"优势"，所以它的爆发门槛更低。尽管它的烈度较低，但是频率却更高，进而对一些动荡地区和国家的和平、秩序构成持久威胁。乔利·德默斯（Jolle Demmers）和劳伦·古尔德（Lauren Gould）不无担忧地指出其中的悖论：远程代理人战争除了其行动的秘密性、精确性之外，关键在于死亡和痛苦的不对称分布，"零风险"对于西方民主国家也是有吸引力的，"暴力被执行得如此遥远和干净，以至于它变得不受重视，甚至不再被定义为战争"，这不但会挑战道德底线和"民主和平论"，还会导致代理人战争成为更流行、更顽固的冲突模式。②

---

① Geraint Hughes, *My Enemy's Enemy: Proxy Warfare in International Politics*, Eastbourne: Sussex Academic Press, 2012; Erica D. Borghard, "Arms and Influence in Syria: The Pitfalls of Greater U. S. Involvement", Cato Institute, August 7, 2013, p. 4, https://www. cato. org/sites/cato. org/files/pubs/pdf/pa734_ web_ 1. pdf.

② Jolle Demmers, Lauren Gould, "The Remote Warfare Paradox: Democracies, Risk Aversion and Military Engagement", *E-International Relations*, June 20, 2020, pp. 1-9.

第二章 代理人战争爆发的一般性解释

第三章　管控代理人自主性的理论分析

　　一般而言，代理关系的运行不是按照单向度进行的，它并非单方面的权力输出或服从过程。代理人也拥有谋求自主权的动机和能力，为获得施动方的资源转移，代理人失去部分自主性，同时也会根据自身利益和非对称优势谋求扩大自主性，并非始终努力地遵循代理议程。由于利益上的分化，代理人有足够的动机和策略将施动方投入的资源用来谋取私利，而不是用于服务施动方的利益。鉴于此，管控代理人的自主行为就显得异常重要，"作为一个理性的行动者，施动方的任务是在可行的结构中寻找监督、奖励和制裁代理人的方法，并利用那些似乎最有效的方法来缩小期望与实际表现之间的差距"。① 即便如此，施动方试图通过监督、激励等方式来调节信息不对称和利益分化，但是这种努力依然是困难和成本高昂的。例如，在伊拉克战争中，总体上由于布什政府（施动方）不愿承认与马利基政府（代理人）存在利益分歧并采取适当的奖惩措施，导致美国控制其代理人的能力受到了极大的限制。② 本章将从利益、监督与激励三个维度解释代理人战争中的管控成本和难度。

---

① Terry Moe, "An Assessment of the Positive Theory of 'Congressional Dominance'", *Legislative Studies Quarterly*, Vol. 12, No. 4, 1987, p. 481.
② David A. Lake, "Iraq (2003–11): Principal Failure", in *Proxy Wars: Suppressing Violence through Local Agents*, eds. Eli Berman and David A. Lake. Ithaca, NY: Cornell University Press, 2019, p. 240.

第一节 代理人自主性

代理人自主性问题是导致代理人战争过程、结果不确定的重要原因。早在古罗马时代,雇佣军谋求自主性的弊端就暴露无遗,他们以战争为行当,趁战争之机发横财,其唯一的目的便是拖延战争和破坏和平,他们见利忘义,领取巨额军饷却不会真心实意为君主效命,鉴于此,马基雅维利建议君主设立常备军而不要仰仗异国雇佣军去打仗。① 从现象和字面上宽泛地理解代理人自主性并不困难,而为了准确地用它来描述、理解和区分代理人的自主行为,则需要进一步规范其概念内涵、特性和形式,并在代理人战争研究中赋予它更重要的学理符号。如何理解代理人战争中的代理人自主性呢? 奥拉·舍克里(Ora Szekly)将其界定为:"某个组织选择一种行动方针的能力,这种行动方针可以促进自身利益但与施动方的利益相抵触。为施动方服务而采取与自我设定目标直接矛盾的行动方案的组织几乎没有自主性,而为追求自我目标而采取损害施动方的举动的组织则具有更大的自主权。"② 笔者基本上认可这一界定,但是舍克里没有进一步描绘代理人自主性的"纹理",在此还需要将其内涵作更深入的解析。

一 被默许的自主性

在国际政治中,自主性是经常被讨论的复杂且重要的问题,日本学者冈本隆司在其著作中用"属国"与"自主"来描述近代中朝关系的微妙张力。他指出,弱小的朝鲜希望保留"属国"的身份,以换取清朝的庇护,进而谋求"自主",即将"属国作为自主的手

---

① [意]尼科洛·马基雅维利:《兵法》,袁坚译,商务印书馆2012年版,第13—43页。
② Ora Szekely, "A Friend in Need: The Impact of the Syrian Civil War on Syria's Clients", *Foreign Policy Analysis*, Vol. 12, No. 3, 2016, p. 455.

段";而衰退的清朝担心过于紧密、严格的宗属关系会导致自身被朝鲜牵连、束缚,因此默许后者拥有不损害清朝利益的"自主",即通过赋予朝鲜一定的自主性来推卸保护"属国"之责。①

在正当代理情景中,代理人本来就会被明确赋予某种制度或机制安排下的实质自主性,这种自主性受到具有法律或政治效力的契约保证,只要这种自主权在约定的边界内,就被允许"自由地波动"(fluctuate freely),但是当其越过边界时也会受到限制和管控,这是一个"有条件地授予代理人代替施动方行使权力的过程"。② 在非正当的代理人战争情景中,施动方为保留推诿优势,将代理人置于非正式的安排下并默许后者获得一定限度的模糊自主性。在法律上,代理人是委托人有效控制的实体。然而,在政治上,使用代理人的意义往往是维持貌似合理的推诿,国家通常不寻求有效的控制,而是寻求最低限度的必要影响,以使一个团体能够为国家的利益采取行动。③ 国家决策者通常将代理关系的管理权力下放给特殊的专业官僚机构(如情报和安全部门),使其与正常的政府运作相分离。政府官僚将避免记录并公开代理关系的义务,从而造成责任分担和承诺的模糊,同时赋予了相关官僚和代理人(非国家行为体)更大的行动余地,让它们可以根据自己的偏好行事。④ 有意安排的是,负责管理联盟关系的官员几乎不受政治领导人的监督,也不向他们负

---

① [日] 冈本隆司:《属国与自主之间——近代中朝关系与东亚的命运》,黄荣光译,生活·读书·新知三联书店 2012 年版。
② Daniel Byman, Sarah E. Kreps, "Agents of Destruction? Applying Principal-Agent Analysis to State-Sponsored Terrorism", *International Studies Perspectives*, 2010, p. 3; Terry Moe, "An Assessment of the Positive Theory of 'Congressional Dominance'", *Legislative Studies Quarterly*, No. 4, 1987, p. 485.
③ Ruth Jamieson and Kieran McEvoy, "State Crime by Proxy and Judicial Othering", *British Journal of Criminology*, Vol. 45, No. 4, 2005, pp. 504–527; Jack Watling, "Iran's Objectives and Capabilities Deterrence and Subversion", Occasional Paper, Royal United Services Institute (RUSI), February 2019, pp. 5–6.
④ John D. Huber and Charles R. Shipan, *Deliberate Discretion? The Institutional Foundations of Bureaucratic Autonomy*, UK: Cambridge University Press, 2002, chap. 2.

控制与自主:美国的中东代理人战争

责,但是代理人在不确定"契约"环境下,更加有动力去试探、拓展自主权的模糊边界,这为管控代理人的自主权增添了复杂性。没有明确界定的权力和指挥、控制结构的约束,可能会鼓励代理人在战场上冒更多的风险,增加冲突升级的风险。①

在代理人战争中,代理人被默许的自主性主要考虑到它的非对称优势和保留合法性的需要。代理人发挥自身的优势做其擅长的事,才能创造更多的代理收益,一旦代理人不能基于非对称优势采取自主行动和决策,其价值也大打折扣。因此,施动方往往给出一个大致的目标偏好范围,并注重最终的结果,至于代理人的具体行动细节和努力过程,施动方不宜作过多的指导和限制。施动方以结果导向,对过程管控模糊化,给了代理人自由发挥专长的空间。

与此同时,施动方非常明白一味地压制代理人的自主性可能适得其反。施动方允许代理人在一定范围内自行其是,有利于后者提升统治的权威与合法性。相反,一旦代理人的自主性受到严格的管控,其身份暴露后就会沦落为一个外国工具的角色。例如,美国正在积极修订的《外国代理人登记法》就是基于"暴露即受限"的原理来反向设计管控外国政治代理人的途径,即通过增加外国代理人在美活动的透明度,提高公众的辨识力,来约束外国势力在美国的影响力,一旦外国势力被贴上"外国代理人"的标签便是对其形象和信誉的重大打击,透明化、公开化的代理关系将致使代理人在执行代理议程的过程中寸步难行。② 2003 年伊拉克战争后初期,伊拉克非民选的临时过渡政府(2003—2005 年初)面临的最大挑战是合法性困境,阿拉维(Ayad Allawi)被美国挑选为过渡政府总理,很大程度上是因为他于 20 世纪 60 年代流亡英国期间与美英情报机构建

---

① Walter C. Ladwig Ⅲ, *The Forgotten Front: Patron-Client Relationships in Counterinsurgency*, Cambridge University Press, 2017, pp. 26-41.
② 齐鑫:《美国"外国代理人登记法"及其影响》,《美国研究》2020 年第 1 期,第 85—95 页。

立了联系,这一背景令美英"放心"。但是在伊拉克多数民众心中,与美国走得太近不是好名声,一个中情局培植的临时"傀儡政府"中的多数成员因与美英情报机构有过合作的"历史污点"而不得人心,由于缺乏合法性基础,针对阿拉维为首的临时过渡政府成员的抵制、袭击活动接连不断。① 为避免合法性受损,代理人往往希望展现出一种独立自主的形象来获得内部的支持。例如,伊拉克总理马利基非常不满伊拉克内部的对手批评他过于接近美国并试图将他描绘成美国的"玩偶",对此他强调"伊拉克的外交政策是独立于美国的"。② 同样,2005年叙利亚从黎巴嫩撤军极大地改变了真主党的战略和运作环境,给它带来了巨大的挑战的同时也为它撇清代理关系提供了机会,"关键的机会是最终克服其作为叙利亚棋子的形象,不再成为叙利亚的一张牌或代理人,而是一个拥有相当影响力和自主权的合作伙伴"。③

当然,在特殊情况下,代理人的自主性与它自身实力的增长也密不可分,这可能导致被默许的自主性转化为不受控制的自主性。对施动方而言,强大的代理人不一定是可靠的,更强大的代理人也更难被控制。一个例子表明,随着黎巴嫩真主党相对实力的增长,叙利亚逐渐失去管控它的能力和意愿,而真主党的自主权就得以提升,尤其是西亚北非动荡后,这个趋势就更明显了。2000年以来,随着真主党逐渐强大,他们重新定义了如何相互作用和相对位置,真主党已经获得了足够的信心和威望,不仅仅是叙利亚用来操纵的棋子。当前,出于战略和意识形态动机,叙利亚更需要真主党的协助。在这种现实下,"黎巴嫩真主党近年来获得了一定程度的自主权和灵活性。大马士革的统治和影响力决定了真主党活动的日子已经

---

① 刘月琴:《移交主权后的伊拉克》,《西亚非洲》2004年第5期,第10—11页。
② Spencer C. Tucker (ed.), The Encyclopedia of Middle East Wars: The United States in the Persian Gulf, Afghanistan and Iraq Conflicts, ABC-CLIO, Oct. 2010, p. 1858.
③ Emile El-Hokayem, "Hizballah and Syria: Outgrowing the Proxy Relationship", The Washington Quaterly, Vol. 30, No. 2, 2007, p. 44.

一去不复返了。真主党已经成为一个更独立的玩家,能够在黎巴嫩和更广泛的中东地区按自己的方式运作"。① 此外,瓦格纳集团的例子也证明了这一点,尽管该私人武装安保公司被默许在乌东地区、叙利亚、苏丹、中非、利比亚等地采取较大自主性的行动,但也使俄罗斯政府陷入理性国家可能想要避免的物质和声誉风险之中。2023 年 6 月瓦格纳"武装叛乱"和不久后该组织领导层专机坠毁事件表明,在俄罗斯法律框架之外被默许的自主性出现了不可控的问题,并导致监管与反监管的激烈矛盾,这意味着默许瓦格纳这样的"半国家"(semi-state)非正式安全组织的自主行动并不总是符合俄罗斯政府的最大利益。②

总之,代理人拥有一定的自主行动与决策空间是被允许的,符合双方的共识、默契和利益,甚至这本来就是代理关系设计中的一部分。对施动方来说完全控制代理人的自主权是不切实际的,从代理收益最大化的角度考虑,默许代理人在一定的范围内拥有自主权力是惯常的做法。特别是当代理人的实力出现明显增长,它的自主权也更难受到约束。

二 不受控的自主性

其一,代理人虽然享有一定程度的自主性,但是其自主性也容易受到强者的限制和忽视。奥利弗·威廉姆森(Oliver E. Williamson)指出,代理人是机会主义者,"狡诈地谋求私利"是其本性。③ 无论在正当或非正当的委托—代理情形下,这仍然是十分经典的说法,准确地指出了代理人的本性。在代理人战争中,当代理

---

① Emile El-Hokayem, "Hizballah and Syria: Outgrowing the Proxy Relationship", *The Washington Quaterly*, Vol. 30, No. 2, 2007, p. 35–36.

② Kimberly Marten, "Russia's use of semi-state security forces: the case of the Wagner Group", *Post-Soviet Affairs*, 2019, Vol. 35, No. 3, pp. 181–204.

③ Oliver E. Williamson, *The Economic Institutions of Capitalism: Firms, Markets, Relational Contracting*, New York: The Free Press, 1985, p. 30.

人接受国外施动方的援助，也意味着它需要牺牲部分自主性来换取这种支持。从代理人利益最大化的角度看，它则希望获得更多的外部援助且能够自作主张地去使用这些资源，但是这面临一个大的困境：尽管它们可以从外界的支持中获得很多，但这往往是要付出代价的，即被施加不受欢迎的政治或军事限制。① "接受外国赞助人的资助通常会附加条件：施动方对代理人的议程有一定程度的控制权；施动方不太可能免费提供资源，代理人必须放弃一些他们特定的目标和战术以换取外部援助。因此，代理人受惠于外部施动方可以实现扩大资源的目标，但代价是失去一定程度的自主权"。② 必须承认代理人固有的自主权。同时，也要承认这种自主权不等于为所欲为，它在一定程度上必然会受到施动方的管控。在实力非对称的现实下，代理人的自主性并没有得到恰如其分的呈现，而且通常是可以被牺牲、被忽视、被压制的。主要原因有几点。其一，强制权力论掩盖了代理人自主权。物质实力对比的差距可以使强国通过强制力（使用武力或武力胁迫、政治清除和压迫等）的方式来单向约束弱者的自主行为。修昔底德曾指出："弱者安于忍受强者的控制……阿伽美侬之所以能够募集远征军进攻特洛耶的原因，不是由于同盟者对他的忠顺，而是由于同盟者对他的畏惧"。③ 因为，这是"权力分配的反映，一个强国往往会迫使弱小的盟国在利益和政策上按自己的意愿行事"。④ 如果从霍布斯（Thomas Hobbes）、华尔兹（Kenneth Waltz）等现实主义逻辑出发，在非对称权力结构中，更强大的一方可以任意支配弱小者，而后者并不具备

---

① Daniel Byman et al., "Trends in outside Support for Insurgent Movements", RAND, 2001, p. 3.

② Idean Salehyan, Kristian Skrede Gleditsch and David E. Cunningham, "Explaining External Support for Insurgent Groups", *International Organization*, Vol. 65, No. 4, 2011, p. 716.

③ [古希腊] 修昔底德：《伯罗奔尼撒战争史（上册）》，谢德风译，商务印书馆2010年版，第6—8页。

④ [美] 汉斯·摩根索：《国家间政治——权力斗争与和平（第七版）》，徐昕等译，北京大学出版社2006年版，第222页。

控制与自主：美国的中东代理人战争

反抗和制造后果的能力。

其二,在非对称的权力关系中,强者的支配权存在局限性,弱者依然有彰显自主性的空间。权力的优势或许让强者对权力的使用沾沾自喜,但对权力的实际局限性却麻木不仁,支配权能带来完全的顺从行为吗?虽然,物质能力、权力结构的非对称确实限制了弱小行为体的独立选择能力,但是权力也可能是以不太传统的权力基础、手段在相互依赖的双向互动中实现的,弱小的一方可以寻求和利用影响力,精确地约束其他强国,增强其自主性。① 在代理人战争中,尽管强大的施动方拥有资源的初级支配权,但是弱小的代理人一旦从施动方那里获得了资源,就掌握了资源的再支配权。也就是说,施动方可以掌握资源的原始发包量,但是无法掌握资源的全部流向,这恰好是代理人可以发挥自主角色的地方。

此外,强大一方命令弱者服从不见得总是能成功。特别是当代理人有意识地反向操纵风险捆绑策略时,施动方就要面对托马斯·谢林(Thomas C. Schelling)提到的难题:一个登山者威胁要把另一个人扔下悬崖,而这两个人是用绳子绑在一起的,这种强制的尝试可能会失败。② 雷蒙·阿隆(Ramon Aron)认为"强制论"的说法过于夸张,那种认为苏联领导人能以至高无上的权力控制"附庸国"(代理人)的看法"走得太远了",即使在冷战高峰时期(20世纪50—60年代),东欧国家的军队的自治权也没有因此被消除,个中原因在于它们的忠诚并不可靠,这些"附庸国"领导人仍然可以在一种或另一种意义上作出指示,从而影响一场危机的进程。③ 有研究表明,在20世纪70年代的安哥拉的代理人战争中,哈瓦那并非

---

① Tom Long, "Small States, Great Power? Gaining Influence Through Intrinsic, Derivative, and Collective Power", *International Studies Review*, Vol. 19, No. 2, 2017, pp. 185-205.

② Thomas C. Schelling, *Arms and Influence*: *With a New Preface and Afterword*, Yale University Press, 1966 (2008 Edition), p. 99.

③ [法]雷蒙·阿隆:《和平与战争:国际关系理论》,朱孔彦译,中央编译出版社2013年版,第432—437页。

第三章 管控代理人自主性的理论分析

仅仅是执行苏联的政策，同时也在主动追求自己的非洲角色。①

与此同时，从方法论上忽视代理人自主性也是有缺陷的。在代理人战争研究领域，人们习惯性地或无意识地将研究视线聚焦在施动方身上。特里·莫伊（Terry M. Moe）对这种方法论上的缺陷进行了严肃的批判，"不要将理论精力仅仅集中在委托方上而完全忽视代理人，如果委托—代理模型告诉我们什么的话，那就是控制一条双行道：两个行动者之间的关系，如果要解释他们共同决定的行为结果，必须很好地描述和理解这两个行动者"。② 同样，戴伦·霍金斯（Darren G. Hawkins）与韦德·雅各比（Wade Jacoby）也批评学界过于重视委托者的视角，而忽视了"代理人为何重要这一问题"。③

值得注意的是，关于实力非对称的关系中的自主性难题，布兰特利·沃马克（Brantly Womack）给出了一种平衡的认识：

> 自主性和顺从之间的联系是一个微妙的问题。一方面，两者之间存在着内在的矛盾。绝对的自主性会排除服从，而绝对的服从会排除自主性。虽然正常状态需要对两者都作出承诺，但两者之间的实际边界是一个不断管理的问题。另一方面，这两种承诺都是不能强迫的。如果强者试图强制弱者服从，那么后者就会开始关注它的自主性。如果弱者单方面主张其自主性，强者就会关心自己的利益。④

---

① Piero Gleijeses, "Moscow's Proxy? Cuba and Africa 1975-1988", *Journal of Cold War Studies*, Vol. 8, No. 4, 2006, pp. 103-105, 109-111, 142; Gordon Connell Smith, "Castro's Cuba in World Affairs, 1959-1979", *The World Today*, No. 1, Jan. 1979, p. 19.

② Terry M. Moe, "An Assessment of the Positive Theory of 'Congressional Dominance'", *Legislative Studies Quarterly*, Vol. 12, No. 4, 1987, pp. 475-490.

③ 戴伦·霍金斯、韦德·雅各比：《代理者如何重要》，载［美］戴伦·霍金斯、戴维·莱克、丹尼尔·尼尔森、迈克尔·蒂尔尼主编《国际组织中授权与代理》，白云真译，上海人民出版社2015年版，第201—215页。

④ Brantly Womack, *Asymmetry and International Relationships*, Cambridge University Press, 2016, p. 53.

可以说，在非对称的代理关系中，强国忽视代理人的自主性符合一定的经验事实，但它也折射出理论与方法论上的"盲区"与"短板"，不足以深入、全面理解代理人战争中的施动方与代理人互动过程的非对称依赖特性。

其三，代理人自主性表达存在三种类型。当探讨代理人自主性时，应当引入代理议程作为衡量尺度，在此基础上才有助于进一步区别不同的代理人自主行为形式。代理人谋求自主行为并不一定意味着会对施动方利益或者代理议程构成伤害。自主性表达可细分为"有害""无害"和"平衡"三种类型，其中"无害"表达是指代理人不会动用施动方投入的资源谋求共同议程之外的私利，并且无损于共同议程的过程和结果。即当代理人在没有提示（命令、暗示、引诱等形式）的情况下完全按照施动方的意愿行事时，代理人的努力成本为零。① 这是一种极端理想化的情况，即代理人的利益和偏好恰好与施动方的完全一致。

影响代理战争进程的主要是代理人自主性的"有害"表达。"有害"表达主要是指代理懈怠（agency slack），它主要由"道德风险"和"反向选择"导致。在信息不对称的情形下，"道德风险"会产生两种形式的后果：卸责（shirking）和偏离（slippage）。

卸责指代理人在获得施动方投入的资源后却尽可能减少其在既定议程上的努力程度。例如，2014 年 6 月，在几千名"伊斯兰国"战士的反击下，数万名受到美国援助的伊拉克安全部队的士兵放下武器并从摩苏尔的战场溃逃。"这支腐败横行的军队士兵不准备在自己的岗位上战斗和牺牲"，因为"士兵们只关心他们的薪水，不再害怕如果逃跑会发生什么"。②

---

① Eli Berman, David A. Lake, Gerard Padró i Miquel, and Pierre Yared, "Principals, Agents, and Indirect Foreign Policies", p. 12.

② Patrick Cockburn, "Iraq crisis: West must take up Tehran's Offer to Block an Isis Victory", *The Independent*, June 15, 2014, https://www.independent.co.uk/voices/comment/iraq-crisis-west-must-take-up-tehrans-offer-to-block-an-isis-victory-9537866.html.

偏离指代理人违背施动方的偏好，利用施动方投入的资源去开展不受欢迎的活动，甚至反噬施动方本身。当施动方无法看到和理解其代理人的"隐蔽行为"（hidden action），后者就可能出现不努力完成任务或者以一种不受欢迎的方式完成任务的动机和行为。例如，斯蒂芬·比德尔等学者在研究美国对合作伙伴的安全援助时就发现："合作伙伴有许多可行的技巧来利用美国的援助追求自身利益而不是提供者的利益，这样的技巧很难被一些美国监督员发现"。① 又如，西乌干达暴乱组织"联合民主力量"（Allied Democratic Forces）将对平民过度使用暴力作为一种向资助方展示其参与暴乱决心的策略。② 阿富汗战争后，美国对阿富汗安全部队和警察进行能力建设援助，希望后者在打击塔利班和维护社会秩序发挥主要作用，但是美国驻阿富汗前线士兵向《星条旗》（Stars and Stripes）军报揭露后者腐败无能、偷盗美军物资（武器、燃料和设备），甚至有人暗中与塔利班勾结来对付美国人。③

其四，在现实情形中，代理人通常会采取"平衡"策略，避免轻易地被施动方识别出来。在谋求扩大自主权的策略上，代理人采取"有害"表达的方式容易被施动方识别，进而可能遭到惩罚，而采取"无害"表达则需要代理人以"高尚的道德"原则来保持高度自我克制，在信息不对称情形下缺乏有效监督，"道德风险"和"逆向选择"产生的代理成本使得"无害"表达并不可信和持久。一般情况下，代理人会利用非正式监管和授权的"模糊地带"，采取

---

① Stephen Biddle, Julia Macdonald & Ryan Baker, "Small Footprint, Small Payoff: The Military Effectiveness of Security Force Assistance", *Journal of Strategic Studies*, Vol. 41, No. 1-2, 2018, p. 101.

② Lucy Hovil, Eric Werker, "Portrait of a Failed Rebellion: An Account of Rational, Sub-Optimal Violence in Western Uganda", *Rationality and Society*, Vol. 17, No. 1, 2005, pp. 27-28.

③ Dianna Cahn, "Troops Fear Corruption Outweighs Progress of Afghan Forces", *Stars and Stripes*, Dec. 9, 2009, https://www.stripes.com/news/troops-fear-corruption-outweighs-progress-of-afghan-forces-1.97195.

"平衡"表达策略：不投入全部的努力去满足施动方的利益偏好，以换取后者的各种援助（卸责）；与此同时，它又利用施动方投入的部分资源谋取私利，在一定程度上偏离代理议程（偏离）。例如，2014年7月，美国驻伊拉克（2003—2009年）资深外交官阿里·克德利（Ali Khedery）撰文指出，美国扶植上台的马利基不过是表面上服从美国的偏好，利用一些权益交换来哄骗美国将更多的资源投入支持他的"无底洞"，而他却滥用这些资源来打击政治对手和推进伊朗的事业。讽刺的是，美国官员却拒绝公开谴责他的这种行为。① 马利基采取的"平衡"策略兼具"有害"表达和"无害"表达成分，具有一定的欺骗性、隐蔽性和灵活度，很难被轻易识别。这种策略也常常被美国官僚机构用来对付国会的监管，"由于机构官员寻求避免制裁，并能预见出格行为的负面后果，他们通常会在国会设定的限度内行事。因此，立法者很少发现有必要动用他们的制裁武器"。② 在此过程中，施动方可以获得一定的授权收益，而代理人也可以利用欺骗、缓冲等手段来扩大自主权并增加施动方监督的成本，当施动方获得授权收益总体上大于监督、激励成本时，代理人采取平衡的自主权表达策略就不会引起施动方的高度敏感。"平衡"表达策略最利于代理人与施动方开展博弈的过程中追求利益最大化，对施动方管控代理人的自主行为构成更加棘手的挑战。

总之，基于以上的论述，在代理人战争情景中，当施动方把不便干、不会干、不愿干的事"外包"给代理人，就是承认和意识到后者自主权所产生的比较优势和代理收益。与此同时，施动方需要限制代理人在自作主张的过程中不会滥用援助资源和违背既定的代理议程。代理人谋求自主权空间可被理解为在施动方的非正式的、

---

① Ali Khedery, "Why we stuck with Maliki and lost Iraq?", *The Washington Post*, July 3, 2014, https://www.washingtonpost.com/opinions/why-we-stuck-with-maliki--and-lost-iraq/2014/07/03/0dd6a8a4-f7ec-11e3-a606-946fd632f9f1story.html.

② Terry M. Moe, "An Assessment of the Positive Theory of 'Congressional Dominance'", *Legislative Studies Quarterly*, Vol. 12, No. 4, Nov. 1987, p.479.

模糊的"授权—控制"机制下谋求潜在的独立行动和决策范围。代理人真正享有的自主权是受到控制后剩余的那部分。但是，代理人会在施动方给他们限定的范围内和范围外寻求实现自己的目标，绝对不会停止谋取私利。

第二节 核心的维度：利益

在代理人战争中，利益匹配与分化是观察代理关系变化的核心维度。代理人与施动方的利益总是存在不同程度的偏差，强大的施动方往往在主观或客观上忽视或者不了解弱小的代理人的真实利益诉求，以为双方利益一致可能只是施动方的一厢情愿和未经过怀疑的默认。丹尼尔·拜曼指出："当美国依靠其盟友打击美国的敌人时，它不仅必须认识到后者的有限能力，而且必须认识到他们之间根本不同的利益"。① 基于理性原则，施动方与代理人都为了促进各自利益最大化，如果最初的利益开始分化，代理人继续为代理议程而努力就会失去更多，同样施动方也不愿意继续为代理议程而投入资源。可以说，利益分化导致双方的合作不可能达成最优收益，只能形成一种追求"次优"收益的代理关系。

一 利益维度为何重要

在代理人战争中，利益是理解施动方与代理人互动的最重要维度。施动方与代理人不可避免地在信仰、意识形态、思想、道德、价值观等方面存在深刻的分歧，尽管这些"软约束"对于持久、稳固、深度的合作比较重要，但是对非正当的策略性合作却不构成严重的影响。在代理人战争情境中，施动方与代理人联手是因为那样做有利可图，更多是基于现实主义逻辑而不是因为他们认同彼此为

---

① Daniel L. Byman, "Friends Like These: Counterinsurgency and the War on Terrorism", *International Security*, Vol. 31, No. 2, 2006, p. 112.

"精神上的伙伴"。例如，美国可以与伊拉克安巴尔部落、叙利亚反对派、库尔德武装甚至阿富汗"圣战"组织形成代理关系，这绝不是因为它们之间存在精神纽带，而是因为特定时间段的共同利益使然。可以说，利益的变化在很大程度上驱动了代理人战争。

首先，利益匹配与分化决定了代理人的努力程度。既有的研究表明，在代理人战争中"施动方和代理人之间的利益或目标的一致是最重要的"，利益能否契合是施动方与代理人形成良好互动并有效达成目标的关键维度。① 利益匹配（interests alignment）是指施动方的偏好恰好符合代理人的利益时，即达成某个目标对施动方与代理人都很有好处，则代理人在代理议程上的努力成本（effort cost）较低且获益更多。反之，利益分化（interests divergence）是指双方存在不同的目标优先项，继续履行代理议程的承诺不再符合施动方或代理人各自的利益。在代理人战争中，施动方与代理人必须为满足对方的利益诉求而付出可以承受的成本。詹姆斯·布坎南指出："成本是建立在主观预期的基础之上，它必须是一个向前看的或者事前的概念"。② 也就是说，施动方和代理人决策者都需要根据预期来投入相应的成本。

施动方必须考虑代理成本（agency cost），而代理人则要考虑努力成本。几乎所有的代理关系中都存在代理成本，它是指使代理人的行为与委托人的利益相一致所需要的资源。③ 努力成本是指代理人致力于约定的代理议程所需要付出的资源。代理人需要在努力成本和潜在收益之间作出事前权衡，如果为实现施动方的目标需要代

---

① Bertil Duner, "Proxy Intervention in Civil Wars", *Journal of Peace Research*, Vol. 18, No. 4, 1981, p.356; Eli Berman, David A. Lake, Gerard Padró Miquel, and Pierre Yared, "Principals, Agents, and Indirect Foreign Policies", pp.3-4；陈翔：《大国竞争时代的美国代理人战略》，《世界经济与政治论坛》2020年第1期，第11—12页，第22页；陈翔：《内战为何演化成代理人战争》，《世界经济与政治》2018年第1期，第36页。

② [美]詹姆斯·布坎南：《成本与选择》，刘志铭、李芳译，浙江大学出版社2009年版，第42页。

③ Schmidt Hans, *Maverick Marine: General Smedley D. Butler and the Contradictions of American Military History*, Lexington: University Press of Kentucky, 1987, p.483.

第三章 管控代理人自主性的理论分析

理人付出较高的努力成本而不一定能获得相应的好处,则继续努力执行代理议程就不符合代理人的利益,在这种预期下,代理人将不会积极追求高效、可靠的表现。因为代理人继续执行代理议程意味着付出非常高的代价,"高成本预示着低努力",施动方可能采取直接的行动而不进行任何能力建设援助。①

其次,利益匹配对于代理关系的建立、维系以及对代理人自主性起到基础性调节、管控作用。当施动方与代理人都认为在某项议程上的利益是匹配的,施动方才愿意为巩固代理关系和提高代理人的效率而投入资源,受到支援的代理人的努力成本因此降低,从而具备更大的能力和意愿去执行代理议程,代理人的高效、可靠的表现将成为施动方的最大收益(代理收益),这对于实现双方的共同目标有利。在代理人战争中,施动方与代理人的利益匹配通常是建立在面对共同的敌人这一基础上,一旦形成这样的基础,来自施动方的援助随即而至。代理人战争中的代理人与施动方之间的综合实力(军事、经济)相差悬殊,以至于施动方必须向代理人转移武器、资金等各种资源来帮助后者提高生存和作战能力。如果不涉及这种物质资源转移,施动方就很难影响和管控代理人的行为,代理人也没有能力和意愿去追求约定的目标或面对共同的敌人。"只有当双方认为那样做符合他们的利益时,才提供和接受军事或经济援助这样一种事实。特别是在提供或接受援助是拥有不同能力的行为体应对共同威胁的一种方式时更是如此"。② 因此,援助行为是在双方对彼此的利益是否匹配作出评估之后的结果,它不见得是代理关系形成的起因,其功能主要是维系代理关系,影响和管控代理人的偏好、行为和提高代理人的能力,即它是在代理关系的进程中发挥作用。

---

① Ben Brewer, "Yemen (2001–11): Building on Unstable Ground", in *Proxy Wars: Suppressing Violence through Local Agents*, eds. Eli Berman and David A. Lake. Ithaca, NY: Cornell University Press, 2019, p. 231.
② [美] 斯蒂芬·沃尔特:《联盟的起源》,周丕启译,北京大学出版社 2007 年版,第 39 页。

最后，利益分化是代理人战争中的常态，成为代理关系松动和代理人懈怠的主要根源，为施动方管控代理关系增加了复杂性。从发生时间上看，利益分化在理论上存在三种情形：一是代理人不愿意遵守施动方的偏好；二是施动方不愿意继续支持代理人；三是双方都认为利益共同点已失去，不再联手。第一种情形属于代理人先"脱轨"。在信息不对称的环境中，当施动方将执行任务的风险、代价转移给代理人时，通常会出现目标、利益、动机的分化。代理人是有一定自主性的理性行为体，而且处在弱势地位，它对自身处境、能力和利益更加了解，对生死存亡也更加敏感，特别是涉及安全利益，如被施动方要求从事非常危险的任务（攻击凶悍的敌人），那么在积累足够的实力和信心之前，弱小的代理人不会勇往直前，反而有足够的动机去懈怠和偏离。例如，在2014年初，面对"伊斯兰国"的疯狂进攻，美国扶植的伊拉克安全部队"再次表现不佳，士兵们经常逃跑和抛弃他们的武器、装备和车辆，有时脱掉制服，穿上便服，以避免成为袭击目标"。① 第二种情形属于施动方不再履行之前约定的承诺，可能致使代理人处于被抛弃的境地。这种情形在代理人战争中比较常见，特别是在代理议程的目标已经达成（或接近议程尾声）时，支持代理人要承担更高的政治风险、经济代价和声誉损失，那么施动方将中断或削减对代理人的支持。例如，20世纪80年代末，在苏联从阿富汗败退后，美国就不再援助"圣战"代理人的抵抗运动。与前两种先后错位的利益分化情形不同，第三种情形属于同步利益分化，即施动方与代理人同时互相背离彼此的偏好，这种默契的情形在理论上可能发生，实际上很难被准确观察到。

二　利益分化原因

在代理人战争中，施动方与代理人之间的利益分化是普遍而常

---

① Carter Malkasian, "Anbar's Illusions: The Failure of Iraq's Success Story", *Foreign Affairs*, June 24, 2017, https://www.foreignaffairs.com/articles/iraq/2017-06-24/anbars-illusions.

见的。从本质上讲，施动方与代理人都意识到代理关系是一种策略性的相互利用，前者担心"养虎为患"，后者更担心自己成为随时被牺牲的"工具"，这是一种结构上的矛盾。因此，施动方与代理人都不愿意为这种关系投入太多的资源、忠诚和努力。"几乎普遍认为，代理人战争中的两个主要风险集中在代理人动机、战斗方式以及施动方与代理人的战争目标不一致（或者说更常见的是不一致）"。①"当施动方和代理人在执行某一特定行动时有着不同的利益、动机时，风险就特别高。这种有问题的分歧是正常的，维系代理关系可靠、安全的充分契合目标反而是罕见的"。②

其一，在代理人战争中，施动方与代理人在动机上存在难以调和的矛盾。对施动方来说，其最重要的考虑是：代理人在多大程度上有意愿和能力为特定的目标而努力以及需要付出的代理成本多大？简单来说，施动方希望付出最小的成本让代理人解决"麻烦"。而对实力相对弱小的代理人而言，施动方不愿意直接参与战争反映出其中隐藏的高风险，这会激发代理人"提高要价"的意图：一是尽可能多地获得可以用来挑战对手的资源，以维持自身安全和军事优势；二是尽可能多地获得自主决策的权力，以谋取领土和政治目标，在国家政治架构中发挥更大的作用；三是尽可能多地获得用于个人消费的财富和物质奖励。③ 不同的代理人可能更侧重追求以上之中的特定目标，并试图在冲突中实现这些目标。简单来说，代理人希望从代理关系中获得促进自身能力、自主权力增长和个人好处，同时又不希望承担太高的努力成本。在代理人战争中，"尽管存在权力不对称，但

---

① Candace Rondeaux, David Sterman, "Twenty-First Century Proxy Warfare: Confronting Strategic Innovation in a Multipolar World", *New America*, Feb. 2019, p. 20.

② Seyom Brown, "Purposes and Pitfalls of War by Proxy: A Systemic Analysis", *Small Wars & Insurgencies*, Vol. 27, No. 2, 2016, p. 255.

③ Idean Salehyan, Kristian Skrede Gleditsch and David E. Cunningham, "Explaining External Support for Insurgent Groups", *International Organization*, Vol. 65, No. 4, 2011, p. 715; 陈翔：《大国竞争时代的美国代理人战略》，《世界经济与政治论坛》2020年第1期，第11页。

控制与自主：美国的中东代理人战争

代理人几乎总是根据自己的利益和冲动行事"。① 例如,"美国与其代理人有着彼此借助、相互利用的利益交易关系,虽然存在一定依附关系,但代理人首先为了自己的利益采取行动"。② 从根本上看,二者都是基于谋求自身利益最大化的理性动机,施动方希望付出最低的成本让代理人不知疲倦地工作;而代理人则希望从施动方那里获得最多的援助并从事最轻松的任务,因此"施动方的利益总是在一定程度上与代理人不同",③ 它们对彼此的期待是理想化的和矛盾的。

其二,施动方与代理人之间的潜在利益分歧难以被及时甄别。在代理关系建立之前,"准代理人"已经在为解决特定的议程而奋斗,其长期渴求的目标、利益业已存在,但是由于信息不对称,它的原始利益诉求并不一定能被施动方所识别。沃尔特·拉特维希(Walter C. Ladwig Ⅲ)等学者指出了这种现象:备受吹捧的《2006年美国反暴乱战场手册》含蓄地假定美国及其支持的代理人(当地政权)在反暴乱中的利益和优先事项会紧密结合在一起,这种预设一开始就错了。实际上,后者是一个独立的行动者,它们与美国在利益、目标和优先事项上的分歧以及美国对其行为的有限影响,一再成为美国反暴乱取得成功的主要障碍。④

---

① Daniel Byman, "Approximating War", *The National Interest*, September/October, 2018, p. 13.
② 陈翔:《大国竞争时代的美国代理人战略》,《世界经济与政治论坛》2020 年第 1 期,第 11 页。
③ Stephen Biddle, Julia Macdonald & Ryan Baker, "Small Footprint, Small Payoff: The Military Effectiveness of Security Force Assistance", *Journal of Strategic Studies*, Vol. 41, No. 1-2, 2018, p. 96.
④ Walter C. Ladwig Ⅲ, *The Forgotten Front: Patron-Client Relationships in Counterinsurgency*, Cambridge University Press, 2017, pp. 22-23; Douglas S. Blaufarb, *The Counterinsurgency Era: U. S. Doctrine and Performance (1950 to the Present)*, New York: The Free Press, 1977, p. 311; D. Michael Shafer, *Deadly Paradigms: The Failure of U. S. Counterinsurgency Policy*, Princeton University Press, 1988, p. 5; Benjamin Schwarz, "American Counterinsurgency Doctrine and El Salvador", RAND, p. 77.

第三章 管控代理人自主性的理论分析

为了获得施动方的援助，代理人会暂时隐藏初衷，搁置原本的计划，并假装为施动方的利益而努力。在一段时期，代理人或许可以隐藏自身的目标、动机并遵从施动方的偏好。但是长期来看，如果委托人不能扮演一个"帮手"（Helper）角色并从"执行者"（Doer）的视角考虑问题，而是把自己的目标和权力强加于后者，那么委托人不能通过奖励或威胁的手段使代理人处于与自身动机相矛盾的状态。① 美军可以用金钱驱动伊拉克安巴尔部落参与打击"基地"组织，但是买不到后者的长期忠诚。如果执行代理议程的成本越来越高，代理人将越不愿意为之而努力，并转向更加符合它真正利益的方向。此外，施动方难以识别代理人的真实信息，也有利于代理人采取自主行动。施动方并不能完全掌握代理人真实的意图、能力等方面的私人信息，"动机不对称有利于被庇护方"。② 代理人因此可以利用信息不对称优势来获得"反向选择"，即通过隐瞒自身的真实目标、动机和能力来获得施动方的授权和援助资源。表面上看是施动方基于自身的利益而选择了代理人，实际上代理人在信息不对称的掩护下反向选择了施动方。例如，在打击"伊斯兰国"议程上，库尔德武装被发展为美国的代理人，但是美国与库尔德武装的目标、动机的"理想点"（ideal point）并不重合。库尔德武装的一个重要动机是以反恐之名夺取更多的领土，从中壮大自身的实力并进一步谋求高度自治。

其三，施动方与代理人的利益匹配更多的是在共同威胁作用下形成的短暂状态。在联盟理论中，强国需要不断地塑造一个确定的共同安全威胁，让一个或多个盟友在特定议题上采取盟主所期望的

---

① David Ellerman, "The Indirect Approach", World Bank Publications, October 2000, pp. 7–11.

② ［美］斯蒂芬·沃尔特：《联盟的起源》，周丕启译，北京大学出版社2007年版，第42页。

立场、政策和行动，从而使它们服从于其战略需要。① 这种观点本质上归属摩根索和华尔兹的均势理论（balance of power theory）或力量聚合模型（capability aggregation model），强调强国如何促进其成员的共同利益，而共同利益通常被认为是威慑或击败共同敌人（shared enemy）。② 在代理人战争中，如果施动方与代理人都认为应对共同外部威胁是当下最急迫的任务，那么尽快削弱或打败共同的敌人就超越复杂的、长远的利益算计。但是，施动方与代理人的利益匹配常常被描述为没有时间轴的静态，这显然不符合常识。实力、处境不一且处于变化中的施动方和代理人之间的利益要么从一开始就存在分歧，要么从利益匹配走向分歧。特别是当施动方的目的达到时，代理人的价值不可避免地下降，双方的利益基础随之面临调整。因为"代理人对施动方的有用程度仅仅取决于它朝着后者的目标取得进展的能力。这导致了双方的时间关系。一旦施动方的目标已经实现，或者代理人不能维持原有的努力势头，那么施动方就会中止这种关系或者疏远代理人"。③ 例如，在中东地区，代理关系有时无异于满足短期利益的"露水夫妻"，这导致它们的关系相互交织且不断变动。④

此外，随着敌我实力和代理人自身能力的变化，代理人与施动

---

① 刘丰：《美国的联盟管理及其对中国的影响》，《外交评论》2014 年第 6 期，第 94 页；Stephen M. Walt, (paperback edition) *The Origins of Alliances*, Cornell University Press, 1990, pp. vi-xii (preface); Stephen M. Walt, "Alliance Formation and the Balance of World Power", *International Security*, Vol. 9, No. 4, 1985, pp. 3-43；[美] 肯尼思·华尔兹：《国际政治理论》，信强译，上海人民出版社 2008 年版；[法] 雷蒙·阿隆：《和平与战争：国际关系理论》，朱孔彦译，中央编译出版社 2013 年第 1 版，第 376 页。

② James D. Morrow, "Alliances and Asymmetry: An Alternative to the Capability Aggregation Model of Alliances", *American Journal of Political Science*, Vol. 35, No. 4, 1991, pp. 904-905；[美] 汉斯·摩根索：《国家间政治——权力斗争与和平（第七版）》，徐昕等译，北京大学出版社 2006 年版，第 219—230 页。

③ Amos C. Fox, "Conflict and the Need for a Theory of Proxy Warfare", *Journal of Strategic Security*, Vol. 12, No. 1, 2019, p. 62.

④ 黄培昭等：《美伊在中东都有哪些代理人》，《环球时报》2020 年 1 月 9 日第 7 版。

方对所处的环境和未来预期存在明显的差异，它们对威胁的紧迫性感知随时会发生变化。当"威胁共识的感知下降，会削弱代理关系存在的前提条件及影响代理人战略的效果，尤其是代理人对共同威胁的认知降低，导致双方共同利益减少"。① 而且，代理人势力的增长不见得符合施动方预期，"提供援助往往有悖于初衷。因为如果援助有足够的价值，那么它就有可能改善受援者的状况。随着被庇护者的能力提高，它就更有资格来抵制诱惑或随后的压力。这样，援助和影响之间的联系就进一步被弱化了"。②

为保留对代理人的持续影响力，施动方可能转向消极的援助政策，这也是导致利益分化的重要因素。例如，"伊斯兰国"的威胁促进了美国与库尔德武装的共同利益，为他们形成代理关系提供了动力。随着"伊斯兰国"被严重削弱，以及库尔德武装的壮大，美国开始限制对库尔德武装的援助，使得它们的共同利益出现了分化。可以说，共同威胁机制对施动方与代理人的利益塑造只能发挥短期和动态的作用，即建立在共同威胁下的利益匹配往往并不牢固。

值得注意的是，双方对威胁的急迫性存在错位感知。代理人成长、生活在当地，其适应环境的能力强，可以忍受长期的"缠斗"状态，如果急于求成意味着在短期内需要付出过多的代价（包括被对手杀死，武器弹药、资金等资源的消耗，内部意见的分裂，等等）并快速抵消前期的实力积累。与此同时，一旦过快达成目标，其代理人价值则随之递减，增加了"被抛弃"的风险和未来收入的兑现难度。为获得持续的经济利益，当地的军队和政权可能不想要彻底击败暴乱分子，从而维持代理人的价值和外部援助。③ 因此，威胁

---

① 陈翔：《大国竞争时代的美国代理人战略》，《世界经济与政治论坛》2020 年第 1 期，第 12 页。
② ［美］斯蒂芬·沃尔特：《联盟的起源》，周丕启译，北京大学出版社 2007 年版，第 43 页。
③ Daniel L. Byman, "Friends Like These: Counterinsurgency and the War on Terrorism", *International Security*, Vol. 31, No. 2, 2006, pp. 109–115.

的急迫性对代理人并不会那么高，它的懈怠反应可能导致施动方付出更多的援助和时间成本。例如，为影响阿富汗的局势和打击极端主义、恐怖组织，美国长期向巴基斯坦三军情报局和军方提供大量资金和武器援助，但是后者并不急于替美国达成目标。又如，沙特阿拉伯与阿拉伯联合酋长国急于赢得也门代理人战争，而受它们支持的各类武装组织和胡塞武装却不一定想尽快结束这场混战。① 相反的是，当也门的局势陷入僵局，沙特阿拉伯与阿拉伯联合酋长国的代理人武装就可以从中获得更多的援助和自主空间，其背后的道理如迈克尔·沙弗（Michael Shafer）谈到美国在冷战期间对各国政府的支持时指出的那样："局势越危急，美国能对它们施加的杠杆就越小"。②

其四，第三方干预可能使利益分化加快和暴露出来。在代理人战争中存在第三方力量对代理议程进行有效干扰的情况，它是指外部第三方力量削弱施动方与代理人的利益匹配程度，迫使或诱导施动方与代理人背离彼此的承诺。在第三方干预加剧代理关系紧张的情况下，施动方与代理人的利益分化被扩大并显露出来，它们可能转向与对手（第三方）发展友好合作关系这也意味着它们与第三方存在更加重大的利益。在代理人战争中，代理关系的张力失衡或原本存在利益裂痕的代理关系，往往为第三方渗透提供机会，如果施动方和代理人选择回应第三方的利益偏好，双方的利益分化将加剧。③

例如，美国及其盟友持续对"基地"组织的代理人"努斯拉阵线"进行施压，导致努斯拉阵线于2016年公开宣布脱离"基地"组

---

① Daniel Byman, "Yemen's Disastrous War", *Survival*, Vol. 60, No. 5, 2018, pp. 149-154.
② Michael Shafer, "The Unlearned Lessons of Counterinsurgency", *Political Science Quarterly*, No. 1, 1988, p. 64.
③ Daniel Byman, "The Good Enough Doctrine", *Foreign Affairs*, Vol. 100, No. 5, 2021, p. 35.

织，努斯拉阵线领导人穆罕默德·居兰尼（Abu Mohammad al-Julani）拒绝攻击美国和欧洲。这证明了美国对"努斯拉阵线"与"基地"组织的代理关系进行了有效干扰，导致"基地"组织的力量和声誉遭到削弱，严重威胁"基地"组织作为"圣战"运动领导者的地位。

又如，土耳其作为第三方力量，要求美国停止支持其代理人叙利亚库尔德武装，并对后者发动武力攻击，而特朗普政府从2017年至2019年三番两次地从叙利亚库尔德占领区撤军，在很大程度上被视为修复美土关系的"礼物"。很显然，土耳其因素削弱了美国与叙利亚库尔德武装打击"伊斯兰国"的代理议程，这反映出相对于美国与土耳其之间更重大的战略利益，库尔德武装的利益在这过程中遭到忽视。叙利亚库尔德武装遭到美国的背叛后，阿萨德政府与俄罗斯也试图进一步分化美国与叙利亚库尔德武装的共同利益，导致后者尝试与美国的对手俄罗斯和阿萨德政权开展微妙的合作。

再如，美国与叙利亚反对派之间的代理关系也遭到第三方力量干扰。在叙利亚内战中，阿萨德政府也积极干扰美国与叙利亚反对派武装代理人之间的关系，通过付钱给一些反叛组织以避免其石油管道被轰炸，还有一些被收买的叛军甚至帮助阿萨德政府护送油罐车穿过暴乱地区。① 此外，近年来土耳其利用自身的地缘和关系网络优势对美国与叙利亚反对派的代理关系进行干预，削弱了美国对这些代理人的控制，其中一些派别更听命于土耳其。②

总之，利益维度决定了代理关系的运行，在理性人的假设下，施动方与代理人在谋求各自利益最大化的原则下推动了利益匹配和

---

① Erika Solomon, "Syria's Jihadist Groups Fight for Control of Eastern Oilfields", *Financial Times*, April 29, 2014, http://www.ft.com/cms/s/0/5346e788-cbd6-11e3-9f27-00144feabdc0.html.

② Sam Heller, "A Syria Policy for Trump's America", The Century Foundation, Dec. 9, 2016, https://tcf.org/content/report/syria-policy-trumps-america/?session=1.

分化的动态过程。当利益匹配时，施动方与代理人都愿意为约定的议程而投入资源和努力，而当利益出现分化，既定的代理议程将难以取得实质进展，代理关系的基础也会出现裂痕。

第三节　激励维度

在代理人战争中，光有监督手段还不足以确保和驱动代理人在既定的轨道内努力奔跑，应当与合适的激励（incentives）相结合。现实中几乎不存在不需要激励就自动努力按照施动方偏好行事的代理人，"激励必须由委托人提供，以诱导代理人的适当行为。如果放任自由，就不能相信代理人会按照委托人所希望的方式行事，因此必须采用一种激励结构（incentive structure），以使代理人按照所希望的方式重新定向"。[①] 激励是一种驱动、约束代理人的手段，类似于"胡萝卜加大棒"（Carrots and Sticks）的管控策略。激励主要分为两种性质和多种形式：一是正向激励（positive incentives），包括资金和安全援助、能力建设、政治支持、权力与商业诱惑等；二是负向激励（negative incentives），包括武力胁迫、政治打压、削减或停止援助、人事更换、武装解除、抛弃等。激励作为施动方政策包裹中的重要组合工具，被用来控制、影响、诱导、强迫代理人的行为。施动方越是提供可信、昂贵的激励，就越能影响、控制代理人的行为。俄罗斯驻联合国代表丘尔金（Vitaly Churkin）坦诚地指出："俄罗斯在叙利亚危机中进行了非常认真的投资，无论是政治上、外交上还是现在的军事上。因此，我们当然希望巴沙尔·阿萨德考虑到这一点"。[②] 又如，奥巴马政府要确保叙利亚反对派遵循反阿萨德议

[①] David Ellerman, "The Indirect Approach", World Bank Publications, Oct. 2000, p. 4.
[②] Alexander Winning, Christian Lowe, "Russia Warns Assad Not to Snub Syria Ceasefire Plan", *Reuters*, Feb. 19, 2016, https://www.reuters.com/article/us-mideast-crisis-russia-syria-envoy/russia-warns-assad-not-to-snub-syria-ceasefire-plan-idUSKCN0VR240.

程，就必须向其"援助弹药和小型武器，包括步枪、榴弹炮和反坦克导弹。关键的是它还涉及工资，没有工资指挥官就无法招募、留住那些可能会叛逃、投靠资源更丰富的极端组织的战士"。①

一 不可信的激励

在代理情形中，如果采取"事前"（ex ante）激励，一旦代理人获得施动方的资源后，是否能保证努力程度和方向？施动方在实施激励手段之前，往往需要先对代理人的资质、过往表现进行评估，但是对代理人作出正确的评估依然十分困难。因为存在信息不对称，代理人必然会萌生机会主义，运用伪装和欺骗策略影响施动方的判断。除非代理人足够忠诚可靠，否则施动方就需要通过全程监督来管控代理人的行为，这意味着委托人要投入大量的时间和精力。

由于"事前"（ex ante）激励要严重依赖准确的评估和严密的全过程监督，施动方试图转向"事后"（ex post facto）激励，即通过"基于结果"（base on outcomes）的激励方式来应对信息不对称困境：施动方根据代理人的表现来支出（pay for performance）激励资源，无须全程观察代理人的行为。尽管"事后"（ex post facto）激励是一种减少信息成本的有效方法，但是在代理人战争中，"基于结果"的激励面临重大的归因挑战。例如，代理人在战斗中失败，这是因为它懈怠所致，还是因为战争进程是不确定的？即结果受到了代理人无法控制的一系列外生变量的影响。② 因此，"当结果的不确定性较低时，将风险转移给代理人的成本较低，基于结果的合约（激励承诺）也较有吸引力。然而，随着不确定性的增加，转移风险的成

---

① Faysal Itani, "The End of American Support for Syrian Rebels Was Inevitable", *The Atlantic*, July 21, 2017, https://www.theatlantic.com/international/archive/2017/07/trump-syria-assad-rebels-putin-cia/534540/.

② Stephen Biddle, Julia Macdonald and Ryan Baker, "Small Footprint, Small Payoff: The Military Effectiveness of Security Force Assistance", *The Journal of Strategic Studies*, Vol. 41, 2018, p. 101.

本越来越昂贵，尽管基于结果的合约具有激励效益"。①

如果当代理人声称自己竭尽全力了，它的表现就不能依据结果来衡量。那么，代理人到底付出了怎样的努力？如果要准确评估这一点，施动方必须密切监视代理人的行为，投入资源来收集关于代理人及其工作的数据。然而，施动方在监控上的花费越多，项目的成本就越高，这样的安排就越不符合降低成本的初衷。② 因此，"非对称信息以及由此导致的利益分配（激励），将使人们在衡量上耗费过多的资源"，③ 这会导致施动方只能依赖一些模糊的指标来作出激励选择。

当缺乏充分的信息时，就容易出现"赏罚失据"的现象：代理人的"好"表现得不到奖励，"坏"表现非但不受惩罚反而受到奖励。一旦出现这种情况，来自施动方的激励就变得不可信，这不但起不到管控代理人的作用，还会鼓励代理人制造更多的道德风险：懈怠且不必担心遭到惩罚，趁机将施动方的援助资源用于谋求私利，把风险和成本"甩"给施动方。

此外，对代理人而言，来自施动方的激励很可能是口头上的承诺（即"事后"激励），"事后"能兑现吗？由于无法判断施动方的真实意图，处于弱势的代理人会产生如下疑虑：一是即使完成了既定的任务，也不一定能获得施动方的资助，或者只获得部分资助；二是即使没有完成既定的任务，也不一定遭到施动方惩罚，或者只遭受比较轻微的惩罚。

总之，在代理人战争场景中，施动方难以准确评估代理人的资质、表现无论是"事前"还是"事后"激励的可信度都大打折扣，

---

① Kathleen M. Eisenhardt, "Agency Theory: An Assessment and Review?", *Academy of Management Review*, Vol. 14, No. 1, 1989, p. 61.

② Stephen Biddle, "Building Security Forces & Stabilizing Nations: The Problem of Agency", *Dædalus*, Vol. 146, No. 4, 2017, p. 127.

③ ［美］道格拉斯·C. 诺思：《制度、制度变迁与经济绩效》，杭行译，格致出版社 2008 年版，第 58 页。

这对于调控代理人的行为难以起到实质的作用。

二 高昂的激励代价

对施动方而言，无论是正向激励还是负向激励，都可能是代价高昂的。正向激励虽然可以转化为更大的影响力，但是意味着更多的资源投入。而负向激励看似可以节约资源，但是会对代理关系构成更大的冲击，并失去对代理人的影响力。

首先，过高的正面激励成本使代理关系面临挑战。在代理人战争中，施动方需要提供诱人的"胡萝卜"来影响、管控和鼓舞代理人努力执行约定的议程，如向代理人提供大量的资金、先进的武器、派遣正规援军、公开的国际支持和权力诱惑等各类形式的援助。实力相对弱小的代理人非常有必要通过获取这些援助来提升应对威胁的能力和满足私利。当代理人"以外部援助为生"（live on outside aid），这无疑给了施动方利用援助来操纵代理人的杠杆。代理人战争的一个共同之处是，"无论代理人的特点、能力和地理位置如何，它们都必须在一定程度上接受施动方的援助和操纵"。①"当受援者易受影响，具有依附性，以至于被迫遵从庇护国的意愿时，即使这些意愿与自身的愿望冲突，在这种情况下，援助最有可能创造可靠的代理人"。②相反，"当代理人的努力成本增加时，委托人必须利用更大的诱惑来成功地激励代理人"③。因此，要想对一个羽翼渐满的代理人产生更大的影响，就需要提供更多的援助。

当代理人的努力成本出现不可控的增长，且施动方不愿意承担高昂的激励成本，那么代理人在代理议程上就倾向于懈怠。这样可

---

① Geraint Hughes, *My Enermy's Enermy: Proxy Warfare in International Politics*, Sussex Academic Press, 2012, p. 9.
② ［美］斯蒂芬·沃尔特：《联盟的起源》，周丕启译，北京大学出版社2007年版，第43页。
③ Brandon Merrell, "Denmark (1940-45): Armed Resistance and Agency Slippage in Germany's Model Protectorate", in *Proxy Wars Suppressing Violence through Local Agents*, Edited by Eli Berman and David A. Lake, 2019, Cornell University Press, p. 56.

能出现"无激励不服从""讨价还价"等现象。例如,20世纪80年代中期,印度从支持转而向其代理人猛虎组织(LTTE)施压,希望后者接受泰米尔自治区方案,放弃激进路线(建立"泰米尔伊拉姆国",State of Tamil Eelam),这导致猛虎组织的努力成本极高,而印度无法通过激励手段来调节双方目标分歧,以至于最后不得不直接向斯里兰卡派出印度维和部队(IPKF)来压制LTTE的自主行为。[①]又如1940年代,德国占领丹麦的后期,来自公民和反抗团体的抵制和破坏行为加剧,丹麦代理政府合法性遭到严重损害,其遵从德国偏好的风险、努力成本急剧增加。德国因此需要支付的激励成本也越来越高。随着利益匹配的进一步分化,德国不愿意、也无力继续承担不断增长的激励支出,而丹麦内阁在没有获得足够的激励好处后也不愿意执行过高的政治、安全代价的代理议程,因而出现越来越多的卸责和偏离。最终,德国选择以直接、强硬的方式介入丹麦内部事务,放弃利用丹麦政府压制丹麦人反抗。[②] 再如,近十多年来,美国及其盟友一直在训练阿富汗安全部队,希望后者能够接管那里的战争,尽管美国花费了近500亿美元来加快这一进程,但后者的表现却年复一年地大大低于预期。"这支由高价私人承包商、西欧军队和美国训练的庞大部队,得到美国和联军及其先进武器系统的支持,一直无法消灭一支装备简陋、规模适中、不太受欢迎的乌合之众的暴乱。美国及其联盟伙伴每年花费100亿到120亿美元来维持一个国内生产总值只有180亿美元的国家。从长期来看,这种

[①] S. D. Selvadurai, M. L. R. Smith, "Black Tigers, Bronze Lotus: The Evolution and Dynamics of Sri Lanka's Strategies of Dirty War", *Studies in Conflict & Terrorism*, 2013, pp. 554-556; Jayadeva Uyangoda, *Ethnic Conflict in Sri Lanka: Changing Dynamics*, East-West Center, Washington, p. 33; 韦卢皮莱·普拉巴卡兰是斯里兰卡反政府武装泰米尔伊拉姆猛虎组织的创立者和最高领导人。

[②] Brandon Merrell, "Denmark (1940-45): Armed Resistance and Agency Slippage in Germany's Model Protectorate", in *Proxy Wars Suppressing Violence through Local Agents*, Edited by Eli Berman and David A. Lake, 2019, Cornell University Press, pp. 53-154.

第三章　管控代理人自主性的理论分析

情况是站不住脚的。"① 一旦过高的激进成本超过了代理收益，施动方倾向于直接处理问题，"一个国家可以更容易地在任何时候切断对代理人的支持，如果这种关系似乎不再有益"。②

其次，施动方还可能掉入激励"陷阱"。对于施动方而言，代理人战争的过程越漫长，就意味着更多的激励成本投入和被牵连风险。高昂的代理人战争成本会激发施动方内部的质疑、反对，进一步削弱施动方继续援助代理人的力度和意愿。例如，财政约束削弱了伊朗对地区代理人的影响力，其代理人政策的成本支出在伊朗民众中暴露得越多，伊朗政府就越必须参照国家利益来证明其支出的合理性，因此，以最低成本开展活动是伊朗代理人战争的一个长期特征。③ 而且，在信息不对称的情形下，代理人能够发挥"尾巴摇狗"的角色，绑定施动方的承诺，采取冒险行动和武力滥用，不断引诱后者投入更多资源，拖拽其涉入"深水区"，导致施动方声誉被牵连，掉头之路变得异常困难。这让施动方陷入激励的陷阱而难以自拔，一旦施动方试图退出正在进行的代理人战争，这不仅将导致代理人的战斗能力和积极性受损，还意味着对敌人的让步和浪费前期的全部投入。因此，在没有达成预期目标的情形下，施动方很可能被迫持续投入资源来维持代理关系和提高代理人的努力水平，这种激励实际演变成一种无奈之举。例如，20世纪60—70年代，随着胜利渐行渐远，美国不甘就此罢手，反而在越南战争中逐步加大投入、扩大承诺和介入范围，以至于从一开始可控的有限代理人战争（援助和训练越南共和国吴廷琰政府的军队，而不直接大规模参战）陷入无力自拔的泥潭，并为此付出了不成比例的代价，越南战争成为

---

① Nick Turse, "Washington Puts Its Money on Proxy War", *Aljazeera*, Aug. 15, 2012, https://www.aljazeera.com/indepth/opinion/2012/08/20128128345053728.html.

② Tyrone L. Groh, "War on The Cheap? Assessing the Costs and Benefits of Proxy War", Georgetown University, Washington, D. C., Feb. 23, 2010, pp. 25-26.

③ Jack Watling, "Iran's Objectives and Capabilities Deterrence and Subversion", Occasional Paper, Royal United Services Institute (RUSI), February 2019, pp. 33-34.

美国无节制的承诺的教训。20世纪80年代，美国对付苏联的真正的战略是通过援助阿富汗抵抗组织来拖住俄国人并满足于看到俄国人的战争无限期地继续下去，为苏联"制造一个流血的伤口：一种使苏联枯竭和蒙羞的无限期的承诺"。① 近年来，俄罗斯为扶植其叙利亚阿萨德政权被迫投入了巨大的资源，正处于没完没了的"陷阱"之中，俄罗斯难以促进各方就叙利亚问题达成共识，也无力独自承担重建叙利亚的成本。② 即便代价越来越沉重，俄罗斯单方面作出退出叙利亚内战的决定也无比艰难。又如，在胡塞武装没有被打败之前，沙特阿拉伯与阿拉伯联合酋长国只能加大对其也门代理人武装的援助而不是退缩。三年来，利雅得出动了10万多架次飞机，花费了数十亿美元，阿拉伯联合酋长国还在承担数以千计的地面部队的开销和上百人死亡的代价。③ 可以预料，沙特阿拉伯和阿拉伯联合酋长国还将被迫持续投入巨大的资源来支持也门的代理人战争。

再次，负面激励也是约束代理人的手段，其成本同样是高昂的。特别是当外部威胁削弱或消失时，施动方是否还愿意维持之前激励成本？一般而言，代理人战争进行到这个阶段，施动方不再愿意继续投入资源来维持一个"亏损"的代理议程。例如，2008年伊拉克"基地"组织被击溃后，美国当局转而丢下安巴尔部落代理人，这导致许多"伊拉克之子"领导人被恐怖主义集团消灭，因为他们没有得到保护，甚至没有工资。④ 此外，增强代理人的能力也可能加大施动方被

---

① Diego Cordovez, Selig S. Harrison, *Out of Afghanistan: The Inside Story of the Soviet Withdrawal*, Oxford University Press, 1995, pp. 91-92; Chris Loveman, "Assessing the Phenomenon of Proxy Intervention", *Conflict, Security & Development*, Vol. 2, No. 3, 2002, p. 44.

② 陈宇：《从叙利亚凯旋后，俄罗斯的中东战略将走向何方？》，《世界知识》2018年第1期，第43页。

③ Dion Nissenbaum, "In a Saudi War Room, Generals Grapple with Ways to Protect Civilians in Yemen", *Wall Street Journal*, March 18, 2018.

④ Wathek AL-Hashmi, "Tribal Mobilization Forces in Iraq: Reality and Future Challenges", The Center of Making Policies for International & Strategic Studies, July 12, 2018, https://www.makingpolicies.org/en/posts/tmfi.english.php.

牵连的风险。施动方不希望援助一个无能的代理人，但是也不希望实力持续增长的代理人失去控制。为降低这种风险，不得不通过负向激励来约束代理人的行为。例如，2015年9月以后，俄罗斯的空袭使阿萨德的军队免于迫在眉睫的崩溃，并使战斗的形势向有利于叙利亚政府军的方向发展。在这种有利情形下，阿萨德政府不愿意按照俄罗斯要求停火、谈判，而是坚持乘胜收复叙利亚全境。2016年2月，俄罗斯驻联合国代表丘尔金（Vitaly Churkin）对阿萨德的冒险进行公开警告："试图夺回对整个国家的控制将是徒劳的，阿萨德总统的讲话与俄罗斯正在致力于和平谈判的外交努力并不一致。俄罗斯帮助阿萨德扭转了战争的局势，所以他现在有责任遵循俄罗斯的路线。如果他们在某种程度上偏离了这条道路，那么就会出现非常困难的局面"。① 除了言辞警告，俄罗斯还通过撤军行动对阿萨德的偏离路线进行施压。② 又如，沙特阿拉伯、阿拉伯联合酋长国在也门的鲁莽行动将美国的声誉绑在一起，导致后者被认为是也门人道主义灾难的同谋者。由于沙特阿拉伯一再犯下军事错误并导致许多也门平民死亡，奥巴马在任期末象征性地给了沙特阿拉伯"一巴掌"，暂停了向其出售智能炸弹，美国不应该鼓励它们继续进行"弄巧成拙"（self-defeating）的干预。③ 施动方采取负向激励措施，一方面可以迫使代理人放弃不受欢迎的努力，另一方面削弱了代理关系的基础和增加了代理人的努力成本，这在很大程度上加剧了双方的利益分歧。

---

① Alexander Winning, Christian Lowe, "Russia Warns Assad Not to Snub Syria Ceasefire Plan", *Reuters*, Feb. 19, 2016, https://www.reuters.com/article/us-mideast-crisis-russia-syria-envoy/russia-warns-assad-not-to-snub-syria-ceasefire-plan-idUSKCN0VR240.
② 马建光、李佑任：《"出兵—撤兵"与俄罗斯在叙利亚地缘政治目标的实现》，《国际安全研究》2018年第3期，第108—114页。
③ Dion Nissenbaum, "U. S. Weighs Expanding Military Role in Yemen War", *Wall Street Journal*, June 3, 2018, https://www.wsj.com/articles/u-s-weighs-expanding-military-role-in-yemen-war-1528064393; Daniel Byman, "Yemen's Disastrous War", *Survival*, Vol. 60, No. 5, 2018, pp. 153-154.

控制与自主：美国的中东代理人战争

此外，负向激励的成本与可信度与代理关系类型有关。在"多边委托"模式下，一个代理人与两个或以上的施动方存在代理议程，且施动方之间存在偏好上的分歧与竞争，这使得代理人处在一个有利的地位。出于自身利益，代理人被委托人之间相互抗衡的策略所吸引，这增加其赢得更优惠条件的可能性，在授权和可行性上不依赖于单个合同。① 当代理人对多个施动方（集体代理或多边代理模式）都很重要时，代理人可以获得更大的讨价还价杠杆和自主权。② 例如，在冷战时期，苏联与美国在保护和加强各自附庸国（民主德国、联邦德国）方面有很大的利害关系，后者是美苏缓冲区的关键部分，因此两大霸权国都担忧在激烈的争夺中失去对附庸国的控制。两德当然非常清楚美苏争夺所暗含的机遇，它们可以利用美苏担心失去附庸国的"恐惧点"来推进自己的私利，如说服超级大国增加经济援助和军事援助。③ 如果代理人变得异常重要，那么来自某个施动方的严格管控甚至惩罚会迫使代理人转身寻求其他方的援助，这可能重组代理关系的结构，甚至导致代理人的叛变和"反目成仇"。因此，实施惩罚的成本是昂贵的，在这种情况下，庇护国非但不愿意履行惩罚的承诺，相反"会大规模地投入以阻止哪怕一个微不足道的盟友的流失"。④ 如伊拉克马利基政府可以同时接受美国和伊朗的援助和指令，如果美国严格管控或者惩罚马利基政府并迫使其就范，这可能导致它寻求伊朗的帮助或借机接近伊朗。2011年白宫呼吁伊拉克总统塔拉巴尼（Jalal Talabani）下台，后者立马转向伊朗寻求帮助，而马利基则违背美国的偏好并根据伊朗的指示，将政

---

① Terry Moe, "An Assessment of the Positive Theory of 'Congressional Dominance'", *Legislative Studies Quarterly*, Vol. 12, No. 4, 1987, p. 482.

② Ora Szekely, "A Friend in Need: The Impact of the Syrian Civil War on Syria's Clients", *Foreign Policy Analysis*, 2016, pp. 453–455.

③ Hope Millard Harrison, *Driving the Soviets up the Wall: Soviet-East German Relations (1953—1961)*, Princeton University Press, 2003, p. 5.

④ ［美］斯蒂芬·沃尔特：《联盟的起源》，周丕启译，北京大学出版社2007年版，第42页。

府内阁成员更换成后者中意的人。① 又如，近十几年来，黎巴嫩真主党与叙利亚、伊朗之间构成典型的多边代理模式，叙利亚、伊朗各自对黎巴嫩真主党发布相冲突的命令制造了紧张局势和派系主义，二者试图争夺对真主党的影响力。② 在这种竞争压力下，它们敢对真主党的懈怠行为实施惩罚吗？毫无疑问，这种代价是非常昂贵的。事实也表明，十多年来，黎巴嫩真主党可以从叙利亚和伊朗那里获得持续、坚定的援助和更高的自主权。总之，当负向激励的代价变得非常高昂，那么其可信度就会受到怀疑，一旦惩罚不可信，代理人的自主行为将很难被约束。

三 不恰当的激励

如果想在接下来的议程中看到代理人的努力表现或试图约束代理人的自主行为，施动方需要根据利益的匹配程度来作出相应的激励，否则将难以影响或控制后者。伊莱·贝尔曼（Eli Berman）、大卫·莱克（David A. Lake）等学者明确指出，在代理人战争中，利益匹配度可分为高、中、低三个层级，不同程度的利益匹配会导致施动方与代理人作出不同的反应：首先，如果这些利益严重分歧（低），也就是说，如果施动方比本地代理人对威胁压制更感兴趣，那么施动方将付出极高的代价来实施足够的奖励和惩罚，以使代理人服从。在这种情况下提供援助是弄巧成拙的，因为代理人将把武器和训练转用于自己的目的，而不是镇压施动方所关切的动乱。因而，施动方要么采取直接行动，要么干脆承认间接控制的成本太高。其次，相比之下，对于中等范围的利益分歧（中等），施动方可以制定适当的惩罚和奖励来迫使或引诱代理人采取它所渴望的行动，或

---

① Ali khedery, "Why We Stuck with Maliki and Lost Iraq?", *Washington Post*, July 3, 2014, https://www.washingtonpost.com/opinions/why-we-stuck-with-maliki--and-lost-iraq/2014/07/03/0dd6a8a4-f7ec-11e3-a606-946fd632f9f1_story.html.

② Ora Szekely, "A Friend in Need: The Impact of the Syrian Civil War on Syria's Clients", *Foreign Policy Analysis*, Vol. 12, No. 3, 2016, p. 451.

多或少地成功地解决麻烦。最后,只有当施动方和代理人的利益非常一致时(高),施动方才会选择无条件加强代理人的能力建设(capacity building)战略,通过增加援助、军事训练和其他形式的援助来实现他们的共同野心。① 当施动方与代理人的利益分化时,"施动方提供的资源不会被代理人用来抑制对前者的威胁,而是用来追求后者的优先级"。②

在代理人战争中利益分化越严重,代理人的努力成本越高,"施动方必须使用更大激励来成功地控制代理人"。③ 即代理人的努力程度与施动方的激励成本构成正比例关系。例如,马利基(代理人)与美国(施动方)在建立新的伊拉克政治架构和打击暴乱的急迫性上存在利益分化。"考虑到马利基的弱势地位,其遵循美国优先战略的国内政治成本极高。在这种情况下,要控制其代理人,就需要强有力的激励,包括可观的奖励和惩罚"。④ 再以印度—"泰米尔猛虎组织"(LTTE)的代理关系为例,由于LTTE与印度的利益出现严重分化,且LTTE在代理关系中存在很高的自主性。⑤ 印度想要控制实力强大的LTTE,就需要付出异常高昂的负面激励成本,而LTTE在斯里兰卡得到海内外泰米尔人的大力支持,它发展了一个遍布欧洲、美国的国际筹款网络,不需要完全依赖印度政府的支持就能够筹集到大量资源。"即使来自印度的支持被切断,LTTE可能仍将是一支

---

① Eli Berman, David A. Lake, Gerard Padrói Miquel, and Pierre Yared, "Principals, Agents, and Indirect Foreign Policies", pp. 3-4.

② Eli Berman, David A. Lake, Gerard Padró Miquel, and Pierre Yared, "Principals, Agents, and Indirect Foreign Policies", p. 10.

③ Brandon Merrell, "Denmark (1940-45): Armed Resistance and Agency Slippage in Germany's Model Protectorate", in *Proxy Wars Suppressing Violence through Local Agents*, Edited by Eli Berman and David A. Lake, 2019, Cornell University Press, p. 56.

④ David A. Lake, "Iraq (2003-11): Principal Failure", in *Proxy Wars: Suppressing Violence through Local Agents*, eds. Eli Berman and David A. Lake. Ithaca, NY: Cornell University Press, 2019, p. 239.

⑤ Tyrone L. Groh, "War on The Cheap? Assessing the Costs and Benefits of Proxy War", Georgetown University, Washington, D. C., February 23, 2010, p. 14.

强大的政治和军事力量"。① LTTE 对印度强迫它放弃建立独立国家的努力十分愤怒，以至于最终发生"反噬"后果：暗杀印度前总理拉吉夫·甘地（Rajiv Gandhi）。此外，伊朗在也门的代理人战争中难以向胡塞武装提供大规模激励，因为后者可以从部落区和当地渠道获得充足的资源（包括先进武器、经验丰富的战士和训练）而无须过于依赖伊朗，尽管伊朗愿意提供一些"便宜"的帮助，如传播简易爆炸装置（IED）和无人机制造等技术和派驻少量的顾问。由于缺乏相应的激励，胡塞武装更多是根据自身的利益采取自主行动和政策。因此，"伊朗的支持对胡塞武装并不重要，伊朗没有对该组织施加任何有影响的杠杆，简而言之，如果不考虑伊朗，胡塞武装的目标和行动很可能是一样的"。②

此外，由于代理人隐藏谋求自主性的动机，施动方做到恰当的激励并不容易。代理人在受到激励前后的动机和行为会发生变化，受到激励前，代理人表现得顺从、可靠，而这也可能是一种假象，代理人可以利用这种假象制造道德风险，在未来的行动中把风险和成本转嫁给施动方。③ 例如，20 世纪 80 年代，为抵制苏联占领阿富汗，美国不惜向"圣战"组织代理人提供大量的先进武器，但战争结束后美国却没有办法回收全部武器，武器向极端主义势力的扩散，导致阿富汗陷入长期的武装割据和冲突，并严重阻碍美国未来对阿富汗事务的主导。代理人战争中的历史已经多次证明这种风险的存在。对此，安东尼·普法夫和帕特里克·格兰菲尔德指出：

一旦美国以施动方为准的身份介入，无论是在越南、阿富

---

① Daniel Byman, Peter Chalk, Bruce Hoffman, William Rosenau, David Brannan, "Trends in outside Support for Insurgent Movements", RAND, 2001, p. 43, pp. 49-54.

② Jack Watling, "Iran's Objectives and Capabilities Deterrence and Subversion", Occasional Paper, Royal United Services Institute (RUSI), February 2019, p. 25.

③ Daniel Byman, "Approximating War", *The National Interest*, September/October, 2018, p. 15.

汗还是也门，这立刻就改变了代理人的想法。一旦代理人得到了施动方的支持，他们就有更大的动机、理由和资源将冲突升级，而不是解决冲突。对美国而言，发动代理人战争的最大危险在于，它能轻易地玷污捐助者的手。如果一个国家向一个代理人提供先进的武器，而没有制定防止滥用武器的措施，那么这个国家就要对其罪行承担一些责任。①

道德风险的存在反过来让施动方的激励计划变得保守、谨慎。例如，叙利亚反对派叛军的资质和信誉良莠不齐，一些团体奉行极端"圣战"路线，甚至有一些武装团体将美国援助的武器转让给"基地"组织和"伊斯兰国"。这导致美方对叙利亚叛军实施恰当的激励变得十分困难，过大、不足或错误的激励都有可能导致代理人战争的失控或失败，美国所采取的激励方案的边界就是不让叛军轻易获得大量致命性武器。

总之，试图以激励手段来管控代理人的自主行为是代价高昂且困难的，"没有适当的激励结构，自私自利的代理人就会利用资源的流入来达到自己的机会主义目的，转移援助或者利用外国训练过的部队来打宗派战争，或者以其他方式为自己的政治议程牟利。如此，代理人则不能达到委托人所期望的目标"。② 要想看到代理人的努力表现并接受管控，施动方必须辅以可信的、有力的、恰如其分的激励，使代理人的努力成本尽可能降低的激励更有效，而忽视代理人需求、不受代理人欢迎的激励结构则没有效果。

---

① C. Anthony Pfaff, Patrick Granfield, "The Moral Peril of Proxy Wars", *Foreign Policy*, Apr. 5, 2019, https：//foreignpolicy.com/2019/04/05/proxy-wars-are-never-moral/.
② Eli Berman, David A. Lake, Gerard Padró Miquel, and Pierre Yared, "Principals, Agents, and Indirect Foreign Policies", in *Proxy Wars: Suppressing Violence through Local Agents*, eds. Eli Berman and David A. Lake. Ithaca, NY: Cornell University Press, 2019, pp. 5-13.

第四节　监督维度

在代理人战争中，对代理人的监督既重要也困难。一方面代理人的自主性在无效监督下可能逐渐膨胀；另一方面有力的监督又面临信息成本、本土化收益和监督模式等因素的挑战。只有当施动方对代理人一举一动知道的更多，代理人的懈怠行为和动机才有可能被约束。当委托人被假设为完美信息持有者，完全知道代理人的行为，在这种情况下，委托人看似可以简单地告诉代理人具体应该怎么做，然而，委托方在监视代理人所选择的行为时却出现了困难。① 因为"代理人受自身利益的驱使，仅根据委托人不完全了解的信息做出决策，并从事着委托人只能不完全了解的行为"。② 因此，施动方要想管控代理人的自主性，就不得不通过不受代理人欢迎的监督手段来压缩彼此间"信息差"（information gap），以便为施动方评估、识别、约束代理人的行为和表现提供依据。但是，获取代理人未能被观察的隐藏行动或隐藏信息的努力是非常困难的，克服信息不对称而施行的监督受到技术手段和资源投入的限制，过高的代价会反过来阻碍正式监督规则和机制的形成。

一　不受欢迎的严格监督

来自施动方的严格监督会以不受欢迎的方式抑制代理人的非对称优势。"无论是用于监视或修正代理人的行为和自主，控制机制都需要额外的资源。反过来，这些核查可能会适得其反，因为从理论

---

① Stephen A. Ross, "The Economic Theory of Agency: The Principal's Problem", *The American Economic Review*, Vol. 63, No. 2, 1973, pp. 138.

② Terry Moe, "An Assessment of the Positive Theory of 'Congressional Dominance'", *Legislative Studies Quarterly*, Vol. 12, No. 4, 1987, p. 480.

上讲，代理人的专业知识和行为自主是使他们成为有价值资产的一部分"。① 基于专业化收益的考虑，施动方希望一个有能力、忠诚可靠的代理人代替它去完成特定的议程，只要后者的行为在该议程的轨道方向上，就被默许自主地决定以何种方式去达成双方约定的任务。

然而，施动方缺乏对遥远冲突前沿的感知能力，很难严格监督代理人如何行事。由于信息不对称，施动方决策者并不完全掌握目标地的冲突全貌，如果坚持例行监督，有可能限制了代理人根据当地的实际情形自主、灵活地决策和战斗，这种死板的形式主义的监督可能会贻误战机。《孙子兵法·九变篇》指出："将在外，君命有所不受。"这说明决策者不能对前线的作战进行严格的监督，那样做会妨碍代理人发挥非对称优势，甚至激起后者的抵制。例如，联合国授权维和部队进入目标国执行任务，这实际上构成了正当的委托—代理关系。按照规定，维和部队应该在联合国的监督下开展任务，而不能扩大武力使用范围。实际上，"当暴力局势需要采取更严厉的手段时，维和人员之间往往会就联合国的控制程度产生分歧。特别是在波斯尼亚冲突期间，英国和法国不愿遵守联合国在波斯尼亚的授权"。② 又如，自20世纪80年代以来，美国试图创建一个能够控制、约束和监督非正规部队的机制。事实证明，许多非正规部队的战斗能力恰恰来自他们的自由和任意行动的能力，一旦受到监督机构的约束，他们的价值就会降低到仅仅是侦察兵的价值。③ 美国国防部前部长罗伯特·盖

---

① Daniel Byman, Sarah E. Kreps, "Agents of Destruction? Applying Principal-Agent Analysis to State-Sponsored Terrorism", *International Studies Perspectives*, Vol. 11, No. 1, 2010, p. 9.

② Muzaffer Ercan Yılmaz, "Third-Party Intervention in International Conflicts: Peacekeeping and Peacemaking in the Post-Cold War Era", *Uluslararası İlişkiler*, Vol. 3, No. 11, 2006, p. 31.

③ Antonio Giustozzi, "Auxiliary irregular Forces in Afghanistan (1978—2008)", in *Making Sense of Proxy Wars: States, Surrogates & the Use of Force*, edited by Michael A. Innes, Virginia: Potomac Books, June, 2016, p. 106.

茨将来自白宫和国家安全机构的严密监督视为不受欢迎的"微管理":"你们不能将'螺丝刀'从华盛顿伸向利比亚的军事行动。总统已经告知了他的战略方向,看在老天爷的分上,就让我们(国防部)指挥吧!"①

此外,"脏手优势"一旦处于严密监视下,其"收益"就会大打"折扣"。一方面,没有哪个代理人愿意其作恶过程被记录下来,这可能成为施动方未来控制、惩罚它的"把柄"和"铁证"。另一方面,如在施动方的严密监督下,代理人"干脏活"所需要的自主应变能力将受到束缚。例如,古巴就反感在苏联的监督下来履行入侵安哥拉的代理任务,这导致它无法放开手脚采取自主的、有效的大胆侵略行为。② 而且,严格地监督代理人"干脏活"意味着施动方对代理人杀害平民、暗杀、走私、绑架等"勾当"是知情且深度介入的,这加大了施动方被牵连的风险。因此,施动方与其严密监督代理人"干脏活",不如放开后者的手脚,成为只对结果关心的"旁观者"。从常识上讲,代理人当然也更愿意在秘密的、无监视的环境下自由地"干脏活"。那么,为更有效地激发和借助代理人的"脏手"优势,施动方需要以"结果导向"来约束代理人,而对代理人执行任务的过程中给予"轻微""超脱"的监督。

总之,发挥本土专业优势(包括"脏手优势")需要灵活自主的反应和隐蔽的行动空间,而严格的监督会削弱代理人的这种优势。

二 缺少成本低而有效的监督模式

毫无疑问施动方会试图通过各种监督安排来确保它对代理人的知情,以缓解信息不对称焦虑。马修·麦卡宾斯(Mathew

---

① [美]罗伯特·盖茨:《责任:美国前国防部长罗伯特·盖茨回忆录》,陈逾前等译,广东人民出版社2016年版,第512页。"你们"是指奥巴马的白宫国家安全顾问托马斯·多尼伦(Thomas E. Donilon)和幕僚长威廉·戴利(William Michael Daley)。

② Tyrone L. Groh, *War on The Cheap? Assessing the Costs and Benefits of Proxy War*, Georgetown University, Washington, D. C., Feb. 23, 2010, p. 23.

D. McCubbins）和托马斯·施瓦茨（Thomas Schwartz）指出，委托人可以通过直接监督机制（"警察巡逻"，police-ptrol）来监督代理人的行为，尽管这很昂贵，或者他们可以通过第三方报告不良行为来间接监督（"火灾警报"，fire-alarm）。前者需要委托人直接前往调查问题，其特点是盲目、容易流于形式，且成本高昂；而后者只需要搭建好举报机制，如国会依赖第三方利益相关的个人和组织的举报来作出快速反应，这是一种间接监督，其特点是更有针对性、监督高效、成本更低且收益更多。①这两种监督模式在正当代理情形中比较常见。美国国会对官僚机构的监督就常涉及这两种监督模式，其中"火灾报警"模式被认为相对高效。

但是，置于代理人战争情景下，这两种监督模式都存在局限性。如果施动方对代理人采取"警察巡逻"模式的监督，就需要派驻大量的监督人员向目标国领土和当地代理人内部渗透，但是这样会暴露自己，这也是直接监督所面临的巨大障碍。例如，作为一项成本削减策略（cost-reduction strategy），安全力量援助的全部目的是限制美国在伙伴国的地面存在。照此设想，在该国将很少有美国监督员来观察合作伙伴的行为，且后者有很多技巧可以利用美国的援助来追求自身的利益，是很难被少量的美国监督者发现的。②

此外，代理人在低水平暴力和隐蔽的条件下运作，监督员事前

---

① Mathew D. McCubbins and Thomas Schwartz, "Congressional Oversight Overlooked: Police Patrols versus Fire Alarms", *American Journal of Political Science*, Vol. 28, No. 1, 1984, pp. 165-179. "警察巡逻"的监督模式是比较集中、积极和直接的。国会主动审查行政机关活动的样本，目的是发现和纠正任何违反立法目标的行为，并通过监督制止这种违法行为。一个机构的活动可以通过多种方式进行调查，如阅读文件、委托科学研究、进行实地观察、举行听证会询问官员和受影响的公民；"火灾警报"监督模式与使用真正的火灾警报类似，没有"警察巡逻"监督那么集中、积极和直接：不用检查行政决策的样本和寻找立法目标的违规。国会通过建立一个系统的规则、程序、和非正式的实践，使公民个人和组织的利益集团审查行政决定，指控执行机构违反了国会的目标，并从各种机构包括从法院和国会本身寻求补救措施。

② Stephen Biddle, Julia Macdonald and Ryan Baker, "Small Footprint, Small Payoff: The Military Effectiveness of Security Force Assistance", *The Journal of Strategic Studies*, Vol. 41, No. 1-2, 2018, p. 101.

并不清楚代理人到底有何具体的懈怠行为，因此，监督不过是"大海捞针"式的、例行的信息收集"动作"而已，长此以往，这种人力成本的消耗无疑是巨大的。而且，直接的、大量的监督意味着制造更多的痕迹和动静，将原本要求安静进行的代理人战争暴露于公众视野下，这反而加大了施动方被牵连或代理人合法性受损的风险。例如，土耳其"库尔德工人党"（PKK）与"叙利亚民主力量"（SDF）为避免这种风险，不愿意采取直接监督模式来暴露代理关系的痕迹并削弱相互推诿。即便施动方愿意承受这种成本，代理人也有多种反制策略来应付直接监督，代理人通过对施动方的命令和规则再解释，缓冲施动方的监督努力等反制策略的运用，使施动方的监督成本不断上升，监督过程"仪式化"，即代理人使施动方接受不完整的或者象征性的信息，或使监督纯粹成为表面文章。① 与此同时，直接的监督可能被代理人视为不友好的扰乱行为，它损害了代理人自主决策的灵活性、积极性和效率，以至于代理人严重抵触、脱离被监督的过程，使得监督无法进行下去。代理人拥有更多的私人和当地信息优势，面对施动方的直接监督，代理人会隐蔽其知晓的真实信息，即使施动方命令代理人报告其全部所知，同样难以奏效。而且双方存在可能的利益冲突，致使信息不对称问题更难以解决。②

如果施动方转向"火灾报警"模式来间接监督代理人，虽然可以节省大量的人力成本，但是它需要依赖有效的举报机制。而在代理人战争情景中，通常不存在为举报机制而花费资源的理由：一是，如果建立举报机制就意味着公开承认了原本需要否认的代理关联，

---

① 戴伦·霍金斯、韦德·雅各比：《代理者如何重要》，载［美］戴仑·霍金斯、戴维·莱克、丹尼尔·尼尔森、迈克尔·蒂尔尼主编《国际组织中授权与代理》，白云真译，上海人民出版社 2015 年版，第 201—215 页；

② David A. Lake and Mathew D. Mccubbins, "The Logic of Delegation to International Organizations", Darren G. Hawkins, et al., *Delegation and Agency in International Organizations*, New York: Cambridge University Press, pp. 347-348.

这不符合"合理推诿"的利益;二是,一个有效举报机制需要花费大量的资源去收集信息;三是,期待对手、利益攸关方或受害人去向特定的施动方投诉代理人的懈怠行为是不切实际的和不符合逻辑的;四是,即使举报机制生效,施动方也不见得能及时核查、甄别举报信息的真伪并处罚代理人。因此,在代理人战争中就可能出现无人举报、不知道向谁举报和不愿意举报的难题。

三 "长链授权"加大监督难度

在长链授权结构中,信息的传递存在"错位",即代理人也可能接收终端委托人(即处于权力链顶端的委托人)和近端委托人(即向他们下达直接命令的一方)之间相互冲突的要求。① 这可能会导致委托人和代理人内部的分裂、冲突和混乱,以至于加大了对代理人懈怠行为进行追责的难度。公司治理的研究也表明,随着委托人与代理人的授权结构延伸,实现对代理人的有效监督更加困难:

> 当企业处于初创期,管理链条非常短,信息在老板和员工之间基本是对称的。随着企业规模的扩大,老板需要依赖不同层级的经理人执行任务,整个企业形成一个多级授权结构。在这个管理结构中,大量信息掌握在经理人手中,老板试图收集完全的信息无法实现,原因在于:第一,专用信息无法脱离信息采集者上传;第二,信息的传递都有损耗;第三,职业经理人和员工不愿意传递信息,信息传递需要他们承担时间和精力成本。②

在代理人战争中,为开展多样化的复杂代理任务,绕开内部官

---

① Daniel L. Nielson, Michael J. Tierney, "Delegation to International Organizations: Agency Theory and World Bank Environmental Reform", *International Organization*, Vol. 57, No. 2, 2003, pp. 241–276.

② 马永斌:《公司治理:控制权争夺与股权激励》,清华大学出版社2018年版,第17—60页,第228—324页。

僚政治干扰、国际监督以及增加可追溯的难度，施动方倾向于采取"长链"授权模式。施动方通常将代理人战争相关事务授权给一个能见度低、专业性比较强的情报和安全机构来专门负责运作代理人战争项目。如此一来，该机构相当于变成了"中间人"，而它一旦获得这种权限，就会有自己的部门利益和自由裁量权。与此同时，为开展监控、咨询、情报等多样化任务，"中间人"还会授权下一级机构执行辅助工作，依此类推，随着任务的层层外包，多级授权的"链条"将变长，施动方决策者与代理人的"距离"不断被拉开，更长的授权链也意味更多的信息不对称和监督力度的衰减。"在这一授权链的每一个步骤中，具体的权限、限制、尺度和被禁止的活动等内容含糊不清或很少被记录下来。更长的距离，意味着更少的权威、信息和对代理人的控制。"①

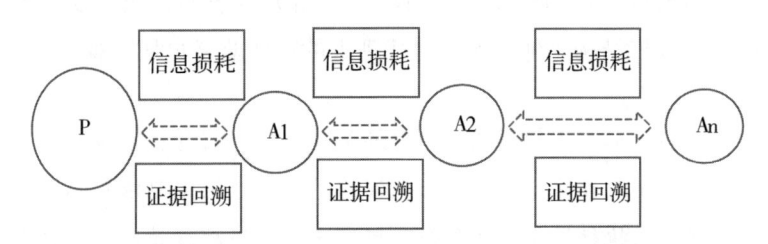

图 3-1 "长链授权"增加信息损耗和证据回溯难度示意图

与此同时，出于保密的必要性和增加证据回溯的难度，监督机制将被设计得异常复杂、谨慎，这也意味着它的低效。这从俄罗斯使用私人军事安全承包商支持乌克兰的分离势力可以看出，隐瞒的压力会使得机制运作复杂化，并限制了施动方对代理人施加控制的能力。② 特别是，由于担心信息和情报泄露的风险，施动方

---

① Erica Dreyfus Borghard, *Friends with Benefits? Power and Influence in Proxy Warfare*, Columbia University, 2014, p. 9.
② Lawrence Freedman, "Ukraine and the Art of Limited War", *Survival*, Vol. 56, No. 6, 2014, pp. 15–17.

决策者将避免对有关代理人及负责管理代理关系的"中间人"的监督机制进行投资。因此，施动方决策者和代理人之间产生了信息差，增强了后两个行动者（代理人、中间人）自行处理问题的能力。①20世纪80年代，白宫授权CIA在阿富汗开展代理战争以反击苏联军队的占领，CIA寻求与巴基斯坦"三军情报局"（Inter Services Intelligence, ISI）对接，通过后者发展、指挥代理人网，并将来自美国的资金、武器援助输送到阿富汗各类"圣战"武装组织手中，最终形成了"白宫-CIA-ISI-圣战武装组织"的"粗线条"授权长链。ISI在授权链中被赋予了非常重要的角色，阿富汗的"圣战"组织指挥官几乎都受到它的节制，"ISI决定哪些圣战者团体可以获得我们的武器，CIA可以说服和施压，但是巴基斯坦总统和三军情报局才是'最终决定人'，他们还煽动巴基斯坦人皈依伊斯兰教并鼓舞激进主义，致使一大批美国武器落入阿富汗激进分子手中。美国对这些缺乏了解"。② 此外，为了保留推诿优势，白宫不能、也不便直接指挥和监督执行末端的"圣战"武装组织，CIA和ISI因此成为资源、信息的接收和传递的"中间枢纽"，它们各自便拥有更多的私人信息和部门自主权，进而加剧了信息的损耗、错位和监督难度。"华盛顿的官员寄希望于巴基斯坦的同僚以最佳的方式'操纵'（handle）阿富汗人，却没有明显关注到金钱和武器被挪用于服务伊斯兰堡狭隘的目标。"③

随着授权"链条"的增加会出现以下问题：一是，授权"链

---

① Terry M. Moe, "The New Economics of Organization", *American Journal of Political Science*, Vol. 12, No. 4, 1984, pp. 754–757.

② ［美］罗伯特·盖茨：《责任：美国前国防部长罗伯特·盖茨回忆录》，陈逾前等译，广东人民出版社2016年版，第80—90页，第330—331页。1986年10月，罗伯特·盖茨作为CIA副局长造访巴基斯坦西北部比邻阿富汗国境线，视察了一个"圣战"训练营；Geraint Hughes, *My Enermy's Enermy: Proxy Warfare in International Politics*, Sussex Academic Press, 2012, p. 126。

③ Geraint Hughes, *My Enermy's Enermy: Proxy Warfare in International Politics*, Sussex Academic Press, 2012, p. 137.

条"的增加扭曲了信息原貌，信息完整性、真实性逐步衰减；二是，授权链越长，代理人无法或不愿意将最新的信息同步传达到上级决策者，信息传递的及时性受损；三是，授权链越长，信息泄露的可能环节越多，信息保密受到更大的挑战；四是，授权链越长，信息的收集和传递成本越高。这些问题的出现，加剧了监督难度和成本，不仅致使施动方最高决策者无法及时、安全、充分地了解代理人战争的信息"原貌"，还会诱导代理人精心"编辑"信息（包括歪曲篡改、选择性上报、隐藏不报、故意拖延、泄露等形式）来应付施动方的监督。总之，随着授权环节的增加，信息流通和监督环节变得复杂，信息损耗、监督难度和代价日益加剧。

四　代理关系碎片化加剧监督难度

在代理关系中，代理人和施动方都常被简化为一个"黑箱"，这不过是一种理想化的划分。实际上施动方与代理人其内部的权力、观念和利益等结构也应当呈现出来。当代理人和施动方内部都存在偏好异质和利益分歧时，彼此间只能形成一种碎片化的代理关系，这导致它们采取集体行动的努力和形成有效的监督框架的成本十分高昂。

在代理人战争中，代理人往往是由不同的利益单元（派别、团体、族群、政党等）组成的集体，每个单元都有自己的领导人，这些领导人必然优先对特定单元负有责任，或者认为自己是该单元的一员。此外，不同单元所具有能力、资源、处境、观念不一样。这就是说，当代理人是由不同单元组合而成，其应当被视为偏好异质的集体，"当代理本身就是一个集体时，相互冲突的忠诚可能会导致内部分裂"。[①] 没有最高的、合法权威可以化解内部分歧，统合所有的忠诚并有效塑造对共同威胁和整体利益的感知，这使得代理议程

[①] Ora Szekely, "A Friend in Need: The Impact of the Syrian Civil War on Syria's Clients", *Foreign Policy Analysis*, Vol. 12, No. 3, 2016, p. 453.

的产生和执行变得异常困难。

很多受到支持的代理人是一个"伞形结构"（umbrella structure）的组织，即很多武装团体、派别在某个组织的名义和庇护下开展自主的行动，其内部的控制松散并且充满分歧和缺乏集体行动。例如，叙利亚自由军（FSA）是由众多大小不一武装团体组成的松散的策略联盟，其内部并不存在一个最高的、有效的指挥中心和一致的议程。"FSA 不过是一个'涵盖性的术语'（umbrella term），一个没有自上而下命令和控制的松散特许机构。"[1] 20 世纪 60 年代的"巴勒斯坦解放组织"（PLO）成为叙利亚等阿拉伯国家扶植下的"伞形"代理人，其内部各种派别林立，意识形态各异，是一个虚弱和忠诚混乱的组织。同样，被普遍描述为伊朗"圣城旅"在伊拉克的代理人——"人民动员军"（Popular Mobilization Forces，PMF 或 Al-Hash d Al-Shaabi）实际并不是一个内部统一的军事机构，而是一个松散的伊拉克什叶派军事团体"联盟"，由 40 多支队伍包括暴乱网络、各政党的武装派别和伊拉克当局资助的新部队构成的"伞形"组织，每支部队都有自己的结构，其本身就呈现了现代伊拉克在宗教和国家认同、国家和非国家行为体、私人和外国利益等许多方面的断层线，根本不可能完全受到伊朗的管控和整合。[2] 近年来，沙特、阿联酋在也门开展的打击胡塞武装的代理人战争也面临代理人内部偏好异质的问题，受资助的代理人是松散的联盟，不同武装力

---

[1] Rania Abouzeid, "The Jihad Next Door: The Syrian Roots of Iraq's Newest Civil War", *Politico Magazine*, June 23, 2014, https://www.politico.com/magazine/story/2014/06/al-qaeda-iraq-syria-108214_full.html.

[2] Renad Mansour, "The Popularity of the Hashd in Iraq", Carnegie Middle East Centre, February 1, 2016, https://carnegie-mec.org/diwan/62638; Jack Watling, "The Shia Militias of Iraq", *The Atlantic*, December 22, 2016, https://www.theatlantic.com/international/archive/2016/12/shia-militias-iraq-isis/510938/; 王晋：《美国打死苏莱曼尼捅"马蜂窝"》，澎湃新闻，2020 年 1 月 3 日，https://www.thepaper.cn/newsDetail_forward_5418900；2020 年 1 月 3 日，伊朗伊斯兰革命卫队"圣城旅"指挥官卡姆·苏莱曼尼将军在美军的一次空袭中死亡。

量具有相对复杂的利益诉求和差异较大的政治目标,存在普遍的分裂,彼此之间甚至不乏敌对,因此两国还要负责协调友军中的不同武装力量,确保本阵营对胡塞武装"同仇敌忾"。如"南方过渡委员会"武装力量与哈迪政府军之间的敌对需要沙特与阿联酋化解。①对此,丹尼尔·拜曼指出:"由于也门激烈的派系斗争,外部力量面临的一个问题是无法找到一个共同的地方代理人来支持自己"。②当代理人的"黑箱"被打开,一部分不认可、不服从整体目标的力量单元可能削弱代理人内部凝聚力,并呈现出"分裂式"自主权。对于施动方而言,这意味着需要投入更多的资源和时间去收集各种武装派别的信息,包括它们的身份认同、组织架构、指挥链条和利益诉求。要做到精准化监督,施动方还需要发展新的监督模式和方法。毫无疑问,这种监督的成本是极为高昂的。通常,施动方不能保证监督范围的广度和监督的深度,其中一些小的武装派别游离于监督之外,施动方对它们的行为和意图几乎一无所知。例如,叙利亚反对派武装是由众多不同族群、教派的武装团体组合而成的松散集体,每个团体都有自身的忠诚、运作方式和利益诉求,拥有较强的自主权。美国希望借助它们来反对阿萨德政权,但是并不能有效地监督它们的全部行为。

此外,在集体和多边代理模式中,由谁来承担监督代理人的成本呢?从常识来看,在集体委托和多边委托的代理模式中利益和谐一致是少见的,更有可能的是,其内部存在竞争和冲突,通常需要经过集体协商、互相制约的过程来达成妥协。莫娜·莱恩等学者指

---

① 朱泉钢:《也门多重武装力量的崛起及其治理困境》,《阿拉伯世界研究》2019年第4期,第50—51页。沙特阿拉伯与阿拉伯联合酋长国两国的代理人包括苏丹、塞内加尔和部分海湾君主国的军队,以及也门国内的力量——哈迪政府军、忠诚于萨利赫集团的武装(前总统萨利赫去世之后)、阿里·穆赫辛将军领导的武装以及其他一些部落武装等。在荷台达,代理人联盟包括以下力量:塔里克·萨利赫领导的共和国卫队成员、地方化的蒂哈马抵抗军、政府军以及南部的萨拉菲派。

② Daniel Byman, "Yemen's Disastrous War", *Survival*, Vol. 60, No. 5, 2018, p. 147.

出，在"集体"代理和"多边"代理模式中，来自多个施动方之间相互冲突的、矛盾的命令可能导致代理无效或代理人更多地追求自主权。例如，监督国际组织自主权行为的难度不仅表现在建立和实施控制机制所必须花费的时间成本和信息成本上，还表现在各个成员国之间存在着不同程度的偏好异质性造成的"阻滞效应"上，这就使国际组织的自主权行为在监督机制常常难以有效地实施的情况下游刃有余地发生。① 当各个委托人提出的一些会发生冲突的要求，其内部分歧呈现多样化的形态，这使得利益和分歧管理变得十分复杂，简单地说，就是一个关于集体行动的监督和协调成本的问题。② 在协调与监督失效的情形下，代理人在某种程度上拥有更大的筹码和更大程度的自主权，因为碎片化的施动方过于软弱或分散注意力，无法有效地监督代理人。③ 例如，也门的代理人战争可以被视为集体代理模式，由美国和一些海湾国家共同投入资源来扶植也门政府镇压暴乱，在这个代理模式中，美国作为最强大的施动方需要协调施动方其他成员（如沙特阿拉伯、卡塔尔等海湾国家）之间的利益分歧和集体行动并承担监督、协调费用。又如，在叙利亚的代理人战争中，常常存在集体和多边代理模式混杂在一起的现象。美国领导的北约国家（包括土耳其）、沙特阿拉伯等海湾国家构成一个松散的、利益分歧的施动方阵营和（principal side），它们很难产生强有力的集中监督机制（Centralized supervision mechanism），也没有任何

---

① 莫娜·莱恩、丹尼尔·尼尔森、迈克尔·蒂尔尼：《谁授权？发展援助中的其他委托模式》，载［美］戴仑·霍金斯、戴维·莱克、丹尼尔·尼尔森、迈克尔·蒂尔尼主编《国际组织中授权与代理》，白云真译，上海人民出版社 2015 年版，第 43—61 页；刘宏松：《国际组织的自主权行为：两种理论视角及其比较》，《外交评论》2006 年第 3 期，第 107 页。

② Ora Szekely, "A Friend in Need: The Impact of the Syrian Civil War on Syria's Clients", *Foreign Policy Analysis*, Vol. 12, No. 3, 2016, p. 453.

③ Daniel L. Nielson, Michael J. Tierney, "Delegation to International Organizations: Agency Theory and World Bank Environmental Reform", *International Organization*, Vol. 57, No. 2, 2003, pp. 241–276.

一方乐意承担昂贵的监督成本。因此，它们的代理人（叙利亚反对派武装）处于一种相对宽松的监督环境下，自然获得更多的自主空间，而不必严格遵循代理议程。

总之，在代理人战争中，施动方追求专业化收益和"长链授权"的间接管控模式削弱了监督的力度，使得信息不对称难以弥合。此外，追求信息对称和衡量代理人的表现，必然要求投入更多的资源包括人力、技术、资金、时间和正式的机制、规则设计来实现更有效的监督，但那样做必须将成本考虑进去："要有办法来识别那些违反规则的行为，衡量其违反的程度，并且能识别出是谁在违规。在许多情况下，当衡量成本——在给定技术状况下——超出收益时，指定规则与划分所有权就没有必要了。"① 如果形成有效的、正式的监督规则、机制所付出的代价超过了代理人的专业化收益，那么这类昂贵的监督就失去了意义。

第五节　分析框架、案例选择与研究思路

我们意识到，在代理人战争研究领域，"施动方中心论"顽固的存在确实反映出代理关系的非对称性特点，以及施动方在其中占据支配地位这一基本现实。然而，这种研究范式的瑕疵也是明显的，有必要对其进行纠正和平衡，但又不能犯了矫枉过正，简单地颠倒它，并走向"代理人中心论"的又一个极端。因此，本节将结合上文的论述，吸收"施动方中心论"的合理成分，在此基础上发展一个更平衡的分析框架，并确定案例选择的范围。

一　分析框架

代理人战争在本质上是一种复杂的、双向的持续博弈，施动方

---

① ［美］道格拉斯·C. 诺思：《制度、制度变迁与经济绩效》，杭行译，格致出版社2008年版，第66—67页。

并不能单向控制整个冲突进程。施动方在代理人战争中永远难以克服代理损失，因为"一个与我们不同的人不可能自动地为我们的利益服务或共享我们的偏好"。① 可以说，代理人总是在遵循和背离委托人之间游移，而这种张力不可能得到彻底消除。凯瑟琳·艾森哈特（Kathleen M. Eisenhardt）指出，代理关系中可能出现的两个问题：一是委托人和代理人的愿望或目标发生冲突，核实代理人的实际行为对委托人是困难或昂贵的，即委托人无法验证代理人的行为是否恰当；二是当委托人和代理人存在不同的风险偏好，他们可能会选择不同的行为。② "如果关系的双方都是效用最大化者，那么就有充分的理由相信代理人并不总是为了委托人的最大利益行事"，而针对这一情况，委托人也会通过对代理人建立适当的激励机制，并承担旨在限制代理人偏离行为的监督成本，以防止和限制代理人反噬委托人的利益。③

为了限制代理人的懈怠行为，施动方总是试图设计一个控制结构，以尽可能调节、弥合、减缓双方的利益分化。对此，要么设计一个激励机制（包括奖励或惩罚）来促使代理人遵从施动方的指示，要么投入资源来监督代理人的遵从程度，如果单独的措施依然做得不完美，只能两者兼而有之。但是，这个过程要产生巨大的成本，"国家常常必须花费更多的资源和额外的代理成本来控制代理人"。④当监督、激励成本过于高昂甚至超出了代理收益，这又反过来削弱

---

① Eric Rttinger, "Arming the Other: American Small Wars, Local Proxies, and the Social Construction of the Principal-Agent Problem", *International Studies Quarterly*, Vol. 61, No. 2, 2017, p. 397.

② Kathleen M. Eisenhardt, "Agency Theory: An Assessment and Review?", *Academy of Management Review*, Vol. 14, No. 1, 1989, p. 58.

③ Michael C. Jensen, William H. Meckling, "Theory of the Firm: Managerial Behavior, Agency Costs and Ownership Structure", *Journal of Financial Economics*, Vol. 3, No. 4, 1976, pp. 309-312.

④ Tyrone L. Groh, *War on The Cheap? Assessing the Costs and Benefits of Proxy War*, Georgetown University, Washington, D.C., February 23, 2010, p. 27.

弥合利益分化的意愿和努力。在利益不匹配的情况下，管控代理人自主权所需要的"信息、监督、激励都是昂贵的"，理性的委托人会自动地作出权衡：当监督与管控带来的额外支出成本开始超过收益，实现完全控制就不可能实现。①

监督与激励是调节施动方与代理人之间利益分歧的辅助工具。如果施动方只是向代理人输出援助和指令，放任代理人自由地支配援助资源，那么后者将不一定将全部援助资源用于执行约定代理议程，也没有足够的动力为实现委托人的目标而竭尽全力。因此，施动方既要承认代理人具有强烈自主性的事实，也要及时了解代理人的需求变化，并通过监督和激励措施干预、纠正代理人不受控制的行为。施动方如果不能通过这两个辅助工具最大程度地约束代理人的懈怠和偏离，代理人就有足够的动机拓展自主性和优先实现自身的利益。

实际上，代理人战争是由一系列战略决策构成的进程，这个进程往哪个方向走，不仅仅取决于施动方自身，还至少包含三个环节：一是确立战争的目的（和目标）；二是选择代理人；三是施动方和代理人各自议程之间的平衡。② 这意味着代理人的角色在影响代理人战争进程方面也将成为重要的变量。在代理人战争中，代理人的角色受哪些因素影响？本书认为，利益、监督和激励是观察代理人自主性的三个维度，它们可能单独发挥作用，也可能同时交叉发挥作用，它们彼此间的若干组合形成的某种解释机制也可能对结果造成影响。那么，在一个具体的代理人战争中，需要满足一个还是多个条件才能有效地规避施动方的管控而促进代理人自主性？一个不可回避的任务就是必须明确这三个维度之间的逻辑组合关系。对此，笔者认为，利益是核心变量，而管控（监督与激励）只能起到辅助

---

① Terry Moe, "An Assessment of the Positive Theory of 'Congressional Dominance'", *Legislative Studies Quarterly*, Vol. 12, No. 4, 1987, p. 481.

② Vladimir Rauta, "Proxy Warfare and the Future of Conflict: Take Two", *The RUSI Journal*, Vol. 165, No. 2, 2020, p. 6.

变量角色，对代理人战争的走向造成根本性影响的是"一主两辅"作用机制（利益维度为主，激励与监督维度为辅），即当施动方与代理人的利益出现匹配/分化，监督与激励两个维度发挥的辅助作用主要表现为进一步减小/加大管控成本和难度。

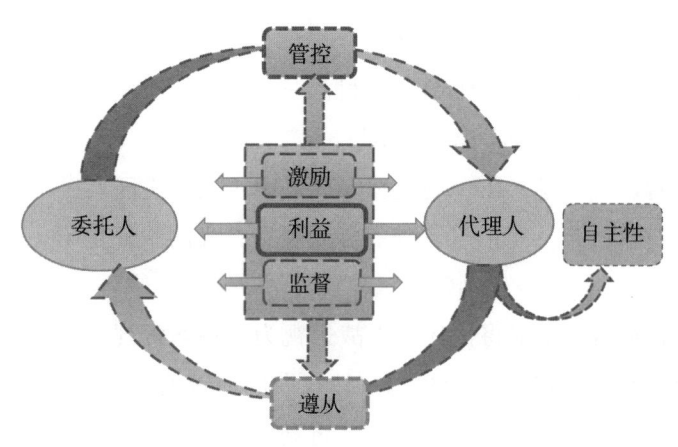

图3-2 代理关系管控架构示意图（作者自绘）

第一，当施动方与代理人的利益处于高度匹配的确定状态，代理议程对施动方与代理人都是极其关键的利益诉求。对施动方而言，投入各种资源为代理人赋能有利于后者为达成共同的目标而努力。对弱小的代理人而言，则更具有生死攸关的意义，如果没有稳定可靠的代理关系庇护和外部资源的输入，代理人的生存都无法获得保障。它必须全力以赴并且将所有资源都投入代理议程中，既不敢卸责也不会偏离，若辅以合适的激励与监督，代理人在代理议程上的努力成本就会更低，其完成任务的积极性更高，没有足够的意愿和能力谋求不符合代理议程的自主性。

第二，当施动方与代理人的共同利益出现分化，代理议程对施动方和代理人的重要性、迫切性失去平衡。一旦施动方缺乏迫切性去推进特定的代理议程，将不愿意实施恰当的激励和有效的监督，这导致代理人继续履行代理议程的努力成本（effort costs）非常高。在这种情况下，代理人没有足够的资源和能力实质性地推动既有议程。由于利益的分化，施动方更不愿意继续兑现承诺和承担维系代理关系的成本，甚至不惜抛弃代理人。当委托人不能向代理人提供所期待的那种支持，必将削弱甚至丧失它对后者的影响力，而代理人谋求自主性的动机将更加强烈。

第三，当施动方与代理人的利益一开始就不匹配，代理关系将无从建立，因而无须考虑这种情形。

综合以上论述，在一场代理人战争中，关于代理人谋求扩大自主性的逻辑组合，真正需要进一步开展有意义的验证是第一、第二两种情形。

总体而言，本书将把代理人战争视为一种非常规、非对称的复杂冲突进程，将代理关系视为一种双向的持续博弈。在此基础上，引入"委托—代理"分析框架，并将利益、激励和监督三个观察维度嵌入其中，形成"一主两辅"的理论框架，进而对美国在中东运作代理人战争的过程进行分析，试图呈现美国与当地代理人武装之间的复杂互动，揭示代理人战争的固有"软肋"和美国在中东开展代理人战争所面临的"代理困境"。

二 案例选择

学界普遍认为伊拉克战争严重冲击并塑造了中东的安全环境，而西亚北非动荡则进一步加剧了地区政治与安全秩序的碎片化，这为美国利用代理人战争介入该地区的冲突创造了机会。伊拉克战争以来，美国不同程度地介入了伊拉克、叙利亚、利比亚和也门四个中东脆弱国家的代理人战争。本书不打算囊括美国在以上四个目标国发动的每一场代理人战争，其案例选择基于如下理由。

第一，美国在中东运作代理人战争的动机十分复杂，通常涵盖多重目标，因此很难清晰地划分每一场代理人战争的属性。但是，美国在该地区的代理人战争主要围绕两类主题展开，即镇压暴乱和政权颠覆，本书侧重选择这两类不同主题的典型案例。在镇压暴乱方面，美国先后在伊拉克、叙利亚借助当地非政府武装来打击"基地"组织和极端"圣战"组织。在政权颠覆方面，美国利用代理人战争破坏利比亚、叙利亚和也门的政权。

第二，由于本书将代理人战争描述为外部国家利用目标国当地非政府武装干预正在进行的暴力冲突，因此美国资助目标国政府武装发动的代理人战争被排除在外，美国通过支持也门政府军、沙特和阿联酋介入也门的代理人冲突也不在本书的案例研究范围内。

第三，为体现代表性，本书避免对同类主题的案例进行研究。与此同时，美国在中东地区发动的不同主题的代理人战争之间应存在内在的相关性。

综合上述理由，本书侧重观察美国以伊拉克和叙利亚为目标国所进行的两场不同主题、不同战场的代理人战争。

	主题	时间	内容
1	镇压暴乱	2006—2014 年	美国利用伊拉克安巴尔部落民兵武装镇压"基地"组织暴乱
2	政权颠覆	2011—2021 年	美国利用叙利亚反对派武装颠覆阿萨德政权

三 研究思路

在过去的军事冲突中，国家利用代理人代替或协助自己作战是一种古老且常见的现象，代理人战争之所以频繁爆发，其背后的逻辑是：施动方可以操纵代理人去执行那些自身不便或不愿意直接、公开进行的战争任务，通过间接参与的方式将风险和代价转移到代理人身上，以降低自身的成本和显示度。詹姆斯·肯尼斯·威瑟用"战争外包"（Outsourcing Warfare）一词来描述这种逻辑。[①] 但是在

[①] James Kenneth Wither, "Outsourcing Warfare: Proxy Forces in Contemporary Armed Conflicts," *Security and Defence Quarterly*, Vol. 31, No. 4, 2020, pp. 17-34.

实践中，代理人拥有优先拓展自身利益的自主性，在代理议程和授权范围之外进行不可控制的懈怠和偏离行为，滥用施动方投入的资源，这成为代理关系管控中的棘手难题。

首先，从理论层面打破"施动方中心"论，并凸显代理人自主性。施动方难以对代理人战争的过程、成本、后果进行完全、有效的掌控，历史上存在大量弄巧成拙的案例。在代理人战争中，为什么更弱小的代理人难以被施动方完全控制？应该从哪几个维度来理解代理人的自主性问题？这是本书尝试回答的问题。既有研究多从施动方"决定论"和"受益论"的视角来界定和论述代理人战争，形成一种"施动方中心"范式，侧重施动方的利益和立场而忽视了代理人的能动性和自主角色，使得代理人战争的复杂过程被简化，其叙事逻辑和结构表现为不完整、不平衡。因此，有必要对"施动方中心"范式进行"纠偏"和"弥补"，呈现出代理人自主性"再发现"的意义和过程。

其次，代理人谋求自主性是代理人战争研究中不可回避的重难点之一，从学理上探究这个问题，就需要发展一个更平衡代理人战争分析框架。经过比较、吸收前人的相关成果，笔者认为可以将利益、激励和监督这三个维度嵌入"委托—代理"框架中，其中利益是核心维度，它对代理关系起到基础调节作用。因此，考察代理人战争中施动方与代理人的利益度匹配和分化情况，将成为研究任务中的重点。除此之外，还需要从激励和监督两个辅助维度来观察代理人战争的过程，它们起到的作用虽不及利益维度那么显要，但是其对施动方与代理人的行为、动机偏好起到干扰效果。通过这三个维度来观察代理人战争的复杂、动态的进程，有助于我们理解代理关系中的固有张力和双向博弈，进而探究代理人自主性对代理人战争进程的影响。

再次，在方法上，本书通过概念辨析、逻辑演绎、比较与归纳、过程追踪等方法对案例进行实证分析。本书尝试解析代理人战争的内涵（包括形态、运作模式、特性、概念等），总结提炼出代理人战争的一般知识，并将"委托—代理"理论的一般原理、管控代理人的分析框架和具体的案例结合起来，探究美国在中东运作代理人战争所面临的管控困境。这一过程必须基于系统性资料收集和分析。笔者一方面通过大量研读关于代理人战争的史、论文献，比较全面地掌握了代理人战争的研究现状、难点和前沿，加深对代理人战争复杂性的理解；另一方面，为了掌握美国中东安全战略、政策的规划和战场态势，笔者查阅的资料包括：白宫、美国国防部、美国中央司令部、美国中央情报局、美国国会的官方文件；美国权威智库的报告；时任总统、国防部长、中情局官员的个人回忆录；美国驻中东国家大使、指挥官的访谈和文章；中东当地非政府武装领导人的访谈和文章。

此外，密切跟踪国内外前沿研究进展和学术讨论，及时获取最新的学术信息，力图与国际研究保持同步，在此过程中不断比对、更新代理人战争的知识，充分认识美国在中东运作代理人战争的背景与实践。这有利于笔者对既有研究成果进行检视、筛选和批判，从而将"作加法"的积累阶段推进到"作减法"的存精阶段。与此同时，笔者积极与导师、相关领域的学者进行探讨，及时获得专业上的指导与建议，从学术交流中不断构建、修改和推敲研究构想，梳理逻辑主线和历史细节，聚焦研究问题，并发展了理论分析框架。

最后，在案例部分，本书对美国在伊拉克、叙利亚运作的两场代理人战争进行过程追踪，从案例分析中证实美国在中东运作代理人战争所面临的管控难题。

必须指出的是，本书在写作过程中遇到的最大的挑战是需要花费大量的精力对代理人战争的信息进行多方溯源、比对、核实，但由于代理人战争通常以秘密、非正式、非正当的方式运作，关于施动方与代理人的互动信息不可能被及时、完整地披露出来。这致使笔者在研究过程中难以充分掌握施动方和代理人在"决策—指挥—

控制"等具体操作层面的详情,从而影响笔者对案例部分进行精细地论述。

本章小结

如果决策者、学界过度沉迷于"施动方中心"范式,就容易对代理人战争产生固化的、错误的认识。事实上,代理人固有的自主性和施动方—代理人之间的双向博弈都是影响代理人战争进程的重要因素。施动方奉行极度的实用主义和代理人自主性的过度膨胀就会加剧代理关系的张力,加剧代理关系的失衡。代理人战争进程的驱动内核是代理关系,因此分析代理关系的动态变化过程和原因就异常重要。本书尝试在委托—代理分析框架的基础上嵌入利益、激励和监督三个维度,搭建起新的"以利益为主,激励和监督为辅"的一体化理论框架,对代理关系的形成、张力和博弈进行全面、细致的分析。

第四章 镇压伊拉克"基地"组织暴乱：美军—安巴尔部落（2006—2014年）

2003年美国入侵伊拉克，美国总统乔治·布什和国防部长唐纳德·拉姆斯菲尔德乐观地预计，一旦美军驱逐伊拉克独裁者萨达姆·侯赛因，一场短暂而激烈的战争就会结束。尽管美军以外科手术式的打击切断了伊拉克军队的防线，并迅速占领了巴格达。然而，其轻易获得的军事胜利无意中引发了一场旷日持久的争取伊拉克稳定与安全的斗争，导致了一场难以击败的恶性暴乱的发展。一开始美军沉浸在大规模作战思维中，对于小规模、高频度、广泛分布的暴乱却毫无章法。对此，时任美国中央司令部司令约翰·阿比扎伊德（John Abizaid）表达了他的担忧，即美军及其盟军的处境类似于"抗体"，随着时间的推移，出现的暴乱分子要远远多于他们能够击败的人数。① 直到2006年9月，美军转变作战思维和模式，寻求与当地部落联手，利用后者来镇压暴乱和维持当地社区的稳定。美军支持下的伊拉克安巴尔（Anbar）部落发动"觉醒运动"（Awakening Movement），很快扭转了事态的发展，暴乱分子被驱赶到地下世界。负责打击"伊拉克伊斯兰国"组织（Islamic State in Iraq）的美军最高指挥官彼得雷乌斯（David H. Petraeus）对当地部落参与军事行动的意义给予了这样的评价："伊拉克的部落起义减少了美军的伤亡，加强

---

① Peter R. Mansoor, "The Counterinsurgent's Curriculum: Why American Troops Should Study the Iraq War", *Foreign Affairs*, March 13, 2023, https://www.foreignaffairs.com/united-states/counterinsurgents-curriculum.

了安全，甚至节省了美国纳税人的钱。"① 从代理人战争的角度看，彼得雷乌斯不自觉地表达了"施动方中心"逻辑：美国在干涉伊拉克事务的过程中可以将风险和成本转嫁给当地代理人，从而避免大规模卷入与"基地"组织的直接冲突之中。显然，彼得雷乌斯对通过当地化的代理人战争策略镇压暴乱过于乐观，但是他忽视了这场代理人战争所附带的长期和潜在风险。在解除伊拉克"基地"组织威胁的过程中，安巴尔部落成为美军的代理人，但这种联手逐渐偏离双方的共同议程并走向抛弃与背离。那么，这场代理人战争为何会朝着不受彼此欢迎和控制的方向演化？为何美军难以完全管控在实力上弱小得多的安巴尔部落？

第一节 从反美到联美：代理关系的形成

位于伊拉克西部的安巴尔省聚集了大量的逊尼派部落，当地的反美主义长期盛行，但他们为何从反美转向联美，转而对付此前受其庇护的"基地"组织？这种戏剧性的转变值得深入探究。

一 安巴尔成为"反美"中心

伊拉克战争后，美国在伊拉克推行的"去复兴党化"政策激化了教派冲突。伊拉克战争之前，教派之间的分界线和冲突并不是一个明显的社会问题，而美国在伊强力推行"美式民主"，为激化多年的教派积怨爆发埋下了隐患。② 小布什政府倾向于构建由多个宗教政治势力分享权力的新伊拉克，但这不过是华盛顿的"想象共同体"。为在伊拉克建立"三位一体"且"自我运转"的新联合政府

---

① General David H. Petraeus, Commander, Multi-National Force-Iraq, "Report to Congress on the Situation in Iraq", *Testimony on Senate Foreign Affairs Committee*, September 10-11, 2007.

② Ghali Hassan, "Iraq's New Constitution", *The Centre for Research on Globalization*, August 17, 2005, https://www.globalresearch.ca/iraq-s-new-constitution/837；杨洪林：《浅析伊拉克战后的教派之争》，载《阿拉伯世界研究》2006年第5期。

和新社会秩序，美国驻伊拉克"同盟临时权力机构"（Coalition Provisional Authority）负责人布雷默（Paul Bremer Ⅲ）推行一系列臭名昭著的"去复兴党化"法令和伊拉克宪法草案，肃清前"复兴党"在政治体系中的残余精英力量并允许流亡"海归派"（反对派势力）填补当时占领当局设置的几乎所有临时政府职位，解散50万之众的伊拉克武装、情报机构并重组伊拉克安全部队，私有化庞大的国有经济体系并引入外国资本。① 布雷默的私有化政策和解散伊拉克军队的决定被普遍认为助长了伊拉克反抗美国占领的暴乱。② 可以说，布雷默颁布了《全面和平协议》第 1 号和第 2 号命令，解散了"复兴党"，解散了整个伊拉克政府，这是大错特错的，因为这么做排除了利用伊拉克残存的行政基础设施来治理这个国家，且这些命令疏远了精英阶层，其中包括许多对萨达姆不忠诚的人，使他们失业，没有目标。③

事实上，尽管美军能够轻易地取得军事胜利，但却要面临伊拉克各地的暴乱。美国一系列失衡的宗派政策导致国家机构中的十几万精英失业，加剧了伊拉克本土势力、社会民众对美国扶植的临时

---

① "Order Number1: De-Ba'athification of Iraqi Society", Coalition Provisional Authority (CPA) in Iraq, May 16, 2003, https://web.archive.org/web/20040621014307/http://www.iraqcoalition.org/regulations/20030516_CPAORD_1_De-Ba_athification_of_Iraqi_Society_.pdf; "Order Number 2: Dissolution of Entities", Coalition Provisional Authority in Iraq, May 23, 2003, https://web.archive.org/web/20040701202042/http://iraqcoalition.org/regulations/20030823_CPAORD_2_Dissolution_of_Entities_with_Annex_A.pdf; "Order Number39: Foreign Investment", Coalition Provisional Authority in Iraq, September 19, 2003, https://commons.wikimedia.org/wiki/File:20031220_CPAORD_39_Foreign_Investment.pdf; Ghali Hassan, "Iraq's New Constitution", Global Research, August 17, 2005, https://www.globalresearch.ca/iraq-s-new-constitution/837.

② Naomi Klein, "Baghdad Year Zero: Pillaging Iraq in Pursuit of a Neocon Utopia," *Harper's Magazine*, September 24, 2004, https://harpers.org/archive/2004/09/baghdad-year-zero/; Jeremy R. Hammond, "Documents Indicate Policy Plan That Fueled Iraqi Insurgency Was Compartmentalized in Rumsfeld's Pentagon", *Foreign Policy Journal*, February 17, 2011, https://www.foreignpolicyjournal.com/2011/02/17/documents-indicate-policy-plan-that-fueled-iraqi-insurgency-was-compartmentalized-in-rumsfelds-pentagon/.

③ Peter Hahn, "A Century of U.S. Relations with Iraq", *Origins*, April 2012.

第四章 镇压伊拉克"基地"组织暴乱：美军—安巴尔部落（2006—2014 年）

傀儡政府的不信任和仇视。最终，无论是有意还是无意，美国的政策都导致不断升级的宗派紧张局势，鼓励了以宗派方式表达的报复行动，暴乱活动、教派暴力层出不穷。① 总的来看，美国占领初期（2003—2005 年）的政策导致反对派主导的权力系统在"复兴党"强人体制的迅速瓦解中被建立起来，但"去复兴党化"政策没能建立一个民主的新伊拉克，失业的逊尼派政治、军事精英无法通过票箱重掌权力。他们开始抵制 2005 年 12 月的选举并诉诸暴力以反抗权力更迭，这种变化使得战后伊拉克的混乱局面转变为反抗美国统治的武装起义。② 伊拉克在政治与社会结构大重组的过程中滑向美国无法控制的教派冲突深渊。

逊尼派群体普遍将美军视为打破原有利益格局的入侵者，伊拉克最西部的安巴尔省不仅是逊尼派部落的势力范围，而且成为窝藏"基地"组织分子和发动暴乱活动的中心。③ 美军以入侵者的姿态进驻安巴尔省，没收当地民兵组织的武器，与当地居民保持隔离、猜疑的状态，且缺乏对部落文化传统的尊重。当地的部落酋长萨塔尔（Abdul Sattar Abu Risha）指出，"美国朋友来的时候没有理解我们。他们是骄傲、固执的人，我们也是"。④ 此外，美军占领伊拉克之后流向逊尼派地区的石油收入被切断，引发当地人的强烈不满和抵制，导致他们通过袭击石油设施等策略阻止石油生产或出口，直到得到

---

① Nabil Al-Tikriti, "US Policy and the Creation of a Sectarian Iraq", *Middle East Institute*, July 2, 2008, https://www.mei.edu/publications/us-policy-and-creation-sectarian-iraq.

② ［美］尤金·罗根：《征服与革命中的阿拉伯人：1516 年至今》，廉超群、李海鹏译，浙江人民出版社 2019 年版，第 647—649 页。

③ 安巴尔省是伊拉克最大的省，人口大约为 100 万，至少 90% 是逊尼派阿拉伯人，长期以来在部落的统治下，政府对该地区行使有限的控制。安巴尔紧邻幼发拉底河，与叙利亚、约旦和沙特阿拉伯接壤，2005 年已经成为暴乱分子的一个关键行动区，暴乱分子利用了沙漠和崎岖的地形进行走私活动。

④ Fouad Ajami, "You Have Liberated a People", *Wall Street Journal*, September 10, 2007, http://www.opinionjournal.com/editorial/feature.html?id110010610.

控制与自主：美国的中东代理人战争

他们认为公平的那部分收益。① 从根本上讲，逊尼派部落群体认为美国重建伊拉克是要以他们的利益为代价。"美国的占领并赋予什叶派权力，将阿拉伯复兴社会党成员从国家机器中清除出去以及解散逊尼派主导的军事和安全机构，都助长了激进的抵制主义态度，这种态度使逊尼派暴乱合法化并纵容了暴乱。"② 美国对伊拉克的战后秩序改造计划本质上是基于教派主义的，帮助什叶派掌握了中央政府权力，致使逊尼派饱受权力被剥夺的痛苦，加之美国在部落区推行戒严令和支持伊拉克民主化进程等，破坏了部落酋长在该地区的传统权力和控制其部落成员的能力，这促使他们倒向伊拉克"基地"组织并支持针对什叶派（和库尔德人）主导的中央政府和美军的全面暴乱。③ 安巴尔省有不少部落成员受到"基地"组织的极端意识形态吸引，他们同情、包庇伊拉克"基地"组织的武装分子，甚至暗中提供情报、物资支持暴乱活动的发展，一些部落成员直接参与袭击和杀害美国士兵。

"基地"组织从碎片化的政治、社会结构中找到渗透机会，将西部逊尼派部落区变成暴乱中心。伊拉克"基地"组织抵制战后秩序的重建，努力使伊拉克成为一个无政府的国家，乘乱获得更大的发展空间。该组织打着"吉哈德"旗号招募大量外籍武装分子和少量当地的极端分子前往反美主义高涨的安巴尔安营扎寨。费卢杰和拉马迪成为暴乱策源地，俨然成为暴乱者的庇护"天堂"。为谋求更有利的生存与发展环境，伊拉克"基地"组织故意激化教派冲突，截至

---

① Michael Schwartz, "It's Still About the Oil", *The Nation*, June 24, 2014, https://www.thenation.com/article/its-still-about-oil-stupid/.

② Harith Hasan Al-Qarawee, "Iraq's Sectarian Crisis: A Legacy of Exclusion," *Carnegie Endowment for International Peace*, April, 2014, p. 11.

③ Carlos Pascual and Ken Pollack, "Salvaging the Possible: Policy Options in Iraq", *Foreign Policy at Brookings*, September 2007, pp. 3-4; John A. McCary, "The Anbar Awakening: An Alliance of Incentives", *The Washington Quarterly*, Vol. 32, No. 1, 2009, p. 44; David Unger, "The Foreign Policy Legacy of Barack Obama", *The International Spectator*, Vol. 51, No. 4, 2016, p. 9.

第四章 镇压伊拉克"基地"组织暴乱：美军—安巴尔部落（2006—2014年）

当年10月，教派冲突造成的死亡人数每月高达3000人左右，针对美军的袭击事件从每天70起增加到180起。① 在安巴尔省，主要由极端分子发起针对联军（MultiNational Corps-Iraq）、伊拉克安全部队（Iraqi Security forces）、平民和基础设施的暴力活动极为猖獗，从2006年8月到11月，平均每天发生40多起袭击事件，高居伊拉克各省之首。②

二 联美：应对伊拉克"基地"组织威胁

伊拉克"基地"组织的暴乱活动严重威胁到美军在伊拉克的进展。该组织设想通过暴乱活动使美军战后重建计划失败并撤出中东，其战略接近于成功。③ 伊拉克"基地"组织的发展对美军构成迫在眉睫的威胁，美国国家情报评估文件指出，必须"采取反恐行动阻止伊拉克'基地'组织建立安全庇护而侵蚀迄今取得的安全成果"。④ 此外，伊拉克的暴乱和宗派暴力带来了严重的政治挑战和安全威胁，如不能有效消除伊拉克"基地"组织的威胁，美军在中东地区的秩序塑造能力以及在盟友中的威望、信誉都将受到质疑。⑤ 然而，利用大规模的、笨重的正规地面部队来对付暴乱活动是无效的。截至2006年，美军在伊拉克死亡3000多人，其中875人死在安巴尔

---

① ［美］罗伯特·盖茨：《责任：美国前国防部长罗伯特·盖茨回忆录》，陈逾前等译，广东人民出版社2016年版，第30—31页。
② "Measuring Stability and Security in Iraq", United States Department of Defense, Nov. 2006, pp. 17-21.
③ Michael E. Silverman, Awakening Victory: How Iraqi Tribes and American Troops Reclaimed Al Anbar and Defeated Al Qaeda in Iraq, Philadelphia: Casemate Publishers, 2011, p. iv.
④ "Prospects for Iraq's Stability: Some Security Progress but Political Reconciliation Elusive", National Intelligence Estimate, August 2007, p. 4, https://www.dni.gov/files/documents/Newsroom/Press%20Releases/2007%20Press%20Releases/20070823_ release.pdf.
⑤ Christopher M. Blanchard, Kenneth Katzman, Carol Migdalovitz, Jeremy M. Sharp, "Iraq: Regional Perspectives and U. S. Policy", Congressional Research Service, October 6, 2009, pp. 32-34.

省。① 美军对死亡的敏感性极高,"对美国而言,选择代理人战争通常是基于成本考虑:当地人承担战斗和死亡,而美国人不必如此"。② 而且,美国在伊拉克投入的士兵数量和预算与其进行的反暴乱任务之间根本不相称。如果没有伊拉克本土力量的支持,美军将不堪重负。③

随着形势的发展,伊拉克"基地"组织开始运用经济、暴力和极端主义等手段加强对部落的控制,继而严重威胁到部落传统利益。2005 年末 2006 年夏季,大量来自境外的伊拉克"基地"组织成员快速向安巴尔省集聚,他们开始在当地散布极端宗教思想,对当地部落的文化传统、社会秩序、生活习俗进行干预,破坏社区的公共设施,企图控制走私获取高额利润,扼杀部落的非法经济活动,一些不顺从的部落领袖也遭到生命威胁。④ "'基地'组织的活动从援助到劝说、恐吓,再到以最恐怖的方式杀人,都是为了恐吓安巴尔部落社会和领袖,迫使他们接受极端思想。该组织越来越多地针对部落领导人,对他们的商业利益产生影响"。⑤ 伊拉克"基地"组织的"逆行"激起了一些当地部落酋长的担忧,后者开始联手组建"安巴尔拯救委员会"(Anbar Salvation Council)以反抗伊拉克"基

---

① Joshua Partlow, "Sheiks Help Curb Violence in Iraq's West", The *Washington Post*, January 27, 2007.

② Danniel Byman, "Approximating War", *The National Interest*, September/October, 2018, p. 12.

③ Steven N. Simon, "After the Surge: The Case for U. S. Military Disengagement from Iraq", CSR No. 23, *Council on Foreign Relations*, February 2007, pp. 3-4.

④ Kimberly Kagan, "The Anbar Awakening: Displacing al Qaeda from Its Stronghold in Western Iraq", The Institute for the Study of War (ISW), August 21, 2006-March 30, 2007, pp. 5-6; S. Tavernise and D. Filkins, "The Struggle for Iraq: Skirmishes; Local Insurgents Tell of Clashes with Al-Qaeda's Forces in Iraq", *New York Times*, January 12, 2006, http://query.nytimes.com/gst/fullpage.html? res=9F07EFD7163FF931A25752C0A9609C8B63.

⑤ "Al-Anbar Awakening", Volume II, "*Iraqi Perspectives: From Insurgency to Counterinsurgency in Iraq (2004-2009)*, Edited by Gary W. Montgomery and Timothy S. McWilliams, Quantico: Marine Corps University Press, 2009, p. viii.

第四章 镇压伊拉克"基地"组织暴乱:美军—安巴尔部落(2006—2014 年)

地"组织的侮辱、暴行、权力攫取以及对部落经济活动的侵犯。①

美军从安巴尔部落遭遇中看到了机会并采取了有效的激励策略。日益增长的暴乱在2006年达到了顶点,布什政府的国内批评者——包括越来越多的他自己的共和党成员——向总统施压,要求他们立即从伊拉克撤军,即使这会导致新政府的彻底崩溃。民主党在2006年中期选举中赢得了参众两院的多数席位。2007年,新一届国会领导人呼吁迅速实现美国在伊拉克的非军事化。在此背景下,布什总统决定升级和改革在伊拉克的军事任务,命令美军改革作战模式,从使用压倒性火力到限制火力,并参与旨在赢得好感的政治行动。②具体到安巴尔省,如果没有部落酋长的支持,伊拉克政府和美军都无法控制伊拉克"基地"组织的暴乱活动。③ 在一定程度上,依靠当地部落的支持来扭转该省的乱局成为美军最大的诉求。成本决定了临时联盟的必要性,与当地人合作可以减少美军的战争成本。④为此,美国几乎完全改变了在当地的重建和安全政策,从主要依靠伊拉克政府和军队转变为巩固、增进被扶植的部落酋长的统治与利益。美军采取了多种激励策略,激励重点也相应地调整为通过部落而不是通过中央政府来输送援助资金,承认部落的地方治理权。⑤这种策略调整的深层原因,是承认部落酋长占据安巴尔权力和社会结构的中心这一现实。

第一,人心激励。面对暴乱这一非对称冲突,"只有使平民认同

---

① Colin H. Kahl, Brian Katulis, Marc Lynch, "Thinking Strategically about Iraq: Report from a Symposium", *Middle East Policy*, Vol. 15, No. 1, 2008, pp. 82 – 110.

② Peter Hahn, "A Century of U. S. Relations with Iraq", *Origins*, April, 2012.

③ John A. McCary, "The Anbar Awakening: An Alliance of Incentives", *The Washington Quarterly*, Vol. 32, No. 1, 2009, p. 46.

④ Ivan Diyanov Gospodinov, "The Sunni Tribes of Iraq Tribal Consolidation, Through Turbulent Years 2003—2009", academic dissertation of Leiden University, 2014-2015, p. 35.

⑤ John A. McCary, "The Anbar Awakening: An Alliance of Incentives", *The Washington Quarterly*, Vol. 32, No. 1, 2009, p. 45; Hosham Dawod, "The Sunni Tribes in Iraq: Between Local Power, the International Coalition and the Islamic State", *The Norwegian Peacebuilding Resource Centre*, September 2015, pp. 3-5.

某种相反的方向,在军事占领中对重建秩序和正常生活给予默许,才能赢回这个地方,这就是为'人心'而战的含义"。① 美国海军陆战队《"反暴乱"手册2006》指出:"平叛"是争取人民支持的斗争,为他们提供保护和福利是发展友好力量的重心,"协助重建当地基础设施、基本服务以及地方治理"是反暴乱的重要组成部分;同时,要求指挥官和士兵学习一些当地的社会结构、部落文化以及与当地人打交道的技巧,尽量避免冒犯当地人的尊严。② 美军逐渐转向"群众路线"来修复与当地人之间的关系,为社区居民提供安全庇护、市场秩序、民用公共设施和生活资源,③ 这实际上是与伊拉克"基地"组织在安巴尔部落争夺人心的行动。

第二,政治和解激励。时任伊拉克多国部队最高指挥官的彼得雷乌斯极力倡导与伊拉克前暴乱分子和解,并安排专人了解当地情况,与各种力量进行协调和接触。他指出,"必须以尽可能细致入微的方式来理解反暴乱,无法通过杀戮或俘虏的方式来摆脱大规模暴乱,能够和解的前暴乱分子越多,被杀或被俘的人数就越少"。④ 而美军从当地部落与伊拉克"基地"组织的裂痕中看到了政治和解机会。美军和驻伊拉克大使馆负责人频繁拜访部落领导人,向后者提供各种安全、政治保证。和解倡议在安巴尔部落逐步取得了明显成效。

第三,容错激励。美军给予部落领导人大量现金资助,任由后者分配,对资金滥用和腐败行为以及走私、抢劫等违法活动也"视

---

① [美]迈克尔·沃尔泽:《正义与非正义战争:通过历史实例的道德论证》,任辉献译,社会科学文献出版社2015年版,第171页。

② *Counterinsurgency Field Manual 2006*(FM 3-24 *Counterinsurgency*),US Army manual,Created by General David H. Petraeus and James F. Amos, June 16, 2006, Chapter 1, No. 134; Chapter 3, No. 14-52; Chapter 8, No. 37-45.

③ David Petraeus, "How We Won in Iraq", *Foreign Policy*, October 29, 2013, https://foreignpolicy.com/2013/10/29/how-we-won-in-iraq/.

④ Carlotta Gall, "Insurgents in Afghanistan Are Gaining", *New York Times*, September 30, 2008, https://www.nytimes.com/2008/10/01/world/asia/01petraeus.html.

而不见"，对部落的不当行为不作过多干涉和纠正，部落领导人因而从中获利颇丰。

第四，项目激励。美军还将大量战后基础设施重建、废墟清理等项目合同发包给当地部落领导人，并由后者根据自身偏好来分配相关工作机会。① 在能源项目上，美军允许当地部落酋长从拜伊吉和哈迪塞炼油厂抽取多达20%的份额，部落酋长在这些激励下逐步将暴乱分子逼到了绝境。②

第五，权力激励。美军积极援助并影响被选定的关键部落领导人，帮助后者在部落体系中提升权力地位，使他们更有能力和动力来推进美国的议程。例如，萨塔尔在安巴尔的部落体系中原先只是一名普通的部落酋长，后来在美军的经济与军事援助下获得了广泛的影响力和更高的地位。相对于当地其他部落领导人，萨塔尔更受美国军方官员的支持与偏爱。③

美军因地制宜的激励方法与思路构建了一种契合当地部落权力运作模式和社会文化的激励结构，影响了安巴尔部落酋长的行为，使"关键少数"酋长获得更多的私人好处，包括经济、能力、凝聚力和个人威望，赋予他们在部落体系内扮演资源再分配的"漏斗"角色，利用后者的权威和资源去引导、诱惑、命令部落成员遵从反暴乱议程或者至少不要站在美国对立面。一些部落酋长从代理关系中获得经济、安全、威望等诸多好处之后，在安巴尔的部落体系中产生了示范效应，推动了安巴尔部落与伊拉克"基地"组织的决裂进程。

---

① "Al-Anbar Awakening," Volume Ⅱ, *Iraqi Perspectives: From Insurgency to Counterinsurgency in Iraq* (2004-2009), Edited by Gary W. Montgomery and Timothy S. McWilliams, Quantico: Marine Corps University Press, 2009, p. 209.

② Michael Schwartz, "It's Still About the Oil", *The Nation*, June 24, 2014, https://www.thenation.com/article/its-still-about-oil-stupid/.

③ Ivan Diyanov Gospodinov, "The Sunni Tribes of Iraq Tribal Consolidation, Through Turbulent Years 2003—2009," academic dissertation of Leiden University, Academic Year: 2014—2015, p. 47.

控制与自主：美国的中东代理人战争

在共同威胁和激励下,安巴尔部落成为美军打击伊拉克"基地"组织的代理人。安巴尔省乃至整个伊拉克越来越多的逊尼派部落受到鼓动,纷纷加入打击伊拉克"基地"组织的战斗中,形成彼得雷乌斯所期待并极力触发的连锁反应——"觉醒运动"。① 驻伊美军上将约翰·克里(John F. Kelly)指出:"安巴尔部落与'基地'组织联姻,是因为后者带来了忠诚、组织、资金和死亡的意愿。然而,随着时间的推移,其把宗教极端议程强加于一种普遍世俗的、高度部落化的文化之上,过分夸大了自身影响力,逐渐不再受欢迎。"② 在拉马迪推动部落"觉醒运动"的美军负责人肖恩·麦克法兰(Sean MacFarland)也指出:"伊拉克'基地'组织的暴行给了我们与拉马迪人民接触的机会……我们已经和城市里的人们建立了真正的关系,这在过去是不可能的"。③ 为赋能和诱导当地部落与"基地"组织作战,美国向部落民兵提供了大量小型武器、薪水、培训等资源,推动反暴乱运动迅速从逊尼派三角区向外传播,约 10 万民兵参与其中。④ 可以说,安巴尔"觉醒运动"起到了示范效应,成为伊拉克反暴乱进程中的一个转折点。

第二节 利益分化与负向激励

代理关系不是建立在正式的协议上,也不太可能发展一套管理

---

① David Petraeus, "How We Won in Iraq", *Foreign Policy*, October 29, 2013, https://foreignpolicy.com/2013/10/29/how-we-won-in-iraq/.

② "Al-Anbar Awakening," Volume Ⅱ, *Iraqi Perspectives: From Insurgency to Counterinsurgency in Iraq (2004-2009)*, Edited by Gary W. Montgomery and Timothy S. McWilliams, Quantico: Marine Corps University Press, 2009, p. viii.

③ "DOD News Briefing with Colonel Sean MacFarland from Iraq", *Global Security*, July 14, 2006, https://www.globalsecurity.org/military/library/news/2006/07/mil-060714-dod01.htm.

④ Greg Bruno, "Finding a Place for the 'Sons of Iraq'", Council on Foreign Relations, April 23, 2008, https://www.cfr.org/backgrounder/finding-place-sons-iraq.

和运作代理关系的机制,因此它更容易基于利益行事。一旦发生利益分化或动机错位,代理关系就可能生变。美军与当地部落民兵联手是基于双方的短期利益匹配,但二者的利益捆绑是流于表面的,注定他们的代理关系是脆弱且不稳定的。在打击伊拉克"基地"组织的过程中,美军与安巴尔部落就面临这种挑战。

一 打击伊拉克"基地"组织的动机错位

就当地部落而言,打击伊拉克"基地"组织的动机主要源于部落和个人两个层面,具体体现在以下四个方面。

第一,挽回部落传统统治秩序。安巴尔部落既不是为伊拉克国家前途而战,更非甘愿为美军镇压暴乱而冒险,其动机更多是出于维护传统的部落统治秩序,特别是部落酋长的权威。在安巴尔部落秩序中,普通成员如果无法从部落获得安全庇护、社会秩序、经济福利等,部落酋长就可能会失去对部落的控制。而伊拉克"基地"组织的行为和策略破坏了以酋长为中心的部落传统,这迫使后者寻求美军的安全援助以消除威胁。

第二,平衡或对抗什叶派势力的压制。在当地部落看来,相对于伊拉克"基地"组织的短暂威胁,来自美国扶持的马利基政府是持久威胁。尼尔·罗森(Nir Rosen)教授出席美国国会听证时指出:"美国人认为他们购买了逊尼派的忠诚,但事实上是逊尼派通过收买美国人来争取时间挑战什叶派政府。"① 与美军合作并不一定意味着对其态度发生根本性的改变,相反,它代表逊尼派团体试图借助美军的援助与支持来努力扭转他们的政治边缘化地位。②

第三,获得个人权威和金钱。美国通过经济激励对部落酋长施

---

① Greg Bruno, "Finding a Place for the 'Sons of Iraq'", "Finding a Place for the 'Sons of Iraq'," Council on Foreign Relations, April 23, 2008, https://www.cfr.org/backgrounder/finding-place-sons-iraq.

② John F. Burns and Alissa J. Rubin, "U. S. Arming Sunnis in Iraq to Battle Old Qaeda Allies", *New York Times*, June 11, 2007.

加了巨大影响，酋长们被允许在其部落成员之间自由地分配美国提供的现金，以提高他们在部落内部的地位。① 连"觉醒运动"的创始领导人萨塔尔也被认为"对任何人或任何意识形态都缺乏忠诚，只是为了得到金钱和权力"。② 部落民兵也都是受到金钱和个人利益的驱动。③ 此外，部落酋长力图保住非法财源。几十年来，安巴尔部落酋长一直从走私、抢劫、勒索等犯罪活动中获得可观收益，伊拉克"基地"组织进入当地后强行"分享"赃钱并抢占部落地下"财路"。伊拉克"基地"组织染指部落地下生意减少了酋长的收入，且削弱了后者通过提供经济福利来维系自身统治的能力。

第四，向国家权力体系渗透。逊尼派部落酋长帮助美军打击伊拉克"基地"组织的一个潜在目标是获得更多的安全和政治代表性，希望美国助其融入伊拉克国家治理进程，并将部落力量嵌入并固化到国家的权力结构之中。

相对于安巴尔部落，美军则将打击伊拉克"基地"组织议程视为"反恐"和"反暴乱"战略以及维护伊拉克战后和地区秩序的一部分。在此过程中，美军希望将反暴乱负担转嫁给安巴尔部落。而后者参与打击伊拉克"基地"组织更像是一种短期的应急和谋私利之举，主要受到狭隘的个人利益驱动。酋长们站在哪一边取决于是否更有利于为部落成员提供更好的支持和安全，以及为酋长提供更牢固的地位。④ 可以说，在打击"基地"组织议程上，美军侧重于战略与秩序层面考量，而后者更多是为了保住和扩大部落的个人

---

① John A. McCary, "The Anbar Awakening: An Alliance of Incentives," *The Washington Quarterly*, Vol. 32, No. 1, 2009, p. 50.

② Mark Kukis, "Turning Iraq's Tribes against Al-Qaeda", *Time*, December 26, 2006, http://content.time.com/time/world/article/0, 8599, 1572796, 00. html.

③ "The Awakening: Protectors or Predators?", *New York Times*, August 22, 2008, https://atwar.blogs.nytimes.com/2008/08/22/the-awakening-protectors-or-predators/.

④ Ivan Diyanov Gospodinov, "The Sunni Tribes of Iraq Tribal Consolidation, Through Turbulent Years 2003—2009", academic dissertation of Leiden University, Academic Year: 2014-2015, p. 54.

利益。

二 马利基政府的干扰

马利基政府对"觉醒运动"一直十分警惕。当该运动蔓延到巴格达以及什叶派占主导地位的社区或混合社区附近时,马利基当局担心逊尼派在此过程中乘机壮大政治与安全力量,进而分享更多的国家权力、石油资源并挑战什叶派执政地位。① 马利基担心纵容逊尼派部落将削弱自己在什叶派权力体系中的威望。此外,马利基还需要顾忌甚至迎合伊朗在伊拉克扶植的政治与安全力量。这些力量主要包括"巴德尔组织"(Badr Organization)、"正义联盟"(Asaib Ahl Al-Haq, AAH)、"真主党旅"(Kata'ib Hezbollah)以及一些附属的逊尼派民兵组织,它们都与伊朗保持密切联系并受到后者的影响。② 可以说,马利基对"觉醒运动"的政策受到伊拉克内部政治安全格局的掣肘,很难做出实质性让步。

首先,马利基政府极力抵消美国的压力。在伊拉克战后安排方面,美国试图推动地方和伊拉克政府之间的和解进程,将实现石油收入共享、对前"复兴党"成员和暴乱分子的宽大处理以及赋予地方政府权力视为伊拉克政治进步的关键指标。③ 对于美国来说,有效推动政治和解进程并兑现对逊尼派部落的承诺,意味着需要向马利基政府进行施压。为巩固"觉醒运动"取得的反暴乱成果,美国一直要求马利基政府通过赦免前"复兴党"成员和石油收入分配的法案,但后者无意快速落实这两个法案。随着 2008 年伊拉克"基地"组织被基本打垮以及 2011 年美军的撤离,马利基的和解意愿进一步减弱。相反,他着手在政府、议会、安全和情报等关键部门削

---

① David Petraeus, "How We Won in Iraq". *Foreign policy*, oct. 29, 2013.

② Jack Watling, "Iran's Objectives and Capabilities: Deterrence and Subversion," *Occasional Paper*, Royal United Services Institute, Feb. 19, 2019, pp. 27-30.

③ Alissa J. Rubin, "Ending Impasse, Iraq Parliament Backs Measures," *New York Times*, February 14, 2008.

弱、清洗逊尼派势力和政治对手，全面加强对权力的掌控。① 马利基政府不但拒绝和解，还撕毁了和安巴尔部落首领达成的一项互不侵扰的临时协议。当美军离开后，马利基便以"支恐"为名指控和逮捕逊尼派高级领导人及骨干成员，解除部落民兵的武装。2011 年，他指控财政部长兼世俗的、非教派政党联盟（al-Iraqiya List）领导人拉菲·伊萨维（Rafi al-Issawi）参与恐怖主义活动，这在伊萨维的家乡安巴尔省引发了大规模抗议活动。② 此外，马利基在经济上长期实行排斥政策，拒绝与逊尼派地区分享石油收入。

其次，马利基政府在吸纳部落民兵问题上违背承诺。如果不能将参与"觉醒运动"的部落民兵永久性地整合到伊拉克安全部队和政府部门任职，他们就有可能重回暴力。③ 经过与美方、逊尼派部落的一番讨价还价，马利基政府同意将 20% 的"觉醒运动"成员纳入伊拉克安全部队，并为其余成员提供非安全工作岗位。此举又引发了什叶派的疑虑，什叶派人士认为许多逊尼派部落成员的忠诚值得怀疑。"基地"组织的支持者渗透到伊拉克安全部队，将比"基地"组织本身更加危险。④ 因此，马利基政府在此问题上十分消极，到 2009 年只有约 9000 人被编入伊拉克安全部队，30000 人受雇于其他非安全部门，而大部分参加"觉醒运动"的民兵被抛弃。⑤ 马利基政府违反承诺的做法遭到广泛质疑，一位"伊拉克之子"领导人警告："如果政府不把他们加到工资单上，人们将会非常愤怒……如果有

---

① Ali khedery, "Why we stuck with Maliki and Lost Iraq?," The *Washington Post*, July 3, 2014, https://www.washingtonpost.com/opinions/why-we-stuck-with-maliki--and-lost-iraq/2014/07/03/0dd6a8a4-f7ec-11e3-a606-946fd632f9f1_story.html.

② Harith Hasan Al-Qarawee, "Iraq's Sectarian Crisis: A Legacy of Exclusion," p. 10.

③ Greg Bruno, "Finding a Place for the 'Sons of Iraq'", "Finding a Place for the 'Sons of Iraq'," Council on Foreign Relations, April 23, 2008, https://www.cfr.org/backgrounder/finding-place-sons-iraq.

④ Solomon Moore, "Attacker Bombs Pro-U.S. Sunnis in Iraq," *New York Times*, January 3, 2008, https://www.nytimes.com/2008/01/03/world/middleeast/03iraq.html.

⑤ "Special Inspector General for Iraq Reconstruction," *Quarterly Report to the US Congress*, April 30, 2010, p. 11.

第四章　镇压伊拉克"基地"组织暴乱：美军—安巴尔部落（2006—2014 年）

人出钱让他们埋炸弹或袭击美国人,他们可能会回到暴乱"。①

最后,由于美国更依赖什叶派主导的权力系统,其不得不容忍和偏袒马利基政府的保守政策。美国很清楚失衡的权力分配会加剧暴乱和教派暴力,希望伊拉克达成政治和解并过渡到超越教派主义的民主体制,而马利基则进一步强化什叶派中央政府权威,日益倾向于保守的教派政策,致使安巴尔部落势力在政治、经济和安全机构遭到系统性排斥。为获取更重大的利益,美国选择容忍马利基政府的政策。美国希望马利基政府在《驻伊美军地位协议》(U. S. - Iraq Status of Forces Agreement) 谈判上让步,并担心过度施压后者将更有利于伊朗在伊拉克的渗透。特别是2011年美军大规模撤离后,美国需要依赖伊拉克安全部队发挥更大作用。在此背景下,美国迫使马利基政府为超越教派主义的民主化进程而作出更多改革努力,必然徒劳无功。而放弃或削弱对安巴尔部落的承诺则可以将美国从教派主义政策的陷阱中解放出来,并获得调控伊拉克利益格局的灵活空间。

三 减少援助:应对部落的不确定风险

在伊拉克"基地"组织被削弱的过程中,逊尼派部落试图在安全、政治和经济上争取更多的利益。到2008年2月,伊拉克"基地"组织战斗人员的数量从12000名减少至3500名②,力量被大大削弱,

---

① Brian Glyn William, "Fighting with a Double-Edged Sword?," in Michael A. Innes, ed., *Making Sense of Proxy Wars*, Washington D. C.: Potomac Book, 2012, p. 71; Erica Goode, "Friction Infiltrates Sunni Patrols on Safer Iraqi Streets," *New York Times*, September 22, 2008; "Securing Baghdad with Militiamen," *BBC News*, August 27, 2008; David Unger, "The Foreign Policy Legacy of Barack Obama," p. 10. 2008年夏季,美国将"觉醒民兵"改名为"伊拉克之子",这些部队不是政府安全部队的正式成员,全国10万名左右"伊拉克之子"中80%左右成员属于逊尼派部落。

② Greg Bruno, "Finding a Place for the 'Sons of Iraq'", "Finding a Place for the 'Sons of Iraq'," Council on Foreign Relations, April 23, 2008, https://www.cfr.org/backgrounder/finding-place-sons-iraq.

绝大部分势力被驱逐出去，残余势力最终逃窜到西北部的摩苏尔地区。两年来，伊拉克约有 8 万人（其中约 80%是逊尼派部落成员）加入各类"关注本地居民"（Concerned Local Citizens）等民兵团体。① 此外，"觉醒委员会"遍布安巴尔部落，成为美国军方和部落领导人讨论安全问题和协调行动的平台。该组织积极鼓励"觉醒"民兵加入伊拉克安全部队和地方警察队伍，试图通过嵌入到国家强力部门的方式获得更持久的安全。例如，在 2007 年初，部落领袖阿布·阿扎姆（Abu Azzam）希望其部落民兵组织也被承认为当地官方安全部队，并被编入伊拉克政府的工资名录。② 除了安全力量的积累，逊尼派部落的政治参与意识和热情显著提高，成立了代表部落利益的政党并在安巴尔省议会占据了一席之地。美国援助的资金使"觉醒委员会"能够吸引更多成员，他们希望重新整合政治秩序，实际上是为了自我保护，也可能为了恢复逊尼派权力。③ 许多"觉醒运动"领导人参加了 2009 年 1 月的省级选举。其中，安巴尔省的部落酋长领导的"伊拉克觉醒委员会"（Iraq Awakening Council）在省议会中占据了领导地位。④ 此时，部落势力在安全和政治上获得了更高地位，成为伊拉克一股不可忽视的力量。

不断壮大的、组织化、武装化的安巴尔部落抑制了美国的援助意愿。对美军而言，部落代理人力量增强的潜在影响十分微妙。部落拥有更多的资源来强化自身的偏好，包括要求更多的政治权力和

---

① "Measuring Stability and Security in Iraq", Report to Congress, U.S. Department of Defense, December 2007, p. 17.
② Colonel Joel D. Rayburn and Colonel Frank K. Sobchak, "The U.S. Army in the Iraq War: Surge and Withdrawal (2007—2011) ", Carlisle: U.S. Army War College Press, January 2019, p. 174.
③ "Iraq's Provincial Elections: The Stakes", *Middle East Report of Crisis Group*, No. 82, January 27, 2009, p. 21.
④ "The Status and Future of the Awakening Movements", *Arab Reform Bulletin*, June, 2009, https://www.washingtoninstitute.org/policy-analysis/view/the-status-and-future-of-the-awakening-movements.

经济收益，要求外国军队撤出伊拉克，并把撤军作为实现政治和解的先决条件；激进势力更加坚持武装对抗等。① 实际上，很难确定壮大且被组织起来的逊尼派部落会不会产生"反冲"作用，特别是当部落的诉求无法实现时，它们可能与美军、中央政府发生冲突，甚至重新转向"基地"组织。为防范类似的风险，美国的战略是在允许部落民兵保护社区安全的同时限制其进攻能力，阻止其获得重型武器，避免其军事实力超过伊拉克安全部队。② 2008 年之后，美国以加强伊拉克中央政府权威的名义，逐渐更多地将援助物资转交给伊拉克中央政府，并授权后者进行资源再分配。实际上，这是美国变相地削减对安巴尔部落的直接援助。

2008 年之前，美国通过发放工资的形式来收买部落成员，"他们觉得这是保护美国士兵安全的最简单方法"，美军需每月付给每个"觉醒运动"民兵 300 美元。③ 到 2009 年初，美国政府在"觉醒运动"上的总支出接近 4 亿美元，平均每个月为部落酋长发包超 2100 多万美元的各种项目（包括基建、工资和武器）。④ 这使美军面临着持续增大的激励成本压力。为减轻负担，美军在目标基本实现后抛弃了这些部落民兵，这导致许多部落民兵被恐怖组织打死，他们没有得到保护，甚至没有工资。⑤ 伊拉克最重要的逊尼派政治家之一、议长乌萨马·努贾伊菲（Osama al-Nujaifi）指出："从 2006 年到

---

① 杨洪林：《浅析伊拉克战后的教派之争》，载《阿拉伯世界研究》2006 年第 5 期。

② Colin H. Kahl, Brian Katulis and Marc Lynch, "Thinking Strategically About Iraq: Report from a Symposium", *Middle East Policy*, Vol. 15, No. 1, 2008. pp. 82-110.

③ "The Awakening: Protectors or Predators?", *New York Times*, August 22, 2008, https://atwar.blogs.nytimes.com/2008/08/22/the-awakening-protectors-or-predators/.

④ "Information on Government of Iraq Contributions to Reconstruction Costs", *SIGIR*09-018, *Office of the Special Inspector General for Iraq Reconstruction*, April 29, 2009, p. 6; Mark Wilbanks and Efraim Karsh, "How the 'Sons of Iraq' Stabilized Iraq", *Middle East Quarterly*, Vol. 17, No. 4, 2010, p. 67.

⑤ Wathek AL-Hashmi, "Tribal Mobilization Forces in Iraq: Reality and Future Challenges", *The Center of Making Policies For International & Strategic Studies*, July 12, 2018, https://www.makingpolicies.org/en/posts/tmfi.english.php.

2008年,部落成员在美军和伊拉克政府的支持下打败了'基地'组织。但之后,这些部落成员有的薪水被削减,有的被暗杀,还有的被迫流离失所,独自面对'基地'组织的报复和政府的忽视。"① 很难想象在没有金钱激励和资源投入的情况下,安巴尔部落会长期留在与美国合作的轨道内。美军提供必要的资源来保持与安巴尔部落合作的弹性,但如果"派人去打击恐怖分子,却没有慷慨的资金,结果将是可悲的"。②

在伊拉克"基地"组织被削弱后,美军不愿意向代理人价值下降的安巴尔部落支付长期激励成本,在某种程度上后者就像需要被甩掉的"负资产"。一旦当地部落无法获得来自美军持续的、可信的正向激励,美军试图继续依赖当地部落来解决麻烦就必须面对这样一个事实:部落只有在符合他们自身最大利益的情况下,才会继续合作。③

第三节　信息不对称:安巴尔部落的偏离

代理人天然拥有更多的私人信息优势,有更多的机会从事施动方无法知晓的事情,这对代理人战争的运作构成持久挑战。因此,施动方迫切需要解决的难点之一就是如何压缩"信息差"。在镇压伊拉克"基地"组织暴乱过程中,美军非常依赖安巴尔部落提供当地情报,这加剧了信息不对称的问题。与此同时,在代理人战争研究领域,代理人内部的结构往往容易遭到忽视,但这却是影响代理人战争进程的一个重要因素。如果代理人内部是一种"碎片化"的结

---

① Tim Arango, Kareem Fahim, "Iraq Again Uses Sunni Tribesmen in Militant War", *New York Times*, January 19, 2014, https://www.nytimes.com/2014/01/20/world/middleeast/iraq-again-uses-sunni-tribesmen-in-militant-war.html.

② Carter Malkasian, "Anbar's Illusions: The Failure of Iraq's Success Story", *Foreign Affairs*, June 24, 2017, https://www.foreignaffairs.com/articles/iraq/2017-06-24/anbars-illusions.

③ John A. McCary, "The Anbar Awakening: An Alliance of Incentives", *The Washington Quarterly*, Vol. 32, No. 1, 2009, p. 51.

构，期待它们为同一个议程而采取集体行动将变得不切实际。相反，在信息不对称困境下，一些不受控制的力量单元将挑战施动方的管理能力，扰乱代理关系的稳定。安巴尔部落是一个偏好异质的代理人集体，监督、约束它们的全部行为成为美军的棘手挑战。

一　安巴尔部落的信息优势

第一，从当地部落获得情报信息成为美军反暴乱行动的重要组成部分。有效、准确和及时的情报对于镇压暴乱是至关重要的，从街头巷尾发现、识别出暴乱分子是美军开展行动的基础，它在很大程度上意味着反叛任务基本完成。但是，伊拉克"基地"组织暴乱分子一直在争取当地人的支持和庇护，拥有很强的环境适应能力，他们藏匿在人群中很难被美军识别，这是情报工作中的难点。

美军自身无法来解决这一难题的原因主要包括：一是美军的情报资源投入和整合存在问题。国会对情报相关预算的阻碍导致无人机和侦察机等设备严重不足，分析和翻译人员缺乏，情报部门之间的协调不畅，军队官僚主义等因素很大程度上限制了美军获取情报的能力。① 二是缺乏当地专业知识的支撑，美军无法了解暴乱分子的身份信息、社会网络、组织运作方式等关键情报。三是收集情报需要付出高昂的成本，建立新的地面情报网络需要花费大量的时间、人力和资金成本，效率和准确性也难以保证。同时，美军也不具备从当地收集情报的合法性身份。因此，美军不得不转而寻求当地部落的配合以更为有效地获取情报信息。"如果设法与逊尼派部落合作和协调，美国将能够获得更多有针对性的战斗行动所需的实地信息，特别是在它不愿派遣大规模地面部队的情况下"。② 彼得雷乌斯认

---

①　[美] 罗伯特·盖茨：《责任：美国前国防部部长罗伯特·盖茨回忆录》，陈逾前等译，广东人民出版社 2016 年版，第 125—132 页。

②　Raed El-Hamed, "The Challenges of Mobilizing Sunni Tribes in Iraq", *Carnegie Endowment for International Peace*, March 17, 2015, https://carnegieendowment.org/sada/59401.

为,镇压暴乱行动受到情报驱动,它依赖于美军对当地形势的深刻理解和动态掌握,还需要从当地人的支持中获得识别和击败暴乱分子所需的情报,这为建立一个庞大的数据库来识别个人和组织之间的相互关系起到重要作用。① 实际上,在安巴尔"觉醒运动"之前,美军就着手在部落中安插眼线,收买当地社区的负责人,希望后者为其提供情报。②

第二,安巴尔部落具备私人信息优势。一般来说,当地人具有身份合法性和当地知识优势,能更好地借助社区联系来收集情报,而不用担心刺激民族主义情绪。③ 当地部落代理人熟悉语言、文化、地形、社会网络,能够及时、全面、真实地掌握安巴尔省各方面情况和动向,为美军识别、清理安巴尔省的暴乱分子提供珍贵的情报信息。拉马迪的一位部落酋长哈尔比特(Muhammad Fanar Kharbeet)指出,"联军具有很强的军事能力,而平民和部落拥有联军所没有的优势:他们是当地人,他们发现并知道谁来自外面,他们知道谁是暴乱分子,谁是'基地'组织。毫不夸张地说,在两个月内一切(识别任务)都完成了"。④

第三,授权链的复杂化加剧了信息不对称问题。美军与安巴尔部落成员之间存在间接、非正式的授权链,从美军的偏好到当地部落的执行之间存在复杂的传导过程。总体上看,其主要由两条"主链"(美军内部的"授权—控制"链和部落内部的"授权—控制"链)来衔接。与此同时,两条"主链"各自内部又存在不同运作方式的"次链"。"主链"与"次链"交错发挥作用,共同将代理关系

---

① Headquarters, Department of the Army, U. S., *Counterinsurgency Field Manual 2006*, June, 2006, Chapter 1.

② William Knarr, "Al-Sahawa: An Awakening in Al Qaim", *Combating Terrorism Exchange*, No. 2, 2013, p. 20.

③ Danniel Byman, "Approximating War," *The National Interest*, September/October, 2018, pp. 14-19.

④ Max Boot, "More News from Ramadi", *Commentary*, July 17, 2007, http://www.commentarymagazine.com/contentions/index.php/boot/657.

变成十分复杂的网络状结构，授权、控制环节的复杂化以及决策、执行末端的距离被拉开。这使信息在传递过程中存在损耗、延时、扭曲等问题，最终身处其中的每个"节点"所掌握的信息并不一样。

此外，部落酋长在"授权—控制"链中占据关键位置。他们不但垄断了物质利益的接收和分配权力，还把控了信息收集、传递的过程，这使得美军对其监督异常困难。首先，部落酋长不希望其从事的走私等非法活动遭到美军的严格监督。与此同时，部落酋长在援助资金分配和工程项目建设过程中存在腐败和造假行为，他们也不希望此类信息被美军掌握。其次，为避免自身的合法性和权威受损，一些部落酋长需要顾及其内部成员的反美情绪而拉开与美军的距离并努力抵制后者的监督，这是保持"政治正确"的一种策略。例如，阿尔·高德（Al-Gaoud）酋长所在的部落大多数成员与暴乱组织、"基地"组织存在交易，而与美国的关系削弱了其在部落中的地位。2005年他在伊拉克议会选举中失利，2007年6月被暗杀。2007年9月，安巴尔"觉醒运动"领导人萨塔尔因高调地与小布什总统会面而被炸死在家中。再次，在一些极端情形下，美军甚至与当地部落酋长共谋，呈现给上级监督部门一个经过编辑的事实，联手削弱监督。例如，有美方官员与部落酋长勾结，损毁或者伪造经费收支文件，滥用、贪污来自美国的援助资金、项目建设经费。① 最后，"道德陷阱"削弱了美军对当地部落的监督。美军必须依赖安巴尔部落代理人来获取信息，并需要支付某种"信息租金"，这是反暴乱战争成功的基础。但代理人为了获得可持续的信息租金（未来收益），更有动力懈怠而不是努力表现。这意味着，信息租金可能会

---

① A. Madhani, "U.S. Troops, Contractors in Iraq and Afghanistan Suspected of Corruption", *ABC News*, June 20, 2010, http://www.abcnews.go.com/Politics/us-troops-charged-corruption-iraq-afghanistan/story? id=10952163.

控制与自主：美国的中东代理人战争

削弱施动方试图使代理人发挥高水平的努力。① 为尽可能延长这种潜在收益，部落酋长在反暴乱议程上就有了卸责和偏离动机，部落可以操纵信息，只有当他们获得更大的收益时，才向美军提供有价值的情报。

第四，部落还可以将信息不对称优势转化为更广泛意义上的杠杆。部落酋长在一定程度上遵从美国反击伊拉克"基地"组织与推动和解进程的偏好，以此换取美国的援助和庇护。与此同时，他们又利用美国投入的资源发展壮大自身实力来谋求其他利益，如追求更高的政治与安全地位来对抗马利基政府，防止在伊拉克的权力和经济体系中被边缘化。显然，安巴尔部落所承载的基于教派主义色彩的政治、经济反抗并不契合美国对伊拉克战后秩序的设想。

从理论上讲，要确保部落酋长严格服从美国的偏好，美军就需要严格限制前者的行动范围并密切监督他们的遵守情况。但是，美军与安巴尔部落民兵组织之间存在比较复杂的、间接的、非正式的"授权—指挥—控制"链，这使得信息的传递存在诸多损耗。加之信息依赖、道德陷阱等原因使得美军压缩"信息差"的监督努力更加困难，不完整、不及时、不真实的信息就成为当地部落酋长谋求自主权空间的杠杆。

二 偏好异质加剧监督困境

安巴尔部落内部存在多重分裂，是一个偏好异质的团体。2006 年夏季开始的安巴尔"觉醒运动"短暂地将当地部落成员和一些前暴乱分子拉回到反抗伊拉克"基地"组织的阵营，在外部威胁和援助的情况下部落间可以形成短暂的、策略性的松散联合，但这不意味着这一联盟就是铁板一块。参与"觉醒运动"的部落团体十分庞杂，它们

---

① Robert Powell, "Why Some Persistent Problems Persist", *American Political Science Review*, Vol. 113, No. 4, 2019, p. 982.

的表现和偏好并不完全受到一个更高的权威和统一的议程影响、约束，实际上，安巴尔部落内部呈现出"沿着势力范围、意识形态、部族为基础的分裂"。① 到 2008 年夏季，随着反暴乱议程进入尾声，不同部落组织之间的矛盾和冲突日益凸显，② 部落领导人之间的分歧助长了制度的脆弱，使其软弱无力、无法控制部落领导人的势力和权力范围之外的活动，这在安巴尔省、萨拉丁省和尼尼微省都很明显。③ 在安巴尔，不同部落酋长之间因为有些部落与"伊拉克伊斯兰党"（Iraq Islamic Part/ IIP）结成联盟而产生分歧与对抗。④ 当地部落领导人为了追求私利，其行为并不一定受到美国的偏好约束。

在遭美国抛弃后，部落领导人对威胁来源的认知存在分歧，更难执行目标一致的代理议程。安巴尔部落中有很多人认为马利基政府是伊朗的代理人，比伊拉克"基地"组织更危险。阿布格莱布（Abu Ghraib）部落领导人阿布·阿扎姆表示，"比美国的占领更危险的是来自邻国伊朗的占领……不是媒体所描述的'基地'组织，而是伊朗及其代理人"。⑤ 西亚北非动荡发生后，一些不满现状的逊尼派部落受到叙利亚暴乱运动的鼓舞，试图承揽向叙利亚反对派武装、极端组织走私武器的生意，并加大对伊拉克中央政府的反抗，

---

① Steven N. Simon, "After the Surge: The Case for U.S. Military Disengagement from Iraq", *CSR No.* 23, *Council on Foreign Relations*, February 2007, p. 5; "Iraq's Provincial Elections: The Stakes", p. 21; "Prospects for Iraq's Stability: Some Security Progress but Political Reconciliation Elusive", *National Intelligence Estimate*, August 2007, p. 2, https://www.dni.gov/files/documents/Newsroom/Press% 20Releases/2007% 20Press% 20Releases/20070823 _ release.pdf.

② Colin H. Kahl, Brian Katulis, Marc Lynch, "Thinking Strategically About Iraq: Report From a Symposium", Middle East Policy, Vol. XV, No. 1, 2008, pp. 82-110.

③ Wathek AL-Hashmi, "Tribal Mobilization Forces in Iraq: Reality and Future Challenges", The Center of Making Policies for International & Strategic Studies, July12, 2018, https://www.makingpolicies.org/en/posts/tmfi.english.php.

④ "Iraq's Provincial Elections: The Stakes," *Middle East Report of Crisis Group*, No. 82, January 27, 2009, pp. 30-31.

⑤ "Abu Azzam Interviewed on al-Arabiya", The Middle East Media Research Institute, Clip No. 1675, January 18, 2008, https://www.memri.org/tv/former-terrorist-islamic-army-iraq-abu-azzam-al-tamimi-american-withdrawal-will-spell-disaster/transcript.

而这被正当化为更广泛地对抗伊朗地区影响力的一部分。

此后，部落内部在打击极端组织"伊斯兰国"方面的分歧更大。即使美国后来仍试图诱导逊尼派部落打击"伊斯兰国"组织，但后者内部的偏好异质问题仍然没有解决：一方是"伊斯兰国"的支持者，另一方是与"伊斯兰国"作战的人，还有一方是中立派。① 安巴尔省的安全形势很复杂，不同的部落对外部威胁的认知存在冲突。与2006年发生的情况相反，当时安巴尔的所有部落团结起来与"基地"组织作斗争，部分原因是因为后者的许多战士来自其他阿拉伯国家或更远的地方，而此次很多战士就来自伊拉克部落内部。在一段时间内，"选边站"的分歧变成了部落间的冲突，有些部落愿意参与打击"伊斯兰国"，有些部落酋长站在政府一边，但其成员却暗中加入"伊斯兰国"；有些部落采取中立策略，但其内部存在分裂。② 例如，2013年当马利基政府以打击"伊斯兰国"组织的名义派兵进入安巴尔省时，遭到许多部落领袖的抵制。2014年1月，经过多年的准备和发展，伊拉克"基地"组织的继任者"伊斯兰国"占领了安巴尔省的大部分地区。而那些曾经发起、组织"觉醒运动"的当地部落由于分裂和孤立而无法进行有效的抵抗。③

偏好异质的部落为"伊斯兰国"组织的渗透提供了便利。美国和马利基政府在打击伊拉克"基地"组织后期不仅没有兑现和解承诺，还利用教派矛盾和民主化改造等一系列措施防范部落势力渗透到国家政治、安全和油气部门，这进一步加深了部落内部在威胁认知上的分歧，其中相当一部分人由于感到越来越被边缘化、被抛弃

---

① Raed El-Hamed, "The Challenges of Mobilizing Sunni Tribes in Iraq", Carnegie Endowment for International Peace, March 17, 2015, https://carnegieendowment.org/sada/59401.

② Mustafa Habib, "Iraq's Tribes Not United on Extremists - and Bloody Tribal Justice Will Likely Prevail", *Niqash*, November 2014, https://www.niqash.org/en/articles/security/3573/.

③ Carter Malkasian, "Anbar's Illusions: The Failure of Iraq's Success Story", *Foreign Affairs*, June 24, 2017, https://www.foreignaffairs.com/articles/iraq/2017-06-24/anbars-illusions.

而变得更激进。2011年美军撤离后,"伊拉克'基地'组织很快就从军事真空中获益,其中一个原因是该组织受到的军事压力减轻了,另一个原因则是马利基在美军撤离后加紧疏远和削弱逊尼派,致使温和逊尼派也开始转向支持伊拉克'基地'组织。"① 可以说,美国和马利基政府对安巴尔部落的背叛进一步助长了部落中偏好异质问题,加深了极端主义的吸引力,这为极端组织提供了渗透的理想环境。"基地"组织等极端势力又开始回流到安巴尔省,它们从被抛弃的愤怒部落成员那里再次获得了庇护和资源。伊拉克"基地"组织的新领导人巴格达迪(Abu Bakr al-Baghdadi)利用部落的不满情绪,组织、号召激进部落分子走上街头并重获影响力。正是由于部落存在广泛的分歧,熟悉部落文化且具有丰富当地经验的"伊斯兰国"组织则利用这一点在部落间和部落内推行分而治之的策略,拉拢、分化不同的部落和关键部落领导人,并取得了成功。② 可以说,美国短视的代理人策略对此后的中东地区安全秩序造成灾难性影响,"基地"组织在伊拉克部落区复燃、重新壮大,为"伊斯兰国"的坐大埋下了隐患。

总之,逊尼派部落参与"觉醒运动"的团体十分庞杂,它们的表现和偏好并不完全受到一个更高权威和统一议程的影响、约束,其内部的分歧难以弥合,无法为特定的议程采取集体行动。特别是当伊拉克"基地"组织的威胁被解除后,它们原本就存在的偏好异质问题就更加难以抑制,部分力量单元更是倾向于对抗美国扶植什叶派当局的努力。偏好异质的部落不但难以受到美国管控,还成为极端力量发展壮大的温床。

---

① [美]迈克尔·莫雷尔、比尔·哈洛:《不完美的风暴:美国中央情报局反恐30年》,朱邦芹译,中信出版社2018年版,第340页。

② Hassan Hassan, "ISIS Exploits Tribal Fault Lines to Control Its Territory," *The Guardian*, October 26, 2014, https://www.theguardian.com/world/2014/oct/26/isis-exploits-tribal-fault-lines-to-control-its-territory-jihadi.

本章小结

美军利用安巴尔部落开展代理人战争表明,"如果干预要起作用,它将永远是一项代价高昂的长期项目,而且可能只有通过长期的投入才能维持下去"。① 同时,安巴尔的案例也反映出代理人战争的长期性和不确定后果,以及美军与安巴尔当地部落之间复杂的双向博弈关系。美国"背信弃义"的做法严重损害双方未来合作的基础,使得AQI在安巴尔等逊尼派部落区再次获得了庇护、资源和影响力,这为"伊斯兰国"崛起埋下祸患。到小布什执政末期,AQI基本上偃旗息鼓,这一成果维持到2011年底最后一批美军的撤离。这3年期间,逊尼派部落已经对美国的违背承诺以及偏袒马利基政府的做法日益不满,最终导致美国之前的投入和双方取得的成果化为乌有。美军撤离后,"AQI很快就从军事真空中获益,其中一个原因是该组织面对的军事和情报压力减轻了,另一个原因则是马利基一看到美军撤离伊拉克,就壮起胆子朝着独裁方向大步前进,事事都在疏远和削弱逊尼派。温和逊尼派开始转而支持AQI"。② "努里·马利基领导的伊拉克政府多年来推行的宗派政策严重地边缘化了伊拉克的逊尼派社区,为激进主义和暴乱活动创造了肥沃的土壤。这些组织包括部落民兵、来自旧政权的世俗复兴党人以及激进的逊尼派伊斯兰主义者,他们对现任政府有一系列不满"。③ 因而不难理解,感到被美国抛弃和马利基政府打压的逊尼派部落不但停止对AQI的残余力量的追剿,反而协助或加入"圣战"活动。2013年12

---

① Carter Malkasian, "Anbar's Illusions: The Failure of Iraq's Success Story", *Foreign Affairs*, June 24, 2017, https://www.foreignaffairs.com/articles/iraq/2017-06-24/anbars-illusions.

② [美]迈克尔·莫雷尔、比尔·哈洛:《不完美风暴:美国中央情报局反恐30年》,朱邦芹译,中信出版社2018年版,第340页。

③ Ji-Hyang Jang and Peter Lee, "Middle East Q&A: ISIS, Kurdistan, and Korea", *Asan Institute for Policy Studies*, Agu. 18, 2014, p. 2.

月，马利基政府以反恐名义派伊拉克安全部队进入安巴尔省，引起部落的强烈反抗并爆发军事冲突。AQI 的新领导人阿布·巴克尔·巴格达迪（Abu Bakr al-Baghdadi）利用部落的不满情绪，组织、号召激进分子走上街头并重获影响力，这为"伊斯兰国"在部落区的前期孕育创造了条件。随着"伊斯兰国"在叙利亚和伊拉克的快速崛起，它不惜违背"基地"组织领导人扎瓦希里的命令并从"基地"组织分裂出去，以更加激进的方式建立"哈里发"帝国。在安巴尔省的费卢杰，这种形势已经驱使一些年轻人变得激进并加入"伊斯兰国"，一些人甚至毫无理由地指出部分前"复兴党"在和"伊斯兰国"合并。① 2014 年美国希望重启"安巴尔觉醒"模式来应对"伊斯兰国"的威胁，安巴尔部落首领艾哈迈德·阿布·里沙（Ahmed Abu Risha）很谨慎地指出："我们有义务保卫我们自己和我们的省，而不是为美国或伊拉克政府而战，我们不想被指责为政府工作。"② 很显然，为避免再次"被牵连"后又遭到抛弃的悲剧，当地一些部落试图与美国拉开距离。以至于，当 2014 年美国试图再次发动逊尼派部落打击"伊斯兰国"时，"逊尼派部落仍然记得美国从伊拉克撤军后对'觉醒'运动短暂支持的影响"，这使得当地部落担心在完成任务后，"被抛弃"的情况会重演。③ 可以说，美国功利化的策略对中东地区安全秩序造成灾难性影响："基地"组织在伊拉克和叙利亚的部落区复燃、重新壮大，为"伊斯兰国"在 2013 年到 2014 年的崛起埋下了隐患。

---

① Hosham Dawod, "The Sunni Tribes in Iraq: between Local Power, the International Coalition and the Islamic State", Report of The Norwegian Peacebuilding Resource Centre, Sep. 20, 2015, p. 2.
② Tim Arango and Kareem Fahim, "Iraq Again Uses Sunni Tribesmen in Militant War", New York Times, Jan. 19, 2014, https://www.nytimes.com/2014/01/20/world/middleeast/iraq-again-uses-sunni-tribesmen-in-militant-war.html.
③ Raed El-Hamed, "The Challenges of Mobilizing Sunni Tribes in Iraq", Carnegie Endowment for International Peace, March 17, 2015, https://carnegieendowment.org/sada/59401.

控制与自主：美国的中东代理人战争

总之，美军与安巴尔部落代理人的动机、利益存在错位，双方的合作带有阶段性的、策略性的色彩，并没有形成以高度稳固的长远利益为基础的代理关系。虽然来自伊拉克"基地"组织的威胁为美军与安巴尔逊尼派部落达成临时性的代理关系提供了契机，但它是建立在恰当的激励策略上，而仅仅靠一个共同的敌人和短期利益来维系的合作过于脆弱。随着反暴乱行动取得显著进展，双方利益分化加剧并导致它们的交易面临多种挑战。在 AQI 被削弱后，美国与安巴尔部落的共同利益基础遭到削弱，后者的代理人价值开始下降，美军也更加不愿意兑现长期承诺，当地部落在某种程度上成为美国亟须甩掉的"负资产"。因此，美国着手对部落代理人采取了削减援助和更加偏袒马利基政府的负向激励，导致后者遭到抛弃和边缘化。一旦安巴尔部落无法从美军那里获得持续的、可信的正向激励，就不可能成为可靠的、受到有效管控的代理人。如果美军试图依赖当地部落来解决麻烦，必须接受这样一个事实："部落只有在符合他们自身最大利益的情况下才会继续合作"。① 这种预期进一步加剧了信息不对称和安巴尔部落内部的偏好异质问题，致使其无法采取集体努力推进美国的议程。应该说，美国与安巴尔部落联手取得的反暴乱成绩只是表面的、临时的。其代理关系背后的暗流涌动一直在侵蚀双方的信任基础，最终导致安巴尔部落反美浪潮回流和"伊斯兰国"崛起。美国之前的投入和双方取得的成果随之化为乌有。

---

① John A. McCary, "The Anbar Awakening: An Alliance of Incentives", *The Washington Quarterly*, Vol. 32, No. 1, 2009, p. 51.

第五章　颠覆阿萨德政权：美国—叙利亚叛军（2011—2019年）

2010年12月，西亚北非动荡导致突尼斯、埃及、利比亚和也门的长期铁腕人物下台。在叙利亚，反政府抗议活动的蔓延与阿萨德政府的强力回应加速了政治与安全局势的恶化。2011年7月，从阿萨德军队变节的上千名士兵和平民开始组建松散的叛军组织——"叙利亚自由军"（Free Syria Arms，FSA），其公开目标是推翻政府。在此局面下，地区力量和域外大国试图通过各自的代理人武装塑造叙利亚的未来。叙利亚政府军在俄罗斯、伊朗、真主党的帮助下，死守大马士革周围的领土，美国、欧洲国家、土耳其和海湾国家则极力武装反对派力量。奥巴马政府助理国防部长德瑞克·乔莱（Derek Chollet）指出："很明显，西亚北非动荡已经演变成为各个地区强国之间的代理人战争"。①

从2011年到2019年，美国中央情报局和国防部一直试图通过秘密或半公开的方式运作代理人战争项目来实现"轻度"介入叙利亚内战。在2015年9月前，美国运作的代理人战争取得显著进展，反对派控制了叙利亚2/3的土地，而叙利亚政府军撤退到首都大马士革附近，"最乐观的人也不会怀疑叙利亚政权将在反对派的打击

---

① Aron Lund, "How Assad's Enemies Gave Up on the Syrian Opposition", the Century Foundation, Oct. 17, 2017, https://tcf.org/content/report/assads-enemies-gave-syrian-opposition/? session = 1&session = 1.

下，不可避免在2015年9月30日前倒台"。① 然而，这种势头逐渐被打断，叙利亚暴乱武装遭到严重削弱，阿萨德政权经受住漫长、血腥的代理人战争，表现出强大的生存能力，甚至从守势转向攻势，不断收复失地并巩固了政权。美国非但无法通过叙利亚反对派代理人取得真正的成功，反而深陷叙利亚的代理人战争。那么值得进一步探究的是，为什么美国在叙利亚运作的代理人战争日益走向弄巧成拙的尴尬境地？

第一节　美国与反对派代理人的利益错位

当前，全球范围内最活跃的代理人战争发生在叙利亚，而聚焦美国与叙利亚反对派代理人的利益分歧是深入理解这场代理人战争的关键。总体而言，在美国推进中东战略收缩的背景下，其与叙利亚反对派代理人基于各自的视角看待叙利亚内战，它们之间始终存在重大的利益分歧，主要包括战略目标优先级、对俄罗斯强力介入的反应以及秩序偏好三个层面的差异，这些差异叠加在一起，共同导致了双方的利益错位。

一　反恐优先 vs. 政权颠覆

2014年，"伊斯兰国"利用了域外大国、地区国家之间错综复杂的矛盾，收割"混乱的回报"，从叙利亚的战乱中孵化出一股更强大的极端势力。美国最初在"伊斯兰国"问题上采取实用主义，试图借助此削弱阿萨德政权，这在一定程度上纵容了极端势力的崛起。随着"伊斯兰国"发动的恐怖袭击不断从中东外溢，美国的政策和立场经历了明显的变化。②美国意识到"伊斯兰国"的崛起构成广泛

---

① 奥马尔·优素福：《镇压革命和保全阿萨德　俄罗斯的干预如何改变叙利亚的力量平衡？》，半岛电视台，2021年9月29日。
② 邵峰：《美国的反恐战略布局及其困境》，《人民论坛·学术前沿》2016年第13期。

的、迫在眉睫的威胁。一是"伊斯兰国"组建了全球恐怖袭击网络。美国认为阿萨德政权的威胁局限于叙利亚和中东地区,而"伊斯兰国"发展了跨国恐怖主义网络,有能力威胁到欧洲和美国本土。前中情局局长詹姆斯·克拉珀(James R. Clapper)指出:"伊斯兰国"之所以成为最突出的恐怖主义威胁,是因为它在其他国家建立了分支机构,而且"越来越有能力对全世界范围内的目标发动袭击"。① 二是"伊斯兰国"崛起加剧了叙利亚社会的普遍恐慌,涌入欧洲、邻国的难民潮难以遏制,致使西方国家将面临巨大的人道主义压力。三是"伊斯兰国"将矛头指向美国支持的"温和"叛军,挤压了后者的空间,扰乱了美国设想中的暴乱。"伊斯兰国"崛起致使美国推翻阿萨德政权的紧迫性下降,并进一步强化了后者的"零和"逻辑:对于叙利亚的未来,要么是阿萨德,要么是极端恐怖组织(如"伊斯兰国"和"努斯拉阵线"),相对于后者,阿萨德政权被许多西方国家认为不那么"邪恶"。② 匆忙赶走阿萨德后的权力真空可能比当前的冲突更糟糕,那将滋养极端主义和多方混战,"叙利亚各个派别将不会干净利落地重聚在一起"。③

在很大程度上,"伊斯兰国"崛起迫使奥巴马政府改变叙利亚内战中的利益算计。华盛顿相信,如果阿萨德被赶下台,就不会有人来遏制不断蔓延的混乱和极端主义。④ 这致使"阿萨德必须下台"

---

① James R. Clapper, "Statement for the Record: Worldwide Threat Assessment of the US Intelligence Community", Testimony before Senate Select Committee on Intelligence, February 9, 2016, p. 4, https://www.dni.gov/files/documents/SASC_ Unclassified_ 2016_ ATA_ SFR_ FINAL.pdf.

② Michael Becker, "When Terrorists and Target Governments Cooperate: the Case of Syria", *Perspectives on Terrorism*, Vol. 9, No. 1, 2015, p. 98.

③ David Alpher, "Why Can't Trump Just Take out Assad?", *The Conversation*, April 10, 2018, http://theconversation.com/why-cant-trump-just-take-out-assad-94715.

④ Anne Barnard, Somini Sengupta, "U.S. Signals Shift on How to End Syrian Civil War", January 19, 2015, https://www.nytimes.com/2015/01/20/world/middleeast/us-support-for-syria-peace-plans-demonstrates-shift-in-priorities.html.

的誓言被兑现的可能性大大降低。① 可以说,由于"担心阿萨德政府垮台会给'伊斯兰国'提供更多的无政府空间,美国比以往任何时候都更不愿看到大马士革陷落"。② 鉴于悲观的前景,奥巴马政府经过权衡后,转向优先击败"伊斯兰国",其叙利亚政策核心是采取有限的、谨慎的、有针对性的方式削弱、惩罚阿萨德政权,而非利用大规模美军地面部队快速实现叙利亚政权颠覆。③

相对而言,叙利亚反对派坚持优先颠覆阿萨德政权。当美国将注意力从颠覆阿萨德政权转向重点空袭"伊斯兰国",相当于背叛了叙利亚反对派的"初衷"。2014年9月美国众议院投票授权五角大楼开展"叙利亚训练与装备计划"(Syrian Train-and-Equip Programme),试图三年内(2014—2017年)在约旦训练和武装15000名"温和"叛军以对抗"伊斯兰国"。然而,该代理人战争计划于2015年10月被迫终止,它被批评是"失败的、考虑不周和浪费惊

---

① David Greenberg, "Syria Will Stain Obama's Legacy Forever", *Foreign Policy*, December 29, 2016, https://foreignpolicy.com/2016/12/29/obama-never-understood-how-history-works/.

② Aron Lund, "How Assad's Enemies Gave Up on the Syrian Opposition", The Century Foundation, October 17, 2017, https://tcf.org/content/report/assads-enemies-gave-syrian-opposition/?session=1.

③ George R. Altman, Leo Shane Ⅲ, "The Obama Era Is Over. Here's How the Military Rates His legacy", *Military Times*, January 8, 2017, https://www.militarytimes.com/news/2017/01/08/the-obama-era-is-over-here-s-how-the-military-rates-his-legacy/; Mary Beth D. Nikitin, etc., "Syria's Chemical Weapons: Issues for Congress", Congressional Research Service, September 30, 2013, p. 20; "Remarks by the President in Address to the Nation on Syria", The White House, September 10, 2013, https://obamawhitehouse.archives.gov/the-press-office/2013/09/10/remarks-president-address-nation-syria; Anne Barnard, Gerry Mullany, "In Syria, Anger and Mockery as Obama Delays Plan", *New York Times*, September 1, 2013, https://www.nytimes.com/2013/09/02/world/middleeast/overseas-concern-follows-obamas-new-approach-to-syria.html; Tim Eaton, "Six Decisive Points That Changed Syria's War", *BBC News*, March 15, 2017, https://www.bbc.com/news/world-middle-east-39233357; Dan Merica, "Mistrust between U.S., Syrian Rebels Hinders Military Aid", *CNN*, August 21, 2013; Omer Aziz, "How Barack Obama Betrayed the Syrian People", *Aljazeera*, August 22, 2015, https://www.aljazeera.com/indepth/opinion/2015/08/barack-obama-betrayed-syrian-people-150822084544918.html.

第五章 颠覆阿萨德政权:美国—叙利亚叛军(2011—2019年)

人"的计划,花费了大约 5 亿美元却只培养出十几个像样的战士,其失败的主要原因在于叛军的优先目标是占领大马士革而非打击"伊斯兰国"。① 叛军"东狮军团"(Lions of the East Army)最高指挥官特拉斯·萨拉赫(Tlass al-Salameh)十分不满美国的转向,他指出:"感觉他们(美国)只是想在我们对抗'伊斯兰国'的时候提供帮助。而当我们在与阿萨德政权作战时,美国人就想撤退"。② 共和党参议员林赛·格雷厄姆(Lindsey Graham)也指出:"叙利亚没有人会仅仅打击'伊斯兰国',有了这些限制,它注定要失败。"③ 时任众议院情报委员会民主党领袖亚当·希夫(Adam B. Schiff)认为:"很难招募到不想与政权(阿萨德政府)作战的人",因此应允许反对派士兵同时打击"伊斯兰国"和政府军。④ 美国叙利亚问题专家珍妮弗·卡法雷拉(Jennifer Cafarella)、安德鲁·塔布勒(Andrew J. Tabler)也持相同的观点:由于反对派不能接受打击"伊斯兰国"是首要任务,而美国在推翻阿萨德的问题上模棱两可,因此

---

① Michael D. Shear, Helene Cooper and Eric Schmitt, "Obama Administration Ends Effort to Train Syrians to Combat ISIS", *New York Times*, October 9, 2015, https://www.nytimes.com/2015/10/10/world/middleeast/pentagon-program-islamic-state-syria.html?_r=1; Joseph Votel, Elizabeth Dent, "The Danger of Abandoning Our Partners", *The Atlantic*, October 8, 2019, https://www.theatlantic.com/politics/archive/2019/10/danger-abandoning-our-partners/599632/; Mark Mazzetti, Adam Goldman and Michael S. Schmidt, "Behind the Sudden Death of a \$1 Billion Secret C. I. A. War in Syria", *New York Times*, August 2, 2017.

② Erin Cunningham and Heba Habib, "Syrian Rebels 'Betrayed' by Trump Decision That Has McCain Fuming", *The Sydney Morning Herald*, July 21, 2017, https://www.smh.com.au/world/syrian-rebels-betrayed-by-trump-decision-that-has-mccain-fuming-20170721-gxfkm1.html.

③ Phil Stewart, Kate Holton, "U. S. Pulls Plug on Syria Rebel Training Effort, Will Focus on Weapons Supply", *Reuters*, October 9, 2015, https://www.reuters.com/article/us-mideast-crisis-syria-usa-idUSKCN0S31BR20151009.

④ Brian Bennett, W. J. Hennigan, "Congress Likely to Cut Failed Pentagon Program to Train Syrian Rebels", *Los Angeles Times*, October 5, 2015.

这种限制注定了代理人项目的失败。①

此外，美国和西方盟友因聚焦于击败"伊斯兰国"而无暇顾及反对派控制区的安全，可能会变相帮助叙政府军在那里取得进展，这在反对派内部激起强烈的背叛感。②

二　战略妥协 vs. 抗衡俄罗斯

2015年上半年，叙利亚反对派武装对大马士革形成合围之势，阿萨德政权在各路反对派武装的围攻下濒临崩溃。时任美国参谋长联席会议主席马丁·邓普西（Martin Dempsey）承认反政府武装取得了明显进展，并称："目前的形势对阿萨德政权不利"。③ 为扭转这一战场局面，2015年9月，俄罗斯选择直接介入，派遣空军和特种部队支援叙利亚政府军。

俄罗斯在叙利亚的关键利益包括以下几个方面。一是军事基地。塔尔图斯港是俄罗斯在中东及地中海地区的唯一军事基地。莫斯科将寻求确保在叙利亚领土上部署海军和空军（俄罗斯在叙利亚新建了霍梅米亚空军基地）。④ 二是地区秩序与威望焦虑。叙利亚是俄罗斯立足中东的最后一个支点盟友，关乎其对该地区秩序的塑造能力

---

① Tom Vanden Brook, "Pentagon's Failed Syria Program Cost \$2 Million Per Trainee", *US Today*, November 5, 2015, https：//www.usatoday.com/story/news/world/2015/11/05/pentagon-isil-syria-train-and-equip/75227774/; Michael D. Shear, Helene Cooper and Eric Schmitt, Obama Administration Ends Effort to Train Syrians to Combat ISIS, *New York Times*, October 9, 2015, https：//www.nytimes.com/2015/10/10/world/middleeast/pentagon-program-islamic-state-syria.html?_r=1.

② Tim Eaton, "Six Decisive Points That Changed Syria's War", *BBC News*, March 15, 2017, https：//www.bbc.com/news/world-middle-east-39233357.

③ Martin Dempsey, "Remarks at Press Conference with Secretary of Defense Ashton Carter", U.S. Department of Defense, May 7, 2015, https：//www.defense.gov/News/Transcripts/Transcript/Article/607048/department-of-defense-press-briefing-by-secretary-ash-carter-and-general-martin/.

④ Dmitri Trenin, "Russia in the Middle East: Moscow's Objectives, Priorities, and Policy Drivers", The Carnegie Endowment for International Peace, 2016, p.6, https：//carnegieendowment.org/files/03-25-16_Trenin_Middle_East_Moscow_clean.pdf.

和所剩不多的战略威望。① 三是打破孤立。俄罗斯为破解因乌克兰问题招致西方严厉制裁和围堵,通过强力介入叙利亚事务来转移西方对乌克兰东部分离运动和克里米亚问题的关注。② 四是商业利益。武器和油气项目是俄叙重要的经贸联结,一旦阿萨德被推翻,俄罗斯在叙利亚的商业利益难以为继。五是广泛的"反恐"动机。极端恐怖势力的崛起,为其介入叙利亚内战提供了契机。俄罗斯总参谋长格拉西莫夫(Valery Gerasimov)认为,如果阿萨德政权倒台,"'伊斯兰国'会继续积聚势头,并扩散到邻近国家。我们将不得不在自己的领土上对抗他们"。③

面对俄罗斯的强力介入,奥巴马政府持三种心态。

一是避免卷入叙利亚泥潭。奥巴马上台后,其施政重心内向化,恢复经济增长成为其首要任务。在外交政策上,奥巴马将全球战略重点转向大国竞争和亚太地区,其中东政策底线是避免发动新战争。④ 他指出,"让我们的军队在世界另一端建设国家或解决他们的内部冲突,是不明智的,也是不可持续的"。⑤ 基于此,奥巴马政府持续推动中东战略收缩,试图摆脱所谓的"永远战争"(forever

---

① Tuncay Şahin, "How Could Assad Survive the Seven-year War?", *TRT World*, March 9, 2018, https://www.trtworld.com/middle-east/how-could-assad-survive-the-seven-year-war--15798.

② Udi Blanga, "Syria-Russia and The Arab Spring: A Reassessment", *Middle East Policy*, Vol. 27, No. 4, 2020, pp. 75–76.

③ Samuel Charap, Elina Treyger, Edward Geist, "Understanding Russia's Intervention in Syria", RAND Project AIR FORCE, July 9, 2018, p. 4, https://www.rand.org/pubs/research_reports/RR3180.html.

④ Fawaza A. Gerges, "The Obama Approach to the Middle East: the End of America's Moment?", *International Affairs*, Vol. 89, No. 5, 2013, pp. 299–323;唐志超:《拜登政府的中东政策发展趋向》,《当代世界》2021年第4期。

⑤ "President Obama Gives Final National Security Speech to MacDill Service Members", U. S. Central Command, December 6, 2016, https://www.centcom.mil/MEDIA/NEWS-ARTICLES/News-Article-View/Article/1022864/president-obama-gives-final-national-security-speech-to-macdill-service-members/.

控制与自主:美国的中东代理人战争

wars），避免继续深陷中东战争的泥潭。①

二是担心冲突升级。俄罗斯在关键时刻以反恐之名出兵叙利亚，对反对派武装进行了严厉打击，迅速扭转了战场态势，"显示了俄罗斯的实力和博弈的决心"。② 俄罗斯不断加大在叙利亚的"赌注"，试图加剧美俄迎头相撞的风险。对此，"美国试图采取息事宁人的守势立场，表明奥巴马政府宁愿让俄罗斯占据上风，也不愿意再次陷入中东泥潭的政策取向"。③ 与此同时，美国考虑到俄罗斯在叙利亚存在更重大的战略利益，担心加大对叙利亚反对派的支持会引发俄罗斯、伊朗、真主党和阿萨德政权更强烈地反制，"它们在叙利亚的利害关系比美国更大……美国的任何干预都只会加剧冲突"。④

三是消耗俄罗斯。奥巴马认为，支持阿萨德政权只会让俄罗斯陷入"沼泽"。⑤ 美国不急于与俄罗斯在叙利亚决一胜负，相反要将叙利亚变成困住俄罗斯的陷阱。"美国最终不可能通过代理人战争的方式在叙利亚建立一个包容、稳定的国家，但可以利用代理人战争

---

① Steven A. Cook, "There's Always a Next Time to Betray the Kurds", *Foreign Policy*, October 11, 2019, https://foreignpolicy.com/2019/10/11/kurds-betrayal-syria-erdogan-turkey-trump/; David Greenberg, "Syria Will Stain Obama's Legacy Forever", *Foreign Policy*, December 29, 2016, https://foreignpolicy.com/2016/12/29/obama-never-understood-how-history-works/; 钮松：《空袭ISIS：美国难以从中东"转身"》，《中国社会科学报》2014年8月13日，第B02版。

② 冯绍雷：《俄罗斯的中东战略：特点、背景与前景》，《当代世界》2016年第3期。

③ 马晓霖：《"奥巴马主义"与叙利亚危机》，《阿拉伯世界研究》2017年第1期。

④ David Remnick, "Going the Distance: On and Off the Road with Barack Obama", *New Yorker*, January 20, 2014, https://www.newyorker.com/magazine/2014/01/27/going-the-distance-david-remnick; Barbara Plett Usher, "Obama's Syria Legacy: Measured Diplomacy, Strategic Explosion", *BBC News*, January 13, 2017, https://www.bbc.com/news/world-us-canada-38297343.

⑤ "Press Conference by Obama President", The White House, October 2, 2015, https://obamawhitehouse.archives.gov/the-press-office/2015/10/02/press-conference-president.

让阿萨德政权及其盟友俄罗斯和伊朗流血"。① 美国扶植的"温和反对派"的恐怖分子总是避免与俄军速战速决,等俄撤兵命令下达后再点燃战火,不断反复的战情始终让俄军无法脱身,给俄罗斯增添了甩不掉的包袱。② 显然,美国倾向通过代理人战争牵制、施压莫斯科,即支持反对派代理人的战斗可增加俄罗斯和阿萨德政权的获胜难度和成本。③ 一旦俄罗斯陷入长期的消耗战,将无法在叙利亚维持有意义的军事行动。正是出于这样的考量,美国希望叛军不要过于冒进,同时也不能过快地失去战斗能力,这也导致美国与叛军的想法存在一定的错位。

基于以上原因,美国并没有直接回击俄罗斯。而俄罗斯则利用美国的谨慎来推进自己更广泛的利益,并将叙利亚局势向有利于自己的方向转变。④ 在2016年上半年的阿勒颇围歼战中,俄罗斯不顾美国的反对,继续轰炸叛军控制区,"帮助叙利亚政府军在阿勒颇战役中取得了可能是这场战争中最大的胜利"。⑤ 对此,美国并没有采取针锋相对的军事反制,也没有向"温和"叛军及时提供能够改变战场局面的防空和反坦克导弹,这令俄罗斯在叙利亚的代理战争中

---

① Sam Heller,"A Syria Policy for Trump's America", the Centry Foundation, Dec. 9, 2016, https://tcf.org/content/report/syria-policy-trumps-america/.

② 马建光、李佑任:《"出兵—撤兵"与俄罗斯在叙利亚地缘政治目标的实现》,《国际安全研究》2018年第3期,第114页。

③ Sam Heller,"A Syria Policy for Trump's America", The Century Foundation, December 9, 2016, https://tcf.org/content/report/syria-policy-trumps-america/? session=1.

④ Thanasssis Cambanis,"The Case for a More Robust U. S. Intervention in Syria", The Century Foundation, June 19, 2016, https://tcf.org/content/report/the-case-for-a-more-robust-intervention-in-syria/? agreed=1; Mark N. Katz,"Incessant Interest: Tsarist, Soviet, and Putinist Midst Strategies", *Middle East Policy*, Spring, 2020, p.149; Oula A. Alrifai,"To Save Syria, Assad Must Step Down", An initiative of the Washington Institute for Near East Policy, December 26, 2017, https://www.washingtoninstitute.org/policy-analysis/save-syria-assad-must-step-down.

⑤ "Syria War: Russia Rejects US Calls to Halt Bombing Eastern Aleppo", *BBC News*, September 29, 2016, https://www.bbc.com/news/world-middle-east-37508085; Tom Perry, Jeff Mason,"Obama urges Russia to stop bombing 'moderate' Syria rebels," *Reuters*, February 14, 2016, https://www.reuters.com/article/mideast-crisis-syria-idUSKCN0VN0M7.

占据上风。① 反对派希望美俄在叙利亚正面对抗，而非退让。在俄罗斯和阿萨德政府的打击下，反对派残余力量被压缩到叙利亚西北部。失去战场优势后，叙反对派非但拒绝接受政治解决方案，反而更加坚持武力抗衡，并于2017年3月和12月相继抵制俄罗斯主导的"索契和谈"和"阿斯塔纳进程"。

与此同时，反对派在军事上的失利进一步凸显了"俄进美退"的现实。美国既不能有效阻拦俄罗斯直接介入，又不愿向反对派武装提供大规模援助，甚至与俄罗斯合作打击"伊斯兰国"，相当于纵容俄罗斯对反对派的进攻。对此，反对派难免对美俄在叙利亚内战中的表现进行比较：普京表现出"强大、可靠和决断"的形象，而奥巴马"犹豫不决和缺乏诚信"；"与俄罗斯和伊朗提供给阿萨德政权的武器和资源相比，来自中情局的援助杯水车薪"。② 此外，前美国驻叙利亚使罗伯特·福特（Robert Ford）指出，奥巴马避免与俄罗斯发生直接冲突的想法"可能会增加反对派的失望情绪，因为美国人在冲突中为反对派一方做的事情远不如俄罗斯对阿萨德的支持多"。③ "俄进美退"令反对派面临残酷的现实，前美国叙利亚事务特别代表詹姆斯·杰弗里（James Jeffrey）也指出，奥巴马规避风险的做法对反对派是一种惩罚，为俄罗斯在中东地区扩大影响力打开

---

① Mark Mazzetti, Anne Barnard and Eric Schmitt, "Military Success in Syria Gives Putin Upper Hand in U. S. Proxy War", *New York Times*, August 6, 2016, https://www. nytimes. com/2016/08/07/world/middleeast/military-syria-putin-us-proxy-war. html.

② Udi Blanga, "Syria-Russia and The Arab Spring: A Reassessment", Middle East Policy, Vol. 27, No. 4, 2020, p. 78; Erin Cunningham and Heba Habib, "Syrian Rebels 'Betrayed' by Trump Decision That Has McCain Fuming", *The Sydney Morning Herald*, July 21, 2017, https://www. smh. com. au/world/syrian-rebels-betrayed-by-trump-decision-that-has-mccain-fuming-20170721-gxfkm1. html.

③ Karen DeYoung, Juliet Eilperin and Greg Miller, "U. S. Will Not Directly Confront Russia in Syria, Obama Says", *The Washington Post*, October 2, 2015, https://www. washingtonpost. com/world/national-security/2015/10/02/44c1f7fc-6932-11e5-9223-70cb36460919_ story. html.

了大门。①

三 恢复秩序 vs. 维持混乱

叙利亚的持久混乱并不符合美国长远利益，美国希望从中解脱出来，叙叛军对当下和未来秩序的理解与美国存在本质区别：美国尽量避免被持续的混乱所绑架，而一些暴乱武装更有动机制造和维持混乱，从中谋求狭隘的私利。

一方面，美国支持的"温和"反对派可能在长期混乱中被边缘化。即便美国支持反对派可能赢得内战，但"联盟内部（各路叛军及其背后的委托人）的冲突——如何构建规则、进而如何分配收益——将带来更多的冲突"。② 此外，美国更担心所谓的"温和"叛军难以从反对派内部的竞争中胜出。另一方面，叙利亚的持续混乱对美国构成沉重的长期负担。一是美国被迫应对叙利亚人道主义危机。战乱导致约 1310 万叙利亚人需要紧急人道主义援助，2011 年至 2017 年 9 月，美国总共向叙利亚提供的人道主义援助只有 74 亿美元，可谓杯水车薪。③ 此外，持续的混乱加剧了难民安置压力。从 2010 年至 2014 年，逃离叙利亚的 480 万难民大多流向约旦、土耳其、突尼斯、摩洛哥和欧洲，使整个地中海地区的金融、社会和经济体系不堪重负并威胁到了欧洲的稳定。④ 而对于叙利亚难民安置问题，美国则又不愿承担相应的义务和恐怖袭击的风险，引发了其

---

① Matt Spetalnick, Jonathan Landay, "Syria's Civil War to Mar Obama Legacy", *Reuters*, December 14, 2016.

② ［美］道格拉斯·C. 诺思：《制度、制度变迁与经济绩效》，杭行、韦森译，格致出版社 2008 年版，第 124 页。

③ U. S. Embassy in Syrian, "U. S. Humanitarian Assistance in Response to the Syrian Crisis", September 21, 2017, https://sy.usembassy.gov/u-s-humanitarian-assistance-response-syrian-crisis-2/.

④ "War in Syria: Next Steps to Mitigate the Crisis", Hearing Before the Committee on Foreign Relations, U.S. 114th Congress, May 17, 2016, https://www.govinfo.gov/content/pkg/CHRG-114shrg29447/html/CHRG-114shrg29447.htm.

欧洲盟友的普遍不满。① 二是叙利亚的混乱将增加美国的安全成本。叙利亚的混乱有利于伊朗和真主党力量的渗透，而"什叶派民兵的战场联盟进一步促进了激进组织的增长，强化了逊尼派圣战分子的宗派叙事"，② 并引发土耳其和海湾激进的逊尼派势力的涌入，这种安全困境很可能致使美国卷入无法控制的持久宗派冲突旋涡。与此同时，"伊斯兰国""基地"组织等极端势力试图维持和制造混乱，迫使美国投入更多资源来应对无止境的恐怖主义威胁。从更宏观的层面看，叙利亚的混乱扰乱了美国的中东战略收缩和全球战略调整。

与美国背道而驰的是，叙利亚反对派更偏好从持久的混乱中谋求生存和经济私利，对于在叙利亚恢复秩序并没有很高的急迫性。中东地区的广泛冲突中衍生出数量众多、大小不一的非国家武装行为体，它们致力于"谋求对国家、社会和土地的控制，奴役或取代当地人来攫取后者的自然资源，通过散播恐怖和使用极端暴力来发展'影子经济'（shadow economies）"。③ "接受外国支持的非国家武装团体往往沦为犯罪企业，以维持多样化的资金来源，从而独立于施动方的要求……一旦他们开始形成犯罪网络，武装代理人就更

---

① Katy Long, "Why America Could—and Should—Admit More Syrian Refugees", The Century Foundation, December 16, 2015, https://tcf.org/content/report/why-america-could-and-should-admit-more-syrian-refugees/；2015 年和 2016 年，奥巴马政府仅仅安置了 3000 和 10000 名叙利亚难民，这个数字相对于欧洲国家显然太少。德国在 2015 年接收了大约 50 万叙利亚难民，预计在 2016 年接约 30 万叙利亚难民；英国承诺在未来五年接收 2 万名叙利亚难民；法国承诺在未来两年接收 3 万多名叙利亚难民。参见 Laura Wagner, "The U.S. Accepts 10000th Syrian Refugee This Year", The Atlantic, August 30, 2016, https://www.theatlantic.com/news/archive/2016/08/the-resettlement-of-10000-syrian-refugees-to-the-united-states/497981/.

② Tim Eaton, "Six Decisive Points That Changed Syria's War", BBC News, March 15, 2017, https://www.bbc.com/news/world-middle-east-39233357.

③ Murat Yeşiltaş, Tuncay Kardaş, Ed., Non-State Armed Actors in the Middle East, Palgrave Macmillan, 2018, p.4.

第五章　颠覆阿萨德政权：美国—叙利亚叛军（2011—2019 年）

难控制"。① 叙利亚就存在这类情况，战乱导致该国政治碎片化、巨大的人道灾难和财富流失，同时也催生了繁荣的战争经济（war economy），一些武装团体从持续的暴力中谋求非正当的经济议程。②

叙利亚反对派阵营中聚集了一大批利益多元的非政府武装暴乱组织，它们各怀鬼胎、自私自利。叙利亚政府对边境地区的控制力急剧下降，而暴乱组织在这些地区的军事成功加剧了走私活动，后者日益主导叙利亚规模庞大的战争经济，既是为了获取金钱和强化其军事能力，也试图利用经济资源来发挥政治影响力，塑造该国冲突后的轨迹。③ 它们从事不受控制的地下"黑金"产业并在边境地区发展服务战争经济的网络，从武器和文物走私、绑架勒索、地道偷运、毒品交易、物流线路控制、石油开采和分销、占领矿藏、私征税金等犯罪活动中榨取资源。例如，"努斯拉阵线"在冲突一开始就控制了叙利亚东部的油田（后来石油被"伊斯兰国"接管），并在其控制的领土上征"税"。隶属"自由军"的"北方风暴旅"（Northern Storm Brigade）也涉足战争经济，该旅于2012年控制了叙土接壤的过境点和供给、分销路线，且与叙利亚叛军"塔希德旅"（Tawhid Brigade）达成了共同控制边境的协议，共同瓜分走私和绑架带来的利润。2013年10月，叙利亚叛军控制了东古塔（Eastern Ghouta），尽管该地区被阿萨德政府军围困，但是战争经济并没有被掐断，"伊斯兰军"逐渐成为其中的主角，他们通过走私粮食和燃料等基本商品，从商贸活动中收取"过路费"，运送人员穿越封锁区等

---

① Brittany Benowitz, Alicia Ceccanese, "Why No One Ever Really Wins a Proxy War", Just Security, School of Law for New York University, May 11, 2020.

② Vesna Bojicic-Dzelilovic and Rim Turkmani, "War Economy, Governance and Securityin Syria's Opposition-Controlled Areas", *International Journal of Security & Development*, Vol. 7, No. 1, pp. 1-17; Samer Abboud, "The Economics of War and Peace in Syria", The Century Foundation, January 31, 2017, https://tcf.org/content/report/economics-war-peace-syria/? agreed=1.

③ Matt Herbert, "Partisans, Profiteers, and Criminals: Syria's Illicit Economy", *The Fletcher Forum of World Affairs*, Vol. 38, No. 1, 2014, pp. 70-75.

控制与自主：美国的中东代理人战争

非法活动中赚取了丰厚利润。①

当然，厌恶在叙利亚恢复秩序的反叛组织还有其他更邪恶的原因：一些反政府组织和冲突中崛起的精英阶层享受与冲突相关的经济利益，而一旦冲突结束，新的掌权者就会威胁到前者的非法生意和经济机会，"叙利亚的暴力令人震惊，但必须承认，有些人有经济动机阻止暴力迅速结束"。②为了驾驭战争经济浪潮，一些叛军不但成为秩序厌恶者，还会在经济利益的驱动下积极塑造持久、普遍的战乱局面，实现自我运转、壮大。

总之，美国与叙利亚反对派代理人在上述三个层面上存在难以调和的利益分歧，美国基于全球战略、中东地区秩序和更广泛、更宏观的利益来驾驭叙利亚代理人战争，而叙反对派代理人则倾向谋求地方层面的、短期的、狭隘的利益。从根本上看，美国倾向采取谈判和代理人战争双轨并进的方式，既向阿萨德政权及其背后的盟友施压，也不希望看到参差不齐的叛军快速赢得胜利并造成更大的混乱。利益错位严重削弱了美国与反对派代理人在反阿萨德议程上的共识，也成为驱动彼此进行持续博弈的基本动力，加剧了代理关系的张力。

第二节 美国陷入激励与监督困境

鉴于利益错位难以避免，美国必须利用激励与监督工具来干预叙利亚反对派代理人脱离代理关系管控框架，防范后者拓展私利、

---

① Aron Lund, "Into the Tunnels: The Rise and Fall of Syria's Rebel Enclave in Eastern Ghouta", The Century Foundation, December 21, 2016, https://tcf.org/content/report/into-the-tunnels/.

② Samer Abboud, "Syria's War Economy", Carnegie Middle East Center, January 9, 2014, https://carnegie-mec.org/diwan/54131; Samer Abboud, "The Economics of War and Peace in Syria", The Century Foundation, January 31, 2017, https://tcf.org/content/report/economics-war-peace-syria/? agreed=1.

反噬美国的利益或将美国拖进旷日持久的冲突陷阱。但是美国始终难以搭建起激励与监督的一体化架构，致使其无法有效调节反对派代理人的暴乱行为。

一 双重难题：激励不足与激励错误

从2013年开始，奥巴马正式批准对叙利亚"温和"叛军进行秘密援助，此后不久，中情局、美国国防部先后在约旦、土耳其设立和运作代理人战争项目，为叙利亚暴乱运动提供资金、武器、情报、后勤、咨询和训练等方面的"赋能"激励。尽管这些激励可以在一段时期维持后者的暴乱能力和意愿，但是不能决定整个暴乱运动的走向。其中一个重要的原因在于美国对反对派代理人进行了"不恰当"激励，包含激励不足与激励错误两个层面：一是如果美国对反对派进行大规模援助激励，可能引发阿萨德政权及其盟友的反制升级，致使叙利亚内战扩大为地区战争并将美国深度卷入；二是如果美国对不可靠的反对派团体施加激励，可能导致后者滥用援助资源，并埋下长远隐患。

一方面，美国对反对派的军事激励比较克制，远远不能满足后者的野心。为防止叙利亚叛军的军事冒进，同时又避免叛军因能力不足而快速溃败，美国通过谨慎的"赋能"激励来调控叛军的能力，其手段主要包括以下几个方面。一是训练项目。美国中央情报局负责一个年预算超过10亿美元的代理人战争项目（代号："梧桐木"，Timber Sycamore），[①] 在约旦建立了训练中心，将叛军训练任务外包给私人军事安保公司。而美国国防部采取的是"培训训练师"模式（train the trainers model），即先由美军训练约旦军队，再由约旦军队训练叙利亚叛军。时任美国参谋长联席会议主席邓普西认为："我认

---

① Mark Mazzetti, Matt Appuzzo, "U. S. Relies Heavily on Saudi Money to Support Syrian Rebels", *New York Times*, January 23, 2016, https：//www.nytimes.com/2016/01/24/world/middleeast/us-relies-heavily-on-saudi-money-to-support-syrian-rebels.html.

为（培训）是最有效的，要产生一个长期可持续的结果，我们就应该授权那些'温和'团体，帮助他们建立安全，克服他们面临的挑战"①。二是人道主义应急援助。为加强反对派控制区应对民生危机的能力，截至2013年6月，美国向叙利亚提供了超过5.13亿美元的人道主义援助，向反对派武装分子提供食品、医疗以及6300万美元的海外应急资金（Overseas Contingency Operations Funds），同时奥巴马政府和国会还重新拨款3亿美元用于向约旦政府提供与叙利亚有关的预算支持。② 但是人道主义应急援助无法提高"温和"叛军的军事优势。三是非致命武器援助（non-lethal weapon assistance）。为促进暴乱运动军事化，美国不断向反对派提供小型武器。例如，美国国务院请求国会在2016财年和2017财年提供约4.8亿美元，为经过审查的叙利亚反对派武装组织、反对派参与者以及反对派社区提供非杀伤性支持。③ 四是有限的空中支持。反对派希望美国在叙利亚设立禁飞区，冻结政府军的空中优势，以为反对派建立一个重新集结和招募的安全区域。但奥巴马反对为此投入大规模空军资源，仅提供有限空中支持掩护叛军的地面行动。尤其是考虑到阿萨德政府的"人盾"策略和部署俄罗斯的防空系统（S-300），美军的空袭行动变得谨小慎微。④

---

① Tom Bowman, Alice Fordham, "CIA Is Quietly Ramping Up Aid to Syrian Rebels", NPR, April 23, 2014, https：//www.npr.org/sections/parallels/2014/04/23/306233248/cia-is-quietly-ramping-up-aid-to-syrian-rebels-sources-say.
② Jeremy M. Sharp, Christopher M. Blanchard, "Armed Conflict in Syria: U.S. and International Response", CRS Report, June 14, 2013, p. 13.
③ Christopher M. Blanchard, Carla E. Humud, "The Islamic State and U.S. Policy", CRS Report, January 18, 2017, p. 12.
④ Carter Malkasian, "How the Good War Went Bad", *Foreign Affairs*, March/April, 2020, p. 87; John Cassidy, "America's Vital Interests in Syria", *New Yorker*, November 3, 2015.

第五章 颠覆阿萨德政权：美国—叙利亚叛军（2011—2019年）

另一方面，由于叛军资质参差不齐，美国担心出现激励错误。美国为换取反对派的遵从行为，必须向后者援助武器和发放工资，否则无法与资源更丰富的"努斯拉阵线"进行招募竞争。① 但是奥巴马政府对叛军资质充满疑虑："反对派杂乱无章、设备不足、缺乏训练且自我分裂"，不足以将他们塑造成一支能够击败阿萨德的力量。② 美国驻叙利亚前大使罗伯特·福特（Robert Ford）指出，奥巴马当局一直纠结反对派代理人的资质问题，"最初的争论是，我们不太了解他们，当我们更好地了解他们时，又发现他们没有很好的背景"。③ "自由军"里有很多是首次开枪的平民战士，作战经验和能力不足。2014年5月，奥巴马在接受美国国家公共电台（NPR）专访时指出："反对派中的'圣战'分子是久经沙场的战士，认为那里的混乱是获得立足点的机会。温和反对派中的许多人是农民、牙医或者是一些没有太多战斗经验的电台记者"。④ 叛军资质问题致使美国的激励政策变得谨小慎微，由于"暴乱分子四分五裂，缺乏一个连贯的、可实现的政治议程"，将最危险的武器交给叛军的长期风险超过了好处。⑤ 盲目激励资质不可靠的叛军既浪费资源，又加大了被牵连的风险和未来的安全隐患，因此美国试图划定激励边界，

---

① Faysal Itani, "The End of American Support for Syrian Rebels Was Inevitable", *The Atlantic*, July 21, 2017, https://www.theatlantic.com/international/archive/2017/07/trump-syria-assad-rebels-putin-cia/534540/; Michael Knigge, "Obama's policy failed to contain Syrian crisis," DW, August 19, 2016, https://www.dw.com/en/obamas-policy-failed-to-contain-syrian-crisis/a-19488044.

② David Remnick, "Going the Distance: On and Off the Road with Barack Obama", *New Yorker*, January 20, 2014, https://www.newyorker.com/magazine/2014/01/27/going-the-distance-david-remnick.

③ Tara McKelvey, "Arming Syrian Rebels: Where the US Went Wrong", *BBC News*, October 9, 2015, https://www.bbc.com/news/magazine-33997408.

④ The President Sat Down with NPR Morning Edition Host Steve Inskeep, NPR, May 29, 2014, https://www.npr.org/sections/parallels/2014/05/29/316681245/more-diplomacy-fewer-military-missions-5-obama-statements-explained.

⑤ Susan Rice, "In Syria, America Had No Good Options", *The Atlantic*, October 7, 2019, https://www.theatlantic.com/ideas/archive/2019/10/susan-rice-how-obama-found-least-bad-syria-policy/599296/.

规避因激励错误产生副作用。2015年6月，美国众议院情报委员会对CIA资助"温和"叛军的计划非常悲观，认为它"帮助塑造叙利亚内战的后果"，并决定削减叙利亚秘密项目20%经费预算。[①]

二 代理关系碎片化与监督难题

在叙利亚内战中，委托人集体与叙利亚反对派武装内部竞争与分裂始终没有停止，在军事、政治上的利益都呈现出碎片化的特征。美国与反对派代理人形成双重碎片化的代理关系，这种关系结构致使美国难以有效监督叙利亚代理人战争。一方面叙利亚反对派内部派别林立、偏好异质的问题严重，"这些分歧已经恶化了许多反政府武装之间的关系，在一些地区，他们之间的内讧比与政府军的对抗更常见"。[②] 另一方面，美国主导的包括海湾国家与土耳其在内的委托人集体在叙利亚内战中也存在广泛的利益分歧，多元委托主体在推翻阿萨德政权上的动机和急迫性各异，并根据自身利益优先原则选择相应的代理人去执行不同的议程，形成一种碎片化的代理关系，导致美国难以独自建立起受到各方都接受的一体化监督架构。

第一，代理人的碎片化导致监督难题。

"叙利亚革命与反对派全国联盟"（National Coalition for Syrian Revolutionary and Opposition Forces，简称"全国联盟"）自称是最有代表性的"温和"反对派政治组织，在领导与指挥层面上，它与各个反对派武装之间难以建立一体化的协调结构，一直无法对叛军行使总体指挥权。例如，"自由军"名义上配合"全国联盟"，实际上

[①] Greg Miller, Karen DeYoung, "Secret CIA effort in Syria Face Large Funding Cuts", *The Washington Post*, June 12, 2015, https://www.washingtonpost.com/world/national-security/lawmakers-move-to-curb-1-billion-cia-program-to-train-syrian-rebels/2015/06/12/b0f45a9e-1114-11e5-adec-e82f8395c032_story.html.

[②] Michael Becker, "When Terrorists and Target Governments Cooperate: the Case of Syria," *Perspectives on Terrorism*, Vol. 9, No. 1, 2015, p. 96.

它们之间并不存在一个最高的、有效的指挥中心和一致的议程。叙利亚境内的大多数武装分子现在都带有"自由军"的标志,但除了名字之外,没有任何协调或有组织的政治和谐,"不过是一个'涵盖性的术语'(umbrella term),一个没有自上而下命令和控制的松散特许机构"。① 2014年2月,"自由军"创始人里亚德(Riyad al-Asad)表示,即便"全国联盟"在日内瓦会议上签订停火协议,"自由军"方面也会拒绝执行。② 此外,很多反叛武装试图打着"自由军"旗号获取动员能力和外部援助,而非出于相同的动机。暴乱运动的高级指挥官阿基迪(Abdul-Jabbar Akidi)谴责叛军控制区被军阀割据,这些军阀"互相争夺权力",并且拒绝与叙利亚政权作斗争。③ "自由军"最高军事委员会(Supreme Military Council,SMC)参谋长萨利姆·伊德里斯(Salim Idris)因无法建立一体化的监督和指挥架构,导致一些反对派组织根据各自的私利进行自主战斗,撕裂整个暴乱进程。对此,叙利亚全国联盟总参谋长蒙泽尔·阿克比克(Monzer Akbik)认为,伊德里斯"未能建立一个机制,我不认为一切可以以同样的方式继续下去"。④

叙利亚反对派的碎片化可能致使一些叛军与阿萨德政权的合谋。虽然敌人之间的合谋现象比较少见,但是在生死存亡的压力下,合谋对彼此都有好处。对此,迈克尔·贝克(Michael Becker)从理论

---

① Haytham Manna, "Syria's Opposition Has Been Led Astray by Violence", *The Guardian*, June 22, 2012, https://www.theguardian.com/commentisfree/2012/jun/22/syria-opposition-led-astray-by-violence; Rania Abouzeid, "The Jihad Next Door: The Syrian Roots of Iraq's Newest Civil War", *Politico Magazine*, June 23, 2014, https://www.politico.com/magazine/story/2014/06/al-qaeda-iraq-syria-108214_full.html.

② 宦翔等:《叙利亚危机 日内瓦谈判僵局难破》,《人民日报》2014年2月14日第21版。

③ Samer Abboud, "Syria's War Economy", Carnegie Middle East Center, January 9, 2014, https://carnegie-mec.org/diwan/54131.

④ Damien Mcelroy, "Salim Idris Has Failed As Leader of Syrian Rebels, Coalition Says", *The Daily Telegraph*, December 16, 2013, https://www.telegraph.co.uk/news/worldnews/middleeast/syria/10521076/Salim-Idris-has-failed-as-leader-of-Syrian-rebels-coalition-says.html.

控制与自主:美国的中东代理人战争

上探讨了这种可能性,他指出一些暴乱组织可以从与阿萨德政权的合作中获得经济利益和军事打击的豁免,而阿萨德政权则利用了叛军的碎片化,通过故意扶植一些暴乱组织来进一步瓦解、分化反对派,削弱后者的整体力量。① 可以说,各路叛军大多数时候具备地方层面的自主性而不在一个整体监督架构下运作,一部分不认可、不服从整体目标的力量单元可能设法游离于委托人设定的监督框架,并呈现出"分裂式"自主性。

第二,施动方碎片化进一步加剧监督困境。

在反阿萨德议程上,美国、欧洲、土耳其、海湾国家等组成了一个松散的多边或集体施动方——"叙利亚之友"。继突尼斯和伊斯坦布尔会议之后,2012年7月"叙利亚之友"巴黎会议旨在协调对"自由军"的援助计划,鼓励反对派努力形成一个非极端主义的联合阵线,并继续聚焦共同目标。② 此后,美国中情局、国防部尝试与海湾阿拉伯国家、约旦、土耳其、欧洲国家进行合作,为叙利亚反对派武装提供武器、训练、资金,并在叙利亚边界附近建立了代理人战争项目运作的"神经中枢"、后勤供应和训练基地。尽管美国推动了集体施动方阵营的形成,但是美国无法有效监督各方采取集体行动,支持叙利亚反对派武装的各方之间几乎没有战略协作,这导致了反对派武装之间持续的混乱和内斗。

在反阿萨德议程上,从中东域内施动主体到域外施动主体之间都存在深刻的分歧,它们之间的协同效果不尽如人意。沙特阿拉伯、土耳其和卡塔尔等国家向叙反政府武装提供混乱无序的支持,导致松散的反对派联盟无法置于统一指挥之下,甚至发生自相残杀的混

---

① Michael Becker,"When Terrorists and Target Governments Cooperate: the Case of Syria", *Perspectives on Terrorism*, Vol. 9, No. 1, 2015, pp. 99-100.

② "Group of Friends of the Syrian People: 3rd Conference, Paris", Carnegie, July 6, 2012, https://carnegie-mec.org/diwan/48986?lang=en.

战现象,"谁在和谁作战并不总是很清楚"。① 不同干预方之间的相互撕扯,导致暴乱行动已经演变成它们建立代理人网络的混乱竞赛。② 即便在海合会内部,沙特阿拉伯、卡塔尔、阿拉伯联合酋长国对支持叙利亚暴乱的态度和做法也大不相同。阿拉伯伙伴在叙利亚内战中各怀鬼胎,削弱了"倒阿"运动的协调能力,引起美国防长卡特的不满:"除了空谈,它们(指海湾国家)对这场战斗的贡献相对较小。在一次又一次的会议中,我敦促海湾国家领导人做出承诺,但(他们)总有一套借口"。③ 而这些国家则认为白宫的战略软弱无力,它们担心美国领导力和信誉不足,在这种情况下,地区各国对支持叙利亚暴乱的最佳方式有不同看法。④

多元施动主体在叙利亚内战中有不同的利益优先,其内部的分歧进一步转化为代理人之间的偏好异质和行为混乱。实际上,"从突尼斯的首次会议开始,'叙利亚之友'组织就受到了一些问题的困扰,这些问题将使支持叙利亚反对派的国际努力陷入困境。以卡塔尔(也包括沙特阿拉伯)为首的地区国家推动军事干预,而西方国

---

① Charles Lister, "Trump's Syria Strategy Would Be a Disaster", *Foreign Policy*, November 17, 2016, https://foreignpolicy.com/2016/11/17/trumps-syria-strategy-would-be-a-disaster/; Zachary Laub, "Syria's Civil War: The Descent Into Horror", Council on Foreign Relations, Feb. 19, 2020, https://www.cfr.org/article/syrias-civil-war; "War in Syria: Next Steps to Mitigate the Crisis", Hearing Before the Committee on Foreign Relations, U.S. 114th Congress, May 17, 2016, https://www.govinfo.gov/content/pkg/CHRG-114shrg29447/html/CHRG-114shrg29447.htm.

② Roula Khalaf, Abigail Fielding Smith, "Qatar Bankrolls Syrian Revolt with Cash and Arms", *Financial Times*, May 16, 2013, http://ig-legacy.ft.com/content/86e3f28e-be3a-11e2-bb35-00144feab7de#axzz4uCEogfXK; "Saudi Arabia and Qatar Funding Syrian Rebels", *Reuters*, June 23, 2012, https://www.reuters.com/article/us-syria-crisis-saudi/saudi-arabia-and-qatar-funding-syrian-rebels-idUSBRE85M07820120623.

③ Ash Carter, "Behind the Plan to Defeat ISIS", *The Atlantic*, Oct. 31, 2017; Anthony H. Cordesman, "Is there an Obama Doctrine?", CSIS, March 10, 2016.

④ Mark Mazzetti, Michael R. Gordon and Mark Landler, "U.S. Is Said to Plan to Send Weapons to Syrian Rebels", *New York Times*, June 14, 2013, https://www.nytimes.com/2013/06/14/world/middleeast/syria-chemical-weapons.html.

家则对反政府武装中的伊斯兰分子保持警惕"。① 土耳其最初为推翻阿萨德政权,纵容反对派武装向"基地"组织转移武器;当其政策重点转向打击库尔德武装,又与"伊斯兰国"进行情报合作。② 2013年美国国防情报局(Defense Intelligence Agency)指责土耳其不加区别地向所有反对派包括"努斯拉阵线"和"伊斯兰国"提供技术和后勤支持的项目。③ 尽管沙特阿拉伯、卡塔尔与美国存在共同目标,但是它们在实现目标的急迫性以及具体的策略上存在分歧。需要指出的是,美国内部也因为政府部门利益竞争而存在协调不畅的问题,进一步削弱了监督效力。美国中情局和国防部都在叙利亚运作代理人战争项目。美国中情局主要资助"自由军"旗下的各类武装团体在大马士革、阿勒颇、伊德利卜附近进行暴乱活动。而美国国防部先是在约旦、土耳其训练"温和"反对派武装,该项目失败之后转而支持叙利亚东北部的库尔德人,利用后者组建并主导"叙利亚民主军"(SDF),旨在打击"伊斯兰国""基地"组织等恐怖主义势力。尽管中情局与国防部都从白宫获得了授权,但它们之间存在部门利益"沟壑"而难以处于同一个监督架构下采取集体行动。机构间的不同职能和分工缺乏协调,造成了一种混乱的政策,

---

① Aron Lund, "How Assad's Enemies Gave Up on the Syrian Opposition", The Century Foundation, October 17, 2017, https://tcf.org/content/report/assads-enemies-gave-syrian-opposition/? session=1.

② Amberin Zaman, "Syrian Kurds Continue to Blame Turkey for Backing ISIS Militants", Al-Monitor, June 2014, https://www.al-monitor.com/pulse/ru/originals/2014/06/zaman-syria-kurds-rojava-ypg-muslim-pyd-pkk-turkey-isis.html; Wladimir van Wilgenburg, "Kurdish Security Chief: Turkey Must End Support for Jihadists", Al-Monitor, August 6, 2014, https://www.al-monitor.com/pulse/originals/2014/08/syria-kurd-pyd-asayish-isis-turkey-islamic-state.html#ixzz5z7OXTQYn; Gönül Tol, "Turkey: A Reluctant Partner in the Fight against the Islamic State", Middle East Institute, September 15, 2014, https://www.mei.edu/publications/turkey-reluctant-partner-fight-against-islamic-state.

③ Seymour Hersh, "Military to Military", London Review of Books, No.1, January 7, 2016, pp.11-14.

第五章 颠覆阿萨德政权:美国—叙利亚叛军(2011—2019年)

导致美国支持的多个代理人武装在阿勒颇北部农村相互交战。①

总之,美国意识到反对派代理人不可靠且暴乱运动的前景不明,因此对后者的激励十分谨慎,倾向于利用可控的援助维系反对派"不被消灭"的暴乱状态,创造战场僵局,而不是帮助后者建立压倒性的军事优势。与此同时,利益诉求不一的多元施动主体和代理人内部矛盾难以化解,它们之间关于"如何构建规则,进而如何分配收益"的纷争将带来更多的冲突。② 因此,美国无法搭建起一个为各方所接受的一体化监督架构。可以说,美国难以采取有效的激励与监督措施来调控叙利亚的暴乱进程。

第三节　不可控的后果:反对派代理人的偏离

基于以上的分析可以发现,美国与反对派代理人存在不可调和的利益分歧,这是导致代理人战争进程不可控的深层次原因。此外,在管控代理关系的过程中,美国始终面临激励与监督的困境。当利益、激励与监督三个维度出现失衡,美国难以管控反对派代理人在暴乱运动中的偏离。

一　武器渠道多元化

无论是温和叛军、激进伊斯兰叛军还是极端主义恐怖组织,它们渴望获得更多的重型武器来奠定军事优势。但来自美国的军事援助只是一些小型武器和弹药,从未依照反对派的一再请求而提供过击落飞机所需的毒刺导弹等武器。③ "自由军"最高指挥官伊

---

① Barak Barfi, "Ascent of the PYD and the SDF", *The Washington Institute for Near East Policy*, No. 32, April 2016, p. 4.
② [美]道格拉斯·C.诺思:《制度、制度变迁与经济绩效》,杭行译,格致出版社2008年版,第124页。
③ "Is the Syrian Mess Obama's Legacy?", *TRT World*, October 14, 2019, https://www.trtworld.com/middle-east/is-the-syrian-mess-obama-s-legacy-30574.

德里斯指出:"我们真正需要的是武器和弹药,尤其是反坦克和防空导弹"。①"自由军"政治和媒体协调员默克德(Louay al Mokdad)抱怨:"如果他们(美国)只是发送小武器,小武器将如何发挥作用?他们应该提供真正的武器如反坦克和防空系统、装甲车、训练和'禁飞区'来帮助我们"。② 尽管反对派对此不满,但奥巴马政府始终不允许反对派得到可以扭转局势的武器,即使是向后者提供小型武器的政策选项,也被白宫视为"可能会导致更大的混乱"。③

当美国不能满足反对派代理人的期待,也就更难控制后者的偏离行为。由于奥巴马政府坚持不向叙反对派提供重大军事援助的"不干涉"策略,致使阿勒颇的"温和"叛军不得不另谋生路。一名反对派负责人说:"他们(美国)要求我们创造奇迹,但他们什么都没给我们"。④ 很多"自由军"成员甚至连每月50美元的薪水都得不到,他们或被"圣战"分子打败,或被迫逃离,或转而加入

---

① Barbara Starr and Chelsea J. Carter, "U. S. to Send Small Arms, Ammo to Syrian Rebels", *CNN*, June 15, 2013, https://edition.cnn.com/2013/06/14/world/meast/syria-civil-war/index.html.

② Liz Sly, Loveday Morris, "Syrian Rebels Say They Need Heavy Weaponry, Not Small Arms", *The Washington Post*, June 14, 2013, https://www.washingtonpost.com/world/middle_east/syrian-rebels-say-they-need-heavy-weaponry-not-small-arms-from-us/2013/06/14/775615fe-d4e2-11e2-8cbe-1bcbee06f8f8_story.html.

③ Mark Landler, "Romney Calls for Action on Syria, but His Party Is Divided", *New York Times*, May 29, 2012, https://www.nytimes.com/2012/05/30/world/middleeast/romney-condemns-obamas-syria-policy.html; Matt Spetalnick, Jonathan Landay, "Syria's Civil War to Mar Obama Legacy", *Reuters*, https://www.reuters.com/article/us-mideast-crisis-syria-obama-analysis-idUSKBN14228S; Rania Abouzeid, "The Jihad Next Door: The Syrian Roots of Iraq's Newest Civil War", *Politico Magazine*, June 23, 2014, https://www.politico.com/magazine/story/2014/06/al-qaeda-iraq-syria-108214_full.html; Phil Stewart, Kate Holton, "U. S. Pulls Plug on Syria Rebel Training Effort, Will Focus on Weapons Supply", Reuters, October 9, 2015, https://www.reuters.com/article/us-mideast-crisis-syria-usa-idUSKCN0S31BR20151009.

④ Tara McKelvey, "Arming Syrian Rebels: Where the US Went Wrong", *BBC News*, October 9, 2015.

更有资源、武器更精良的激进伊斯兰叛军组织甚至"伊斯兰国"。①一些反对派武装甚至与阿萨德政权进行石油交易,以获取必要的资金。②

与此同时,美国与土耳其、海湾国家等委托主体都建立了自己的武器转交渠道,并根据自身的目标和任务需要向各自的代理人输送不同数量和种类的武器。它们既努力平衡俄罗斯、伊朗对阿萨德政权和什叶派民兵组织的援助,同时也试图确保各自的代理人武装在叙内战中获得相对军事优势,因而各方在武器援助问题上非但没有进行统筹,反而采取自私的竞争策略,这使得反对派可以从更多的渠道获得武器援助。当美国无法垄断对反对派的武器援助,也就难以对后者的偏离行为进行有效约束。

二 武器扩散的风险

美国运作叙利亚代理人战争的一个风险来自作战资源的扩散,即武器、设备和其他支持不是保留在代理人手中,而是流落到不受控制的人员之手。为避免这一风险,2013年初,美国和西方国家开始拒绝向叛军提供大量武器,担心后者将武器转移到极端分子之手。同年5月,"自由军"最高指挥官伊德里斯提出监督武器流向的办法:"我们已经准备好列出武器清单,并写下序列号。当我们分发武器和弹药时,我们确切地知道去向。当阿萨德政权垮台时,我们将

---

① Edwin Mora, "U.S.-Backed Free Syrian Army Dwindling as Number of Desertions Rise", *Breitbart*, November 12, 2015, https://www.breitbart.com/national-security/2015/11/12/report-u-s-backed-free-syrian-army-dwindling-number-desertions-rise/; Andrew J. Tabler, "Syria's Collapse: And How Washington Can Stop It", *Foreign Affairs*, Vol. 92, No. 4, 2013, pp. 92–94; Oula A. Alrifai, "To Save Syria, Assad Must Step Down", An initiative of the Washington Institute for Near East Policy, December 26, 2017, https://www.washingtoninstitute.org/policy-analysis/save-syria-assad-must-step-down.

② Michael Becker, "When Terrorists and Target Governments Cooperate: the Case of Syria", *Perspectives on Terrorism*, Vol. 9, No. 1, 2015, p. 97.

准备归还所有的武器"。① 时任美国国务院负责叙利亚援助的官员马克·沃德（Mark Ward）认为，"援助物资和设备进入叙利亚的速度过快，可能意味着这些物资会流向错误的组织或社区。必须审查我们援助的最终用户，以确保他们不是坏人"。② 为此，美国发起了叛军资质审查程序，审查通过的"温和"派叛军才能继续获得美国援助。2014年初，美国完成了所谓的审查流程并开始恢复援助计划，援助物资将由叙利亚"最高军事委员会"来分配。

然而，碎片化的代理关系削弱了美国的监督效力，烦琐、昂贵的审查不能完全消除叛军内部隐藏的信息和行为，美国始终无法有效追溯叛军的武器流向。反对派代理人的资质参差不齐，"自由军"内部管理混乱且存在普遍的腐败现象，2014年6月，9名"自由军"高级官员因滥用捐赠国的军事援助被革职。③此外，美国支持的反政府武装常常与危险的"圣战"分子混杂在一起，没有好办法将他们彻底分开。这导致对反对派的支持很可能最终使"圣战"分子受益。④ 对于其中的难处，美国前总统国家安全事务助理顾问苏珊·赖斯（Susan Rice）指出："我们不断面临的挑战是，一些暴乱分子是阿萨德的真正政治反对者，而另一些则是致命的恐怖组织成员，还有一些介于两者之间……困难在于如何在不向恐怖分子提供先进

---

① Syrian Rebel Leader, "We Won't Share U. S. Arms With Extremists", NPR, May 4, 2013, https://www.npr.org/2013/05/04/181158423/syrian-rebel-leader-we-wont-share-u-s-arms-with-extremists.

② Abby Ohlheiser, "The CIA Begins Weapon Delivery to Some Syrian Rebels", *The Atlantic*, September 11, 2013, https://www.theatlantic.com/international/archive/2013/09/cia-begins-weapon-delivery-moderate-syrian-rebels/311182/.

③ "Syrian Rebel Command Sacked Over Graft Claims", *Al Arabiya News*, June 27, 2014, https://english.alarabiya.net/en/News/2014/06/27/Syrian-rebel-command-sacked-over-graft-allegations-.html.

④ Sam Heller, "A Syria Policy for Trump's America", The Century Foundation, December 9, 2016, https://tcf.org/content/report/syria-policy-trumps-america/.

武器和训练的情况下，帮助好人和灰色地带的人"。① 美国军方承认，一些反叛组织在遭遇极端分子时交出了武器，美国提供的武器几乎是不可能得到清点的。② 2015 年 9 月，五角大楼证实一批受美国训练的叙利亚叛军向"努斯拉阵线"移交了弹药和 6 辆皮卡，据称是为了换取安全通道。③

与此同时，施动主体担心将武器援助计划置于共同监督之下会妨碍各方的自主决策，还可能引起一系列的后续追责。由于委托人集体在武器监督上流于形式，叙利亚内战中更容易滋生大规模的武器黑市，美国、土耳其、沙特阿拉伯、卡塔尔、约旦等国家以及叙利亚暴乱组织、有组织犯罪团体、部落在中东地区组成复杂、重叠、分工的跨国武器走私网络，这些"影子"网络成为暴乱组织获取武器弹药的重要渠道。④ 外部力量严重依赖走私网络来介入叙利亚内战，通常对向叙暴乱组织走私武器的行为视而不见，即便美国援助给"温和"叛军的武器也在此流转。可以说，美国很难协调地区施动主体采取集体的监督行动，也难以深入监督跨国武器走私网络的运作。

总之，在叙利亚的暴乱中，反对派的偏离行为并不能被美国完全扼杀和纠正，这进一步加剧了美国运作叙利亚代理人战争的成本。随着叛军在战斗中节节败退，美国投入的资源被质疑遭到滥用，"零

---

① Susan Rice, "In Syria, America Had No Good Options", *The Atlantic*, October 7, 2019, https://www.theatlantic.com/ideas/archive/2019/10/susan-rice-how-obama-found-least-bad-syria-policy/599296/.

② Michael D. Shear, Helene Cooper and Eric Schmitt, "Obama Administration Ends Effort to Train Syrians to Combat ISIS", *New York Times*, October 9, 2015, https://www.nytimes.com/2015/10/10/world/middleeast/pentagon-program-islamic-state-syria.html?_r=1.

③ "Syria Crisis: US-Trained Rebels Give Equipment to al-Qaeda Affiliate", *BBC News*, September 26, 2015, https://www.bbc.com/news/world-middle-east-34368073.

④ Matt Herbert, "Partisans, Profiteers, and Criminals: Syria's Illicit Economy", *The Fletcher Forum of World Affairs*, Vol. 38, No. 1, 2014, p. 75; Matt Herbert, "Arms Trafficking in Syria: A Case of the Biter Getting Bitten", Global Initiative, August 6, 2013, https://globalinitiative.net/analysis/syria-arms/.

控制与自主：美国的中东代理人战争

星"（drip-feeding）的反对派武装团体在反政府议程上被证明是无能和懈怠的，2017年7月特朗普停止了这个被他视为"昂贵、无效且不受控制的项目"。①

本章小结

美国利用当地反对派代理人进行暴乱活动，试图达到削弱乃至最终颠覆阿萨德政权的目标，逐渐引发对手的反制和效仿，俄罗斯、伊朗、土耳其及海湾国家等域内外力量纷纷介入其中，一同将叙利亚变成持久的、血腥的代理人战争"棋盘"。美国本不想因深度卷入叙利亚冲突旋涡而扰乱其中东战略收缩，"但实际上无时无刻不被中东事务缠身，耗费大量精力和资源"，制造了持久的流血、动乱，并最终走向了溃败。②

美国在这场持久的、混乱的代理人战争中走向了溃败，其背后的原因不仅仅是军事上的失利，还涉及政治上的背叛。克劳塞维茨曾指出："战争不是一种盲目的激情，而是受政治目标控制，这个目标的价值必须决定为之要做多大的和多久的牺牲，一旦努力的花费超过了政治目标的价值，这个目标就必须被放弃。"③ 具体就叙利亚而言，其经济体量弱小，没有丰富的石油资源，也没有能力威胁美国本土和美国的海湾军事基地，当美国在那里没有关键利益时，也没有必要为此进行巨大的冒险。④ 实际上，奥巴马和特朗普政府都

---

① Mark Mazzetti, Adam Goldman and Michael S. Schmidt, "Behind the Sudden Death of a $1 Billion Secret C. I. A. War in Syria", *New York Times*, August 2, 2017.
② 唐志超：《拜登政府的中东政策发展趋向》，《当代世界》2021年第4期，第31—37页。
③ 卡尔·冯·克劳塞维茨：《战争论》，商务印书馆2016年版，第125—126页。
④ John J. Mearsheimer, "America Unhinged", *The National Interest*, No. 129, January/February, 2014, pp. 9-30; Obama said in his final press conference of 2016; Barbara Plett Usher, "Obama's Syria Legacy: Measured Diplomacy, Strategic Explosion", January 13, 2017, https://www.bbc.com/news/world-us-canada-38297343.

第五章　颠覆阿萨德政权：美国—叙利亚叛军（2011—2019年）

认为美国在叙利亚缺乏核心利益，他们对推翻阿萨德政权的急迫性不高，这与叛军的期望形成一定反差。

从学理的角度看，其失败主要的原因在于奥巴马当局并没有努力搭建起昂贵的一体化约束架构来有效驾驭这个进程。更具体的原因主要包括两点：一是美国与反对派代理人之间的利益分化没能得到纠正，导致约束架构缺失关键一环；二是利益分化情形下，美国担心被牵连而不愿意持续投资代理人战争，因而更加难以对反对派代理人作出坚定的、庞大的激励计划和构建起一个有效的监督、协调架构来统摄、整合碎片化的代理关系。

由此可见，美国无法克服叙利亚代理人战争中的系统性"软肋"，其失败的教训无疑对其他域外和地区大国妄图利用代理人干预目标国事务产生警醒：任何试图发动和运作代理人战争的施动方，都难以避免代理人战争进程失控的后果。

结　　论

在"百年未有之大变局"的关口，大国竞争和地缘政治加速回归，传统安全威胁与新时代安全问题相互交织。在此背景下，一些国家为避免爆发直接冲突，转向采用非对称、非常规的代理人战争开展战略博弈，唆使和利用他人为自己"火中取栗"，试图尽可能少地承担人力和财政代价，把风险转移给代理人，从后者的努力中攫取收益，以间接或混合方式维持其在目标国的"低显示度"存在。代理人战争的再度流行，日益成为加剧局部冲突和大国对抗的主要形式，严重侵蚀了国际安全秩序，增加了全球安全治理的难度。代理人战争的逻辑"幽灵"正在侵入一些国家的安全战略构想、军事思维和战场实践。代理人战争因其非对称、非常规的作战方式和思维越来越受到关注，正日益成为一些国家维护和扩大自身利益的战略手段。当各国既不愿意放弃利益又越来越不愿意承担人力和财政代价，使用代理人战争的呼吁就越来越高。①

自西亚北非动荡以来，美国不断推进中东战略收缩，同时又紧锣密鼓地发动代理人战争。奥巴马、特朗普和拜登政府为摆脱中东的"永久战争"，转向"轻足迹"和"幕后领导"策略，妄图通过代理人战争维持中东霸权。代理人战争正在向碎片化的中东国家渗

---

① Andrew Mumford, "The New Era of the Proliferated Proxy War", the Strategy Bridge, Nov. 16, 2017, https：//thestrategybridge.org/the-bridge/2017/11/16/the-new-era-of-the-proliferated-proxy-war.

透,域内外施动方纷纷通过扶植当地代理人来实现战略目标,伊拉克、叙利亚、利比亚、也门等地区"脆弱国家"相继成为代理人战场。美国妄图利用非对称的代理人战争作为常规战争的补充或替代方案,继续在中东地区推动那些代价昂贵、不便利的"肮脏"议程,通过外部干预维持当地对立派系、阵营的长期运转,阻止任何一方获得决定性优势。

讽刺的是,美国运作的代理人战争不断地走向溃败,不仅在中东制造了血腥和混乱,严重破坏地区安全秩序,还消耗了自身的信誉,进而牵制了其战略收缩步伐。尽管美国倾向在中东地区发动低成本、低显示度的代理人战争,但是这又制造了新的安全混乱:中东战争规模萎缩的同时,却又转化为一系列小规模血腥、漫长的冲突,加剧了地区持久消耗战的痛苦,而美国也深陷其中难以脱身。历史反复证明,人类既无法摆脱也无法驾驭代理人战争,外界不知道它从何时被发动,也不知道它会走向何方,更不知道如何结束它。

一 控制与自主之间的张力

在过去以及未来很长一段时期,"施动方中心"范式会"固执"地影响人们对代理人战争的理解。当前,大国竞争的加剧使得代理人战争的吸引力也在增强,但是,在试图运用代理人战争击败对手之前,应当正视其许多固有风险、道德瑕疵和战略局限性。[①] 特别是代理人的因素不容忽视,它也会根据利益最大化原则来谋求自主角色,一旦这种角色超出施动方的控制,这将反过来削弱代理关系的可靠性并扰乱施动方原本的战略意图。而基于本书的研究,我们至少可以发现代理关系并非"一边倒",施动方与代理人在控制与自主之间存在明显的张力:施动方为确保代理人战争按照原本的设想

---

① C. Anthony Pfaff, Patrick Granfield, "How (Not) to Fight Proxy Wars", *National Interest*, March 27, 2018, https://nationalinterest.org/feature/how-not-fight-proxy-wars-25102.

控制与自主:美国的中东代理人战争

进行而试图控制代理人，但是代理人更希望在执行代理议程的过程中保留更大的自主性。鉴于这种矛盾，双方始终处于"控制—自主"的紧张博弈之中。

代理人战争中的控制与自主张力在很大程度上受到利益、激励与监督这三个维度的调节。利益发挥基础作用，激励与监督发挥辅助作用，三者之间形成"一主两辅"的作用机制。如何让三者在委托—代理框架下保持平衡，这实际上对施动方与代理人的持续互动构成重大挑战。运作代理人战争是极为复杂的系统管理过程，一旦利益分化无法弥合，代理人战争进程的"导向"作用丧失，激励与监督两个维度也就难以聚合在一起发挥辅助作用，"一主两辅"的一体化的约束架构随之破碎。此外，代理人战争涉及委托人与代理人的双向博弈，一种控制与自主的张力贯穿其中，一旦这种张力失衡，就会助长代理关系脆弱性，并加速代理人战争走向溃败。由此也导致如何维系代理关系的平衡并设计一套行之有效约束架构，始终是阻碍施动方驾驭代理人战争进程的鸿沟。

笔者认为利益就如同代理关系的"平衡木"，它决定三者间的平衡状态能不能得以维持。当利益处于高度匹配的阶段，代理人谋求自主性的动机被极大地遏制，恰如其分的激励和监督开始扮演"助推器"角色，帮助代理人在代理议程上降低努力成本以促进其积极性和表现，施动方则可以从中获得更多的代理收益，在这种情况下，那么双方都能从这种平衡的"控制—自主"框架中获得好处。这一观点在本书的第一个案例（美国利用安巴尔部落镇压 AQI 暴乱）中利益匹配阶段得到了充分证明。

相反，当利益处于较低的利益匹配或分化阶段，施动方与代理人都将不愿意或没有能力继续推动代理议程，随之而来的是不受欢迎的、不恰当的激励和无效的监督。在这种情况下，"控制—自主"的平衡状态被打破，施动方与代理人都不能从中达到目的。这一观点在本书的第二个案例（美国利用叙利亚反对派叛军颠覆阿萨德政权）中得到验证。美国与叙利亚反对派武装之间的利益匹配程度一直不高，不愿意对后者采取大规模的激励计划，而且更担心无法监督后者的自主行为。对叙利亚反对武装而言，他们始终难以从美国那里获得想要的支持，其努力成本异常高昂，以至于在推进代理议程上寸步难行。截至本书写作完成时，双方也未能通过代理人战争的方式颠覆阿萨德政权。此外，这一观点在第一个案例的利益分化阶段也得到证实。从 2006 年到 2008 年，安巴尔部落在镇压 AQI 暴乱的代理议程中表现卓越，为美军在伊拉克战后的平叛、维稳中做出了巨大贡献。然后，残酷的现实随之而来，美国一旦达到目的就开始放弃此前的激励承诺，并将安巴尔部落"觉醒"民兵（被美国褒扬为"伊拉克之子"）抛到一边，这种背叛导致美军从安巴尔获得的胜利转瞬即逝，安巴尔部落中的一些保守的酋长和激进团体重新回到反美主义阵营，这为"基地"组织在该省起死回生并最终孵化成"伊斯兰国"创造了条件。可以说，美军抛弃安巴尔部落的政策间接导致了"伊斯兰国"的威胁从安巴尔省外溢到叙利亚。美国未曾预料到它在安巴尔省代理人战争中留下的后遗症发酵为另一个灾难，这也为美国利用叙利亚库尔德武装代理人打击"伊斯兰国"埋下了伏笔。

最后必须说明的是，在"控制—自主"的张力中，利益、激励和监督三个维度可能单独发挥作用，也可能同时交叉发挥作用，它们彼此间的若干组合形成的某种解释机制也可能对结果造成影响，但是无论何种组合，利益是影响"控制—自主"框架是否平衡的首要维度。

二 代理人战争是一种"次优"选择

代理人战争成为很多国家的政策工具是因为那些决策者只看到它在安全战略上的价值，以美国为例，"脏活累活苦活，什么都往落后国家转移，就连打仗都想找替死鬼"。[①] 但是要想控制代理人战争

---

① 李零：《波斯笔记》，生活·读书·新知三联书店 2019 年版。

的走向则需要达成多个方面的平衡。第一，施动方与代理人需要在各自的利益、目标诉求上找到平衡点。在大多数情形下，施动方与代理人的利益、目标并非完全兼容，如果双方完全奉行绝对的利益最大化原则，代理关系可能无从建立，即便能够建立也将严重失衡而演变成一种单方面的强制代理关系（或"剥削型"代理关系，Exploitative Model）而不是理想的非对称依赖关系（或"交易型"代理关系，Transactional Model），强制代理关系需要施动方一直付出足够有吸引力的资源来收买代理人的服从，一旦收买举动停止，强制代理关系将难以为继。[①] 因此，施动方需要在一定程度上包容代理人的私利以换取后者在代理议程上的遵从，但是如何确保代理人在未来的行动中不会进一步扩大私利并造成双方的利益分化？双方的利益和目标兼容只可能处于一种动态平衡，如何驾驭这种动态平衡成为代理人战争过程中的棘手任务。第二，施动方需要在增强代理人能力与控制后者自主性之间找到平衡点。在某些情况下，授权代理人获得实现国家目标所必需的军事或政治能力将削弱施动方未来管理代理人的能力。代理人在战争的胜利中获得更多的资源、军事能力，这可能鼓舞了其继续作战的信心、冒险动机和政治野心，从而出现不受施动方控制的自主行为。因此，快速增加对代理人援助和军事能力有可能造成一个国家与其代理人的目标分歧，减少代理人对施动方的依赖。可以说，在赋能与控制代理人之间找到平衡点对施动方而言是一项困难的任务。第三，施动方需要在代理收益与监督代理人之间找到平衡点。如果代理人被严格的监督，施动方将很难期待后者将专业（脏手）优势发挥到极致，而且没有代理人乐意在严格的监督下开展非正当的任务，严格的监督更有可能导致代理人懈怠而非努力。但是在宽松的监督环境下，又如何保证代理人沿着既定的议程前行？因此，实现监督与代理收益的平衡同样是一道

---

① Amos C. Fox, "Conflict and the Need for a Theory of Proxy Warfare", *Journal of Strategic Security*, No.1, 2019, pp. 62-66.

结　论

难题。

不难发现，在代理人战争中仅实现以上三组平衡就绝非易事，很多失控的代理人战争与此密切相关。它给世人的一个重要启示是：发动代理人战争貌似是一个有吸引力的政策方案，但是掌控代理人战争的过程和结果却需要付出很多的精力和成本，即相对于常规战争而言，代理人战争的直接成本相对较低，但是间接成本可能异常高昂，这实际上给潜在的决策者浇了一盘冷水。总之，代理人战争中隐含着诸多难以克服的成本和难题，一旦考虑到这些方面，代理人战争将不是最佳的政策工具。代理人战争之所以在当前的武装冲突中被广泛采用，一个重要的原因就是没有哪一个施动方决策者在发动代理人战争之前就能预料和识别后续的一系列动态的、隐含的风险，还有一个更重要的原因如同泰隆·格罗（Tyrone L. Groh）的书名所揭示的那样——《代理人战争：最不坏的选择》（*Proxy War: The Least Bad Option*）。①

三 进一步的研究设想

美国学者坎迪斯·荣德斯等人在长篇研究报告中明确指出："21世纪的代理人战争是在多极世界的战略创新。"② 在未来的大国战略博弈或地区武装冲突中，如果以美国为首的一些国家不愿意放弃或无法摆脱代理人战争，那么需要进一步研究的是，代理人战争对相关国家的安全战略规划、军事力量变革、作战思维将产生什么影响？这些国家如何驾驭代理人战争？

可以预见，美国为应对中东常规军事资源缩减、非传统安全威胁、非对称作战和战争空间拓展等多重挑战，必将扮演"主脑"角色，以聚合、支配众多"手脚"，进一步在中东搭建起灵活、复杂的

---

① Tyrone L. Groh, *Proxy War: The Least Bad Option*, Stanford University Press, 2019.
② Candace Rondeaux, David Sterman, "Twenty-First Century Proxy Warfare: Confronting Strategic Innovation in a Multipolar World", *New America*, Feb., 2019.

代理人网络。"科技的快速发展和战争形态的不断变化也对安全环境造成了影响。新兴技术发展的驱动力长期存在,这为更多的行为体提供了更低的准入门槛,并且一直处于加速推进的状态。"① 人工智能、机器学习等新兴技术不断向军事领域渗透,美国已将其融入复合代理人战争之中,以提升其无人机和认知作战的能力。可以说,这种"后现代代理人战争"(post-modern surrogate warfare)形式将淡化"有形"力量的作用,致使美国在海外运作代理人战争中受到更少的监督。②

自 2021 年以来,中东地区出现一轮范围广、力度大的"和解潮",反映出美国在中东的常规军事收缩以及中东国家抵制被美国裹挟进无尽的地缘政治冲突。③ 但是"中东地区的缓和依然十分脆弱",存在逆转的可能性,其主要因素包括:域内外大国的主导权竞争进一步投射到中东地区;美国干预中东秩序的能力和动机不会快速消失;人工智能和危险技术进一步向中东安全领域扩散;宗教与意识形态隔阂持久存在;非政府武装和恐怖主义势力难以被彻底控制;政权更迭的隐患始终存在;等等。④ 这些因素叠加震荡,不但会打断中东的"和解潮",甚至会加剧中东安全环境碎片化、脆弱化。正当世人沉浸在中东和解的乐观氛围中,2023 年 10 月 7 日以色列与哈

---

① United States Department of Defense, Summary of the 2018 National Defense Strategy: Sharpening the American Military's Competitive Edge, 2018, https://dod.defense.gov/Portals/1/Documents/pubs/2018-National-Defense-Strategy-Summary.pdf.

② Will Marshall, "Drones, Disinformation and Proxies: What the Middle East's 'Forever Wars' Tell Us about the Future of Conflict", Global Risk Insights, February 14, 2022, https://globalrisksights.com/2022/02/drones-disinformation-and-proxies-what-the-middle-easts-forever-wars-tell-us-about-the-future-of-conflict/.

③ 丁隆:《"和解潮"开启中东外交新航向》,《环球时报》2022 年 3 月 23 日,第 15 版;余建华:《中东局势演进刍议》,《国际关系研究》2021 年第 6 期,第 48 页。

④ Ari Heistein, Daniel Rakov, Yoel Guzansky, "What will the Middle East Look Like in 2030? An Israeli Perspective", Middle East Institute, March 1, 2021, https://www.mei.edu/publications/what-will-middle-east-look-2030-israeli-perspective;刘中民:《中东地区大国关系缓和的虚实表里》,澎湃新闻网,2022 年 3 月 21 日,https://www.thepaper.cn/newsDetail_forward_17216926。

结　论

马斯之间却突然爆发大规模冲突,再次引起人们对中东代理人战争升级的关注。尽管美国已经加强了其在地区内的存在,但是这也给了那些视华盛顿为以色列同谋的德黑兰强硬派和伊朗的代理人提供了继续建设军事力量并威胁升级行动的理由。① 事实也表明,伊朗领导的"抵抗轴心"(Axis Of Resistance)和广泛的地区代理人网络不断发出强烈威胁信号,并对以色列和美国的军事目标进行了频繁袭扰。当中东的和解短周期消失,动乱长周期就会延续,非对称、非常规的代理人冲突将此起彼伏,美国则趁机肆意推动该地区冲突向交互化、网络化、商业化、科技化方向迈进。② 美国的中东复合代理人战争一旦开启,就没有明确的终点和底线,卷入其中的众多玩家被迫经受持久残酷战斗的煎熬,很难实现全身而退或成为"终极赢家"。

美国执意推动中东代理人战争的复合化,将极大地增加各方控制冲突进程的难度,降低武力使用的门槛,催生多维冲突的叠加,致使重塑地区安全秩序的集体行动将成为奢望。事实已经证明,美国作为复合代理人战争的罪魁祸首,加剧了叙利亚、也门等国的人道主义灾难、地区军备竞赛和非正当手段的滥用。③ 如此劣迹斑斑严重损害了美国的国际形象和威望,也使得美国政界和军方的决策者在道义层面备受诟病。

---

① Jennifer Kavanagh, Frederic Wehrey, "Washington's Looming Middle Eastern Quagmire: The War in Gaza, American Overstretch, and the Case for Retrenchment", *Foreign Affairs*, November 24, 2023, https://www.foreignaffairs.com/united-states/washingtons-looming-middle-eastern-quagmire.

② 文少彪、王佳霖:《美国中东代理人战争的复合化趋势》,《国际展望》2023 年 第 5 期,第 118—139 页。

③ Shruti Punia and Marc Finaud, "The Middle East Is A Self-perpetuating Cycle of Conflict and Arms Sales", Responsible Statecraft, Feb. 7, 2022, https://responsiblestatecraft.org/2022/02/07/the-middle-east-is-a-self-perpetuating-cycle-of-conflict-and-arms-sales/;《2021 年的军备竞赛 阿拉伯人为何购买大量武器?》,半岛新闻网,2022 年 1 月 11 日, https://chinese.aljazeera.net/opinions/long-reads/2022/1/11/2021%E5%B9%B4%E7%9A%84%E5%86%9B%E5%A4%87%E7%AB%9E%E8%B5%9B%E9%98%BF%E6%8B%89%E4%BC%AF%E4%BA%BA%E4%B8%BA%E4%BD%95%E8%B4%AD%E4%B9%B0%E5%A4%A7%E9%87%8F%E6%AD%A6%E5%99%A8%A8.

控制与自主:美国的中东代理人战争

代理人战争不可避免地朝着复合化模式转变，例如发生在叙利亚、利比亚的冲突实际上已经发展为复合代理人战争。对此，我们需要从学理上深入理解代理人战争的新演变，笔者认为发展复合代理人战争理论正当其时。当然，任何一场代理人战争都受到具体的时空条件限制，因此提出复合代理人战争一般原理和规律将异常困难。但研究上的挑战并不意味着理论化的过程"无迹可寻"，这是此后需要进一步探讨的方向。

参考文献

一 中文文献

专著

牛新春：《战略情报分析方法与实践》，时事出版社 2016 年版。

崔建树：《折戟沉沙："美国猪湾行动"始末》，南京大学出版社 2018 年版。

孙德刚：《美国在大中东地区军事基地的战略部署与调整趋势研究》，时事出版社 2018 年版。

徐进：《暴力的限度——战争法的国际政治分析》，中国社会科学出版社 2012 年版。

张帆：《战略收缩背景下特朗普政府在中东的进退得失》，载吴白乙、倪峰主编《美国蓝皮书：美国研究报告（2019）》，社会科学文献出版社 2019 年版。

唐志超：《中东库尔德民族问题透视》，社会科学文献出版社 2013 年版。

译著

［美］艾伦·布林克利：《美国史 1492—1997》，邵旭东译，海南出

版社2009年版。

［美］巴拉克·奥巴马：《无畏的希望》，罗选民等译，法律出版社2008年版。

［美］戴伦·霍金斯、戴维·莱克、丹尼尔·尼尔森、迈克尔·蒂尔尼编：《国际组织中的授权与代理》，白云真译，上海人民出版社2015年版。

［美］道格拉斯·诺思：《制度、制度变迁与经济绩效》，杭行、韦森译，格致出版社2008年版。

［日］冈本隆司：《属国与自主之间——近代中朝关系与东亚的命运》，黄荣光译，三联书店2012年版。

［美］格雷厄姆·艾莉森：《注定一战：中美能避免修昔底德陷阱吗？》，陈定定、傅强译，上海人民出版社2019年版。

［美］海伦·米尔纳：《利益、制度与信息：国内政治与国际关系》，曲博译，上海人民出版社2015年版。

［美］汉斯·摩根索：《国家间政治》，徐昕等译，北京大学出版社2006年版。

［德］卡尔·冯·克劳塞维茨：《战争论》，商务印书馆2016年版。

［澳］克里斯蒂安·罗伊·斯米特、［英］邓肯·斯尼达尔编：《牛津国际关系手册》，方芳等译，译文出版社2019年版。

［美］肯尼思·沃尔兹：《国际政治理论》，信强译，上海人民出版社2008年版。

［法］雷蒙·阿隆：《和平与战争：国际关系理论》，朱孔彦译，中央编译出版社2013年版。

［美］罗伯特·盖茨：《责任：美国前国防部部长罗伯特·盖茨回忆录》，陈逾前等译，广东人民出版社2016年版。

［美］罗伯特·基欧汉：《霸权之后：世界政治经济中的合作与纷争》，苏长和、信强等译，上海人民出版社2006年版。

［美］玛莎·芬妮莫尔：《干涉的目的：武力使用信念的变化》，袁

正清、李欣译，上海人民出版社 2018 年版。

［美］迈克尔·莫雷尔、比尔·哈洛：《不完美的风暴：美国中央情报局反恐 30 年》，朱邦芹译，中信出版社 2018 年版。

［美］迈克尔·沃尔泽：《正义与非正义战争：通过历史案例的道德论证》，任献辉译，社会科学文献出版社 2015 年版。

［意］尼洛科·马基雅维利：《兵法》，袁坚译，商务印书馆 2014 年版。

［美］乔比·沃里克：《黑旗：ISIS 的崛起》，钟鹰翔译，中信出版集团 2017 年版。

［美］斯蒂芬·沃尔特：《联盟的起源》，周丕启译，北京大学出版社 2007 年版。

［美］斯科特·安德森：《阿拉伯的劳伦斯：战争、谎言、帝国愚行与现代中东的形成》，陆大鹏译，社会科学文献出版社 2014 年版。

［美］唐纳德·拉姆斯菲尔德：《已知与未知：美前国防部长拉姆斯菲尔德回忆录》，魏骅译，华文出版社 2013 年版。

唐世平：《国际政治的社会演化：从公元前 8000 年到未来》，董杰旻、朱鸣译，中信出版社 2017 年版。

［古希腊］修昔底德著：《伯罗奔尼撒战争史》，谢德风译，商务印书馆 2010 年版。

［英］尤金·罗根：《征服与革命中的阿拉伯人：1516 年至今》，廉超群、李海鹏译，浙江人民出版社 2019 年版。

［美］约翰·弗雷德里克森：《美国特种部队》，朱振国译，上海科技文献出版社 2014 年版。

［美］约翰·加迪斯：《长和平：冷战史考察》，潘亚玲译，上海人民出版社 2010 年版。

［美］约翰·罗尔斯：《正义论》，何怀宏等译，中国社会科学出版社 2009 年版。

［美］约翰·米尔斯海默：《大国政治的悲剧》，王义桅、唐小松译，上海人民出版社 2015 版。

［美］约翰·尼克松：《审判萨达姆》，钟鹰翔译，中国致公出版社 2019 版。

［美］詹姆斯·布坎南：《成本与选择》，刘志铭、李芳译，浙江大学出版社 2009 年版。

期刊

蔡永顺：《代理人困境与国家治理：兼评"风险论"》，《社会》2017 年第 3 期。

陈翔：《冷战时期代理人战争为何频发》，《国际政治科学》2017 年第 4 期。

陈翔：《内战为何演化成代理人战争》，《世界经济与政治》2018 年第 1 期。

陈翔：《大国竞争时代的美国代理人战略》，《世界经济与政治论坛》2020 年第 1 期。

陈宇：《从叙利亚凯旋后，俄罗斯的中东战略将走向何方?》，《世界知识》2018 年第 1 期。

董漫远：《库尔德问题与中东局势》，《国际问题研究》2017 年第 4 期。

冯绍雷：《俄罗斯的中东战略：特点、背景与前景》，《当代世界》2016 年第 3 期。

李海鹏：《教派主义与叙利亚危机教派化机制浅析》，《阿拉伯世界研究》2021 年第 1 期。

刘辰、马晓霖：《土耳其叙北安全区政策的动因与走向分析》，《阿拉伯世界研究》2020 年第 6 期。

刘丰、董柞壮：《联盟为何走向瓦解》，《世界经济与政治》2012 年第 10 期。

刘丰：《美国的联盟管理及其对中国的影响》，《外交评论》2014年第6期。

刘宏松：《国际组织的自主权行为：两种理论视角及其比较》，《外交评论》2006年第3期。

刘月琴：《移交主权后的伊拉克》，《西亚非洲》2004年第5期。

刘中民、郭强：《伊斯兰哈里发制度：从传统理想到现实困境》，《世界经济与政治》2018年第3期。

刘中民、赵跃晨：《教派问题安全化形塑中东地区格局——以沙特阿拉伯外交为例》，《国际展望》2020年第5期。

刘中民：《地区大国代理人战略的差异性研究——以中东宗教政治组织的赞助—代理关系为例》，《国际观察》2022年第5期。

马建光、李佑任：《"出兵—撤兵"与俄罗斯在叙利亚地缘政治目标的实现》，《国际安全研究》2018年第3期。

马晓霖：《"奥巴马主义"与叙利亚危机》，《阿拉伯世界研究》2017年第1期。

牛新春：《美国中东政策：开启空中干预时代》，《西亚非洲》2017年第1期。

牛新春：《中东政治演进的特点》，《现代国际关系》2021年第2期。

齐鑫：《美国"外国代理人登记法"及其影响》，《美国研究》2020年第1期。

邵峰：《美国的反恐战略布局及其困境》，《人民论坛·学术前沿》2016年第13期。

宋伟：《联盟的起源：理性主义研究新进展》，《国际安全研究》2013年第6期。

孙德刚、凌胜利：《多元一体：中东地区的弱链式联盟探析》，《世界经济与政治》2022年第1期。

苏若林、唐世平：《相互制约：联盟管理的核心机制》，《当代亚太》2012年第3期。

唐志超：《俄罗斯与土耳其关系的内在逻辑与发展趋势》，《西亚非洲》2017年第2期。

唐志超：《拜登政府的中东政策发展趋向》，《当代世界》2021年第4期。

汪波、穆春唤：《叙利亚库尔德人内战前后的政治发展》，《阿拉伯世界研究》2018年第2期。

王帆：《联盟管理理论与联盟管理困境》，《欧洲研究》2006年第4期。

王帆：《卷入越战：美国的决策错误及其原因》，《战略决策研究》2019年第6期。

王立新：《世界领导地位的荣耀和负担：信誉焦虑与冷战时期美国的对外军事干预》，《中国社会科学》2016年第2期。

王林聪：《中东安全问题及其治理》，《世界经济与政治》2017年第12期。

王琼：《叙利亚库尔德武装的性质及其影响探析》，《阿拉伯世界研究》2017年第6期。

韦宗友：《西方正义战争理论与人道主义干预》，《世界经济与政治》2012年第10期。

魏敏：《中东变局下美国与土耳其关系变化及前景》，《当代世界》2021年第3期。

徐万胜：《大国竞争背景下美国高端常规战争能力建设评析》，《人民论坛·学术前沿》2021年第10期。

杨洪林：《浅析伊拉克战后的教派之争》，《阿拉伯世界研究》2006年第5期。

姚全：《"离岸平衡"战略：客观条件、核心目标与实现手段》，《太平洋学报》2020年第4期。

余建华：《中东局势演进刍议》，《国际关系研究》2021年第6期。

章远：《中东政治发展危机的安全结构约束》，《西亚非洲》2019年第 6 期。

赵建明：《伊拉克库尔德对美的游说与各方在独立公投上的多重博弈》，《美国研究》2019 年第 4 期。

周桂银、沈宏：《西方正义战争理论传统及其当代论争》，《国际政治研究》2004 年第 3 期。

周鑫宇：《美国对库尔德独立问题的政策及其发展前景》，《现代国际关系》2017 年第 10 期。

周雪光：《基层政府间的"共谋现象"——一个政府行为的制度逻辑》，《社会学研究》2008 年第 6 期。

朱泉钢：《也门多重武装力量的崛起及其治理困境》，《阿拉伯世界研究》2019 年第 4 期。

左希迎：《非常规战争与战争形态的演变》，《世界经济与政治》2020 年第 3 期。

张家栋：《多边疆战争：未来战争的可能形态》，《人民论坛·学术前沿》2021 年第 10 期。

报刊

丁隆：《"和解潮"开启中东外交新航向》，《环球时报》2022 年 3 月 23 日第 15 版。

黄培昭等：《美伊在中东都有哪些代理人》，《环球时报》2020 年 1 月 9 日第 7 版。

宦翔等：《叙利亚危机 日内瓦谈判僵局难破》，《人民日报》2014 年 2 月 14 日第 21 版。

刘中民：《库尔德问题成土耳其对叙利亚政策核心》，《中国社会科学报》2018 年 4 月 12 日第 3 版。

钮松：《空袭 ISIS：美国难以从中东"转身"》，《中国社会科学报》2014 年 8 月 13 日第 B02 版。

二 英文文献

著作

Andrew Mumford, *Proxy Warfare*, Cambridge: Polity Press, 2013.

Barry Buzan and Lene Hansen, *The Evolution of International Security Studies*, New York: Cambridge University Press, 2009.

Brantly Womack, *Asymmetry and International Relationships*, Cambridge University Press, 2016.

Christopher M. Davidson, *Shadow Wars: The Secret Struggle for the Middle East*, U. K.: Oneworld Publishing, 2016.

Chuchu Zhang, Islamist Party Mobilization: Tunisia´s Ennahda and Algeria´s HMS Compared, 1989—2014, Singapore: Palgrave Macmillan, 2020.

Collins G. Kevin, *America´s Mercenaries: War by Proxy*, War College Series, 2015.

D. Michael Shafer, *Deadly Paradigms: The Failure of U. S. Counterinsurgency Policy*, Princeton University Press, 1988.

Daniel Byman, *Deadly Connections States that Sponsor Terrorism*, U. K.: Cambridge University Press, 2005.

Darren G. Hawkins, et al. eds., *Delegation and Agency in International Organizations*, New York: Cambridge University Press, 2006.

David L. Weimer and Aidan R. Vining, *Policy Analysis: Concepts and Practice*, Prentice Hall, 2017.

Diego Cordovez and Selig S. Harrison, *Out of Afghanistan: The Inside Story of the Soviet Withdrawal*, Oxford University Press, 1995.

Douglas S. Blaufarb, *The Counterinsurgency Era: U. S. Doctrine and Performance (1950 to the Present)*, New York: The Free Press, 1977.

Eli Berman and David A. Lake eds. , *Proxy Wars*: *Suppressing Violence through Local Agents*, New York: Cornell University Press, 2019.

Evan Thomas, *The Very Best Men*: *The Daring Early Years of the CIA*, Simon & Schuster, 2006.

Gary W. Montgomery and Timothy S. McWilliams, *Al-Anbar Awakening*, *Volume 2*, *Iraqi Perspectives*: *From Insurgency to Counterinsurgency in Iraq (2004—2009)*, Quantico: Marine Corps University Press, 2009.

Geoffrey Stern, *The Structure of International Society*: *An Introduction to Study of International Relations*, London: Pinter Publishers Limited, 2000.

Geraint Hughes, *My Enemy's Enemy*: *Proxy Warfare in International Politics*, Eastbourne, U. K. : Sussex Academic Press, 2012.

Glenn H. Snyder, *Alliance Politics*, New York: Cornell University Press, 1997.

Hope Millard Harrison, *Driving the Soviets up the Wall*: *Soviet-East German Relations (1953—1961)*, Princeton University Press, 2003.

James G. Blight and Peter Kornbluh edss. , *Politics of Illusion*: *The Bay of Pigs Invasion Reexamined*, Lynne Rienner Publishers Inc. , 1998.

Joel D. Rayburn COL and Frank K. Sobchak COL, *The U. S. Army in the Iraq War*: *Surge and Withdrawal (2007—2011)*, Carlisle: U. S. Army War College Press, 2019.

John D. Huber and Charles R. Shipan, *Deliberate Discretion? The Institutional Foundations of Bureaucratic Autonomy*, U. K. : Cambridge University Press, 2002.

John Mueller, *Retreat from Doomsday*: *The Obsolescence of Major War*, New York: Basic Books, 1989.

Joshua Keating, *Invisible Countries*: *Journeys to the Edge of Nationhood*, Yale University Press, 2018.

Karl W. Deutsch, "External Involvement in International Wars", in Harry Eckstein ed. , *Internal War*: *Problems and Approaches*, New York:

Free Press of Glencoe, 1964.

Michael A. Innes ed. , *Making Sense of Proxy Wars: States, Surrogates & the Use of Force*, Washington D. C. : Potomac Book, 2012.

Michael E. Silverman, *Awakening Victory: How Iraqi Tribes and American Troops Reclaimed Al Anbar and Defeated Al Qaeda in Iraq*, Philadelphia: Casemate Publishers, 2011.

Murat Yeşiltaş and Tuncay Kardaş eds. , *Non-State Armed Actors in the Middle East*, Palgrave Macmillan, 2018.

Oliver E Williamson, *The Economic Institutions of Capitalism: Firms, Markets, Relational Contracting*, New York: The Free Press, 1985.

Osmańczyk Jan Edmund, *Encyclopedia of the United Nations and International Agreements*, Abingdon: Routledge Books, 2002.

Philip Bobbitt, The Shield of Achilles, *War, Peace and the Course of History*, New York: Anchor Books, 2003.

Schmidt Hans, *Maverick Marine: General Smedley D. Butler and the Contradictions of American Military History*, Lexington: University Press of Kentucky, 1987.

Sean McFate, *The New Rules of War: Victory in the Age of Durable Disorder*, New York: William Morrow, 2019.

Spencer C. Tucker ed. , *The Encyclopedia of Middle East Wars: The United States in the Persian Gulf, Afghanistan and Iraq Conflicts*, ABC-CLIO, 2010.

Stephen M. Walt, *The Origins of Alliances*, Ithaca: Cornell University Press, 1990.

Steve Coll, *Ghost Wars: The Secret History of the CIA, Afghanistan and Bin Laden*, London: Penguin Books Limited, 2005.

Thomas C. Schelling, *Arms and Influence: With a New Preface and Afterword*, Yale University Press, 1966 (2008 Edition) .

Tyrone L. Groh, *Proxy War: The Least Bad Option*, Stanford, Calif.: Stanford University Press, 2019.

Walter C. Ladwig Ⅲ, *The Forgotten Front: Patron-Client Relationships in Counterinsurgency*, Cambridge University Press, 2017.

期刊

Abbas Farasoo, "Rethinking Proxy War Theory in IR: A Critical Analysis of Principal-Agent Theory", *International Studies Review*, Vol. 23, Vol. 4, 2021.

Alex Marshall, "From Civil War to Proxy War: Past History and Current Dilemmas", *Small Wars & Insurgencies*, Vol. 27, No. 2, 2016.

Alex Marshall, "From Civil War to Proxy War: Past History and Current Dilemmas", *Small Wars & Insurgencies*, Vol. 27, No. 2, 2016.

Amos C. Fox, "Conflict and the Need for a Theory of Proxy Warfare", *Journal of Strategic Security*, Vol. 12, No. 1, 2019.

Amos C. Fox, "Five Models of Strategic Relationship in Proxy War", *Georgetown Security Studies Review*, Vol. 8, No. 2, 2020.

Amos C. Fox, "Strategic Relationships, Risk, and Proxy War", *Journal of Strategic Security*, Vol. 14, No. 2, 2021.

Andreas Krieg, "Externalizing the Burden of War: The Obama Doctrine and U.S. Foreign Policy in the Middle East", *International Affairs*, Vol. 92, No. 1, 2016.

Andreas Kriega and Jean-Marc Ricklib, "Surrogate Warfare: The Art of War in the 21st Century?", *Defence Studies*, Vol. 18, No. 2, 2018.

Andrew J. Tabler, "Syria's Collapse: And How Washington Can Stop It", *Foreign Affairs*, Vol. 92, No. 4, 2013.

Andrew Mumford, "Proxy Warfare and the Future of Conflict", *The RUSI*, Vol. 158, No. 2, 2013.

Assaf Moghadam and Michel Wyss, "The Political Power of Proxies: Why Nonstate Actors Use Local Surrogates", *International Security*, Vol. 44, No. 4, 2020.

Barry M. Mitnick, "Incentive Systems in Environmental Regulation", *Policy Studies Journal*, Vol. 9, No. 3, 1980.

Benjamin Tkach, "Private Military And Security Companies, Corporate, Structure, and Levels of Violence in Iraq", *International Interactions*, Vol. 46, No. 4, 2020.

Bertil Dunér, "Proxy Intervention in Civil Wars", *Journal of Peace Research*, No. 4, 1981.

Brands, H. and O'Hanlon, M., "The War on Terror Has Not Yet Failed: A Net Assessment After 20 Years", *Survival*, Vol. 63, No. 4, 2021.

Brendan Sozer, "Development of Proxy Relationships: A Case Study of the Lebanese Civil War", *Small Wars and Insurgencies*, Vol. 27, No. 4, 2016.

Brett Ashley Leeds et al., "Alliance Treaty Obligations and Provisions, 1815—1944", *International Interactions*, Vol. 28, No. 3, 2002.

Brett Ashley Leeds, "Domestic Political Institutions, Credible Commitments, and International Cooperation", *American Journal of Political Science*, Vol. 43, No. 4, 1999.

Brett McGurk, "Hard Truths in Syria", *Foreign Affair*, Vol. 98, No. 3, 2019.

Brian Orend, "Michael Walzer on Resorting to Force", *Canadian Journal of Political Science*, September 2000.

C. Anthony Pfaff, "Proxy War Ethics", *Journal of National Security Law & Policy*, Vol. 9, No. 305, 2017.

Carter Malkasian, "How the Good War Went Bad", *Foreign Affairs*, March/April 2020.

Chris Loveman, "Assessing the Phenomenon of Proxy Intervention", *Con-

flict, *Security & Development*, Vol. 2, No. 2, 2002.

Colin H. Kahl, Brian Katulis and Marc Lynch, "Thinking Strategically About Iraq: Report from a Symposium", *Middle East Policy*, Vol. 15, No. 1, 2008.

D. Michael Shafer, "The Unlearned Lessons of Counterinsurgency", *Political Science Quarterly*, No. 1, Spring, 1988.

Daniel Byman and Sarah E. Kreps, "Agents of Destruction? Applying Principal-Agent Analysis to State-Sponsored Terrorism", *International Studies Perspectives*, Vol. 11, No. 1, 2010.

Daniel Byman, "The Good Enough Doctrine", *Foreign Affairs*, Vol. 100, No. 5, 2021.

Daniel Byman, "Yemen's Disastrous War", *Survival*, No. 5, 2018.

Daniel L. Byman, "Friends Like These: Counterinsurgency and the War on Terrorism", *International Security*, No. 2, Fall 2006.

Daniel L. Nielson and Michael J. Tierney, "Delegation to International Organizations: Agency Theory and World Bank Environmental Reform", *International Organization*, No. 2, Spring, 2003.

Danniel Byman, "Approximating War", *The National Interest*, Vol. 157, September/October, 2018.

David P. Forsythe, "Democracy, War, and Covert Action", *Journal of Peace Research*, Vol. 29, No. 4, 1992.

David Unger, "The Foreign Policy Legacy of Barack Obama," *The International Spectator*, Vol. 51, No. 4, 2016.

Dominic Tierney, "The Future of Sino-US Proxy War", *Texas National Security Review*, Vol. 4, No. 2, 2021.

Emile El-Hokayem, "Hizballah and Syria: Outgrowing the Proxy Relationship", *The Washington Quarterly*, Vol. 30, No. 2, 2007.

Eric Rittinger, "Arming the Other: American Small Wars, Local Proxies, and the Social Construction of the Principal-Agent Problem", *International Studies Quarterly*, Vol. 61, No. 2, 2017.

Eric S. Edelman and Ray Takeyh, "The Next Iranian Revolution: Why Washington Should Seek Regime Change in Tehran", *Foreign Affairs*, May/June, 2020.

F. Gregory Gause Ⅲ, "Should We Stay or Should We Go? The United States and the Middle East", *Survival*, Vol. 61, No. 5, 2019.

Fawza Gerges, "The Obama Approach to the Middle East: The End of America's Moment?", *International Affairs*, Vol. 89, No. 2, 2013.

Frank Hoffman and Andrew Orner, "The Return of Great-power Proxy Wars", *War on The Rocks*, Sep. 21, 2021.

Geraint Alun Hughes, "Syria and the Perils of Proxy Warfare", *Small Wars & Insurgencies*, Vol. 25, No. 3, 2014.

Glenn H. Snyder, "The Security Dilemma in Alliance Politics", *World Politics*, Vol. 36, No. 4, 1984.

Glenn H. Snyder, "Alliance Theory: A Neorealist First Cut", *Journal of International Affairs*, Vol. 44, No. 1, 1990.

Glenn Snyder, "The Security Dilemma in Alliance Politics", *World Politics*, No. 4, 1984.

Gordon Connell Smith, "Castro's Cuba in World Affairs, 1959—79", *The World Today*, No. 1, Jan. , 1979.

Hanefi Yazici, "Proxy Wars in Syria and a New Balance of Power in the Middle East", *Journal of Management and Economics Research*, September 2018.

Idean Salehyan, "The Delegation of War to Rebel Organizations", *Journal of Conflict Resolution*, Vol. 54, No. 3, 2010.

Idean Salehyan, Kristian Skrede Gleditsch and David E. Cunningham, "Explaining External Support for Insurgent Groups", *International*

Organization, Vol. 65, No. 4, 2011.

James D. Fearon, "Domestic Political Audiences and The Escalation of International Disputes", *American Political Science Review*, Vol. 88, No. 3, 1994.

James D. Morrow, "Alliances and Asymmetry: An Alternative to the Capability Aggregation Model of Alliances", *American Journal of Political Science*, No. 4, Nov., 1991.

James D. Morrow, "Alliances: Why Write Them down?", *Annual Review of Political Science*, Vol. 3, No. 1, 2000.

James Kenneth Wither, "Outsourcing Warfare: Proxy Forces In Contemporary Armed Conflicts", *Security and Defence Quarterly*, Vol. 31, No. 4, 2020.

James N. Mattis and Frank G. Hoffman, "Future Warfare: The Rise of Hybrid Wars", *Proceedings Magazine*, Vol. 132, No. 11, 2005.

Janice Gross Stein, "Proxy Wars: How Superpowers End Them: The Diplomacy of War Termination in the Middle East", *International Journal*, Vol. 35, No. 3, 1980.

Jeremy M. Berkowitz, "Delegating Terror: Principal – Agent Based Decision Making in State Sponsorship of Terrorism", *International Interactions*, Vol. 44, No. 4, 2018.

John A. McCary, "The Anbar Awakening: An Alliance of Incentives," *The Washington Quarterly*, Vol. 32, No. 1, 2009.

John J. Mearsheimer, "America Unhinged", *The National Interest*, No. 129, January/February 2014.

Jolle Demmers and Lauren Gould, "The Remote Warfare Paradox: Democracies, Risk Aversion and Military Engagement", *E-International Relations*, June 20, 2020.

Kathleen M Eisenhardt, "Agency Theory: An Assessment and Review?",

Academy of Management Review, Vol. 14, No. 1, 1989.

Kenneth A. Shultz, "Looking for Audience Costs", *Journal of Conflict Resolution*, Vol. 45, No. 1, 2001.

Lawrence Freedman, "Ukraine and the Art of Limited War", *Survival*, Vol. 56, No. 6, 2014.

Lucy Hovil and Eric Werker, "Portrait of a Failed Rebellion: An Account of Rational, Sub-Optimal Violence In Western Uganda", *Rationality and Society*, Vol. 17, No. 1, 2005.

Mark N. Katz, "Incessant Interest: Tsarist, Soviet, and Putinist Midst Strategies", *Middle East Policy*, Spring, 2020.

Mark O. Yeisley, "Bipolarity, Proxy Wars, and the Rise of China", *Strategic Studies Quarterly*, No. 4, 2011.

Mark Wilbanks and Efraim Karsh, "How the 'Sons of Iraq' Stabilized Iraq," *Middle East Quarterly*, Vol. 17, No. 4, 2010.

Mathew D. McCubbins and Thomas Schwartz, "Congressional Oversight Overlooked: Police Patrols Versus Fire Alarms", *American Journal of Political Science*, No. 1, Feb., 1984.

Matt Herbert, "Partisans, Profiteers, and Criminals: Syria's Illicit Economy", *The Fletcher Forum of World Affairs*, Vol. 38, No. 1, 2014.

Michael Becker, "When Terrorists and Target Governments Cooperate: The Case of Syria", *Perspectives on Terrorism*, Vol. 9, No. 1, 2015.

Michael C. Jensen and William H. Meckling, "Theory of the Firm: Managerial Behavior, Agency Costs and Ownership Structure", *Journal of Financial Economics*, Vol. 3, No. 4, 1976.

Muzaffer Ercan Yılmaz, "Third-Party Intervention in International Conflicts: Peacekeeping and Peacemaking in the Post-Cold War Era", *Uluslararası İlişkiler*, Vol. 3, No. 11, 2006.

Ora Szekely, "A Friend in Need: The Impact of the Syrian Civil War on

Syria's Clients", *Foreign Policy Analysis*, Vol. 12, No. 3, 2016.

Osman Şen and Mehmet Şahin, "Miscalculation in Proxy War: The United States and Russia in Syrian Civil War from the Neoclassical Realist Perspective", *Akademik Bakış*, Vol. 14, No. 27, 2020.

Peter Hahn, "A Century of U. S. Relations with Iraq", *Origins*, April, 2012.

Piero Gleijeses, "Moscow's Proxy? Cuba and Africa 1975 – 1988", *Journal of Cold War Studies*, Oct. , 2006.

Piero Gleijeses, "Moscow's Proxy? Cuba and Africa 1975 – 1988", *Journal of Cold War Studies*, October 1, 2006.

R. Kim Cragin, "Semi – Proxy Wars and U. S. Counterterrorism Strategy", *Studies in Conflict & Terrorism*, Vol. 38, No. 5, 2015.

Richard B. Andres, Craig Wills, and Thomas E. Griffith Jr. , "Winning with Allies: The Strategic Value of the Afghan Model", *International Security*, No. 3, Winter, 2005/06.

Richard Iron, "The Charge of the Knights", *The RUSI Journal*, Vol. 158, 2013.

Robert F. Trager, "The Diplomacy of War and Peace", *Annual Review of Political Science*, Vol. 19, No. 1, 2016.

Robert Malley, "The Unwanted Wars Why the Middle East Is More Combustible Than Ever", *Foreign Affairs*, No. 6, 2019.

Robert Powell, "Why Some Persistent Problems Persist?", *American Political Science Review*, 2019.

Rod Thornton, "Problems with the Kurds as Proxies Against Islamic State: Insights from the Siege of Kobane", *Small Wars & Insurgencies*, Vol. 26, No. 6, 2015.

Ruth Jamieson and Kieran McEvoy, "State Crime by Proxy and Judicial Othering", *British Journal of Criminology*, No. 4, 2005.

S. D. Selvadurai, M. L. R. Smith, "Black Tigers, Bronze Lotus: The

Evolution and Dynamics of Sri Lanka's Strategies of Dirty War", *Studies in Conflict & Terrorism*, 2013.

Seyed Abbas Hashemi and Mostafa Sahrapeyma, "Proxy War and US's Smart-power Strategy (the Case of Syria, 2011-2016)", *The Quarterly Journal of Politic Studies of Islamic World*, Vol. 6, No. 24, 2018.

Seymour Hersh, "Military to Military", *London Review of Books*, Vol. 38, No. 1, 2016.

Seyom Brown, "Purposes And Pitfalls Of War By Proxy: A Systemic Analysis", *Small Wars & Insurgencies*, No. 2, 2016.

Stephen A. Ross, "The Economic Theory of Agency: The Principal's Problem", *The American Economic Review*, No. 2, 1973.

Stephen Biddle, "Building Security Forces & Stabilizing Nations: The Problem of Agency", *Dædalus, Journal of the American Academy of Arts & Sciences*, Fall 2017.

Stephen Biddle, "Building Security Forces & Stabilizing Nations: The Problem of Agency", *Dædalus*, Fall, 2017.

Stephen Biddlea, Julia Macdonaldb and Ryan Bakerc, "Small Footprint, Small Payoff: The Military Effectiveness of Security Force Assistance", *The Journal of Strategic Studies*, Vol. 41, No. 1, 2018.

Stephen M. Walt, Alliance Formation and the Balance of World Power, *International Security*, No. 4, Spring, 1985.

Terry M. Moe, "An Assessment of the Positive Theory of 'Congressional Dominance'", *Legislative Studies Quarterly*, Vol. 12, No. 4, 1987.

Terry M. Moe, "The New Economics of Organization", *American Journal of Political Science*, Vol. 28, No. 4, 1984.

Tom Long, "Small States, Great Power? Gaining Influence Through Intrinsic, Derivative, and Collective Power", *International Studies Re-*

view, No. 2, 2017.

Udi Blanga, "Syria – Russia and The Arab Spring: A Reassessment", *Middle East Policy*, Vol. 27, No. 4, 2020.

Vesna Bojicic-Dzelilovic and Rim Turkmani, "War Economy, Governance and Security in Syria's Opposition – Controlled Areas", *International Journal of Security & Development*, Vol. 7, No. 1, 2018.

Vladimir Rauta, "A Structural-Relational Analysis of Party Dynamics in Proxy Wars", *International Relations*, Vol. 32, No. 4, 2018.

Vladimir Rauta, "Framers, Founders, and Reformers: Three Generations of Proxy War Research", *Contemporary Security Policy*, Vol. 42, No. 1, 2021.

Vladimir Rauta, "Proxy Agents, Auxiliary Forces, And Sovereign Defection: Assessing The Outcomes of Using Non – state Actors in Civil Conflicts", *Southeast European and Black Sea Studies*, No. 1, 2016.

Vladimir Rauta, "Proxy Warfare and the Future of Conflict: Take Two", *The RUSI Journal*, Vol. 165, No. 2, 2020.

Yaacov Bar-Siman-Tov, "The Strategy of War by Proxy", *Cooperation and Conflict*, Vol. 19, No. 4, 1984.

Yehuda U. Blanga, "Saudi Arabia's Motives in the Syrian Civil War", *Journal of Middle East Policy Council*, Vol. 24, No. 4, 2017.

学位论文

Andrew Lewis Peek, On the Effective Use of Proxy Warfare, Doctoral Dissertation, Johns Hopkins University, 2021.

Erica Dreyfus Borghard, Friends with Benefits? Power and Influence in Proxy Warfare, Doctoral Dissertation, Colunbia University, 2014.

Tyrone L. Groh, War on The Cheap? Assessing the Costs and Benefits of Proxy War, Doctoral Dissertation, Georgetown University, 2010.

出版物 & 报告

Alexandra Stark and Ariel I. Ahram, *How the United States Can Escape the Middle East's Proxy Wars*, Foreign Policy Research Institute, October 22, 2019.

Barak Barfi, *Ascent of the PYD and the SDF*, The Washington Institute for Near East Policy, No. 32, April 2016.

Benjamin Schwarz, *American Counterinsurgency Doctrine and El Salvador*, RAND, 1991.

C. Anthony Pfaff, *Strategic Insights: Proxy War Norms*, Army War College, December 18, 2017.

Carlos Pascual and Ken Pollack, *Salvaging the Possible: Policy Options in Iraq*, Foreign Policy at Brookings, September 2007.

Christopher M. Blanchard, Carla E. Humud, Kenneth Katzman and Matthew C. Weed, The "Islamic State" Crisis and U.S. Policy, Congressional Research Service, May 27, 2015.

Christopher M. Blanchard and Carla E. Humud, The Islamic State and U.S. Policy, Congressional Research Service, January 18, 2017.

Daniel Byman, Peter Chalk, Bruce Hoffman, William Rosenau and David Brannan, *Trends in Outside Support for Insurgent Movements*, RAND, 2001.

David Ellerman, *The Indirect Approach*, World Bank Publications, October 2000.

Dmitri Trenin, *Russia in the Middle East: Moscow's Objectives, Priorities, and Policy Drivers*, The Carnegie Endowment for International Peace, 2016.

Efraim Karsh, The Tail Wags the Dog: International Politics and the Middle East, Bloomsbury USA, August 2015.

Emma Ashford, "Dealing with ISIS in Iraq and Syria", in *Cato Handbook For Policymakers* (*8th Edition*), Cato Institute, 2017.

Erica D. Borghard, *Arms and Influence in Syria: The Pitfalls of Greater U.S. Involvement*, Policy Analysis of Cato Institute, No. 734, August 7, 2013.

General David H. Petraeus, Report to Congress on the Situation in Iraq, Testimony on Senate Foreign Affairs Committee, September 10 - 11, 2007.

Harith Hasan Al-Qarawee, *Iraq's Sectarian Crisis: A Legacy of Exclusion*, Carnegie Endowment for International Peace, April 2014.

Heiko Wimmen, *Syria's Path From Civic Uprising to Civil War*, Carnegie Endowment for International Peace, November 22, 2016.

Hosham Dawod, *The Sunni Tribes in Iraq: Between Local Power, the International Coalition and the Islamic State*, The Norwegian Peacebuilding Resource Centre, September 2015.

James R. Clapper, Statement for the Record: Worldwide Threat Assessment of the US Intelligence Community, Testimony before Senate Select Committee on Intelligence, February 9, 2016.

Jeremy M. Sharp and Christopher M. Blanchard, Armed Conflict in Syria: U.S. and International Response, Congressional Research Service, June 14, 2013.

Jack Watling and Namir Shabibi, *Defining Remote Warfare: British Training and Assistance Programmes in Yemen, 2004—2015*, Remote Warfare Programme, Oxford Research Group, Briefing No. 4, June 2018.

Jack Watling, *Iran's Objectives and Capabilities Deterrence and Subversion*, RUSI Occasional Paper, February 2019.

Jayadeva Uyangoda, *Ethnic Conflict in Sri Lanka: Changing Dynamics*, Washington: East-West Center, 2007.

Ji-Hyang Jang and Peter Lee, *Middle East Q&A: ISIS, Kurdistan, and Korea*, Asan Institute for Policy Studies, August 18, 2014.

Jon B. Alterman, *The Age of Proxy Wars*, CSIS Middle East Notes and Comment, May 2013.

Karim Mezran and Elissa Miller, *Libya: From Intervention to Proxy War*, Rafik Hariri Center for The Middle East, Atlantic Council, July 2017.

Khalil Al-Anani, *Libya: Between Proxy War and International Failure*, Washington D. C.: Arab Center, April 14, 2020.

Kimberly Kagan, *The Anbar Awakening: Displacing al Qaeda from Its Stronghold in Western Iraq*, The Institute for the Study of War, August 21, 2006-March 30, 2007.

Lara Aziz, *The Syrian Kurds in the US foreign Policy: Long-term Strategy or Tactical Ploy?*, Centre d'étude des crises et Conflits Internationaux Analyse Report No. 66, 2020.

Mary Beth D. Nikitin et al., Syria's Chemical Weapons: Issues for Congress, Congressional Research Service, September 30, 2013.

Office of the Director of National Intelligence (ODNI), Worldwide Threat Assessment of the U. S. Intelligence Community, Senate Armed Services Committee, February 9, 2016.

Peter Roberts ed., *The Future Conflict Operating Environment Out to 2030*, RUSI Occasional Paper, June 2019.

Seth G. Jones et al., *Rolling Back the Islamic State*, RAND, 2017.

Steven N. Simon, *After the Surge: The Case for U. S. Military Disengagement from Iraq*, CSR No. 23, Council on Foreign Relations, February 2007.

United States Department of Defense, Measuring Stability and Security in Iraq, Report to Congress, November 2006.

U. S. Department of Defense, Sustaining U. S. Global Leadership: Priorities for 21st Century Defense, January 2012.

US Department of Defense, Quadrennial Defense Review Report, February 2006.

US Department of Defense, Quadrennial Defense Review Report, February 2010.

Waleed Hazbun, *American Interventionism and the Geopolitical Roots of Yemen's Catastrophe*, Middle East Report No. 289, Middle East Research and Information Project, 2018.

评论、新闻报道

Aron Lund, "How Assad's Enemies Gave Up on the Syrian Opposition", The Century Foundation, October 17, 2017.

Angus Lee, "U.S Proxy Warfare: Patterns in Middle Eastern Conflicts", *LSE*, Sep. 3, 2019.

Alissa J. Rubin, "Ending Impasse, Iraq Parliament Backs Measures," *New York Times*, February 14, 2008.

Ash Carter, "Behind the Plan to Defeat ISIS", *The Atlantic*, October 31, 2017.

Brittany Benowitz and Tommy Ross, Time to Get a Handle on America's Conduct of Proxy Warfare, *Lawfare*, April 9, 2020.

Brittany Benowitz and Alicia Ceccanese, "Why No One Ever Really Wins a Proxy War", Just Security, School of Law for New York University, May 11, 2020.

Ben Hubbard, Charlie Savage, Eric Schmitt and Patrick Kingsley, "Abandoned by U.S. in Syria, Kurds Find New Ally in American Foe", *New York Times*, October 13, 2019.

Ben Hubbard, "New U.S.-Backed Alliance to Counter ISIS in Syria Falters", *New York Times*, November 2, 2015.

Brian Bennett and W. J. Hennigan, "Congress Likely to Cut Failed Pentagon Program to Train Syrian Rebels", *Los Angeles Times*, October 5, 2015.

Candace Rondeaux and David Sterman, "Twenty-First Century Proxy Warfare: Confronting Strategic Innovation in a Multipolar World", New America, Feb. 20, 2019.

C. Anthony Pfaff, Patrick Granfield, "How (Not) to Fight Proxy Wars", *National Interest*, March 27, 2018.

Dion Nissenbaum, "In a Saudi War Room, Generals Grapple with Ways to Protect Civilians in Yemen", *The Wall Street Journal*, March 18, 2018.

Farnaz Fassihi et al., "Fighting Between U. S. and Iran-Backed Militias Escalates in Syria", *New York Times*, August 26, 2022.

Hal Brands, "Russia Is Right: The U. S. Is Waging a Proxy War in Ukraine", *The Washington Post*, May 10, 2022.

Jason Burke and Emmanuel Akinwotu, "Russian Mercenaries Linked to Civilian Massacres in Mali", *The Guardian*, May 4, 2022.

Joe Biden, "What America Will and Will Not Do in Ukraine", *The New York Times*, May 31, 2022.

Joshua Partlow, "Sheiks Help Curb Violence in Iraq's West," *The Washington Post*, January 27, 2007.

John F. Burns and Alissa J. Rubin, "U. S. Arming Sunnis in Iraq to Battle Old Qaeda Allies", *New York Times*, June 11, 2007.

Joseph Votel and Elizabeth Dent, "The Danger of Abandoning Our Partners", *The Atlantic*, October 8, 2019.

Julian Borger, "Trump Contradicts Aides and Says Troops in Syria 'Only for Oil'", *The Guardian*, November 13, 2019.

Julian Borger, "'Secure the Oil': Trump's Syria Strategy Leaves Pentagon Perplexed", *The Guardian*, November 8, 2019.

John Walcott and W. J. Hennigan, "'My Great and Unmatched Wisdom': Trump Ignores Warnings on Syria Retreat", *Times*, Oct. 7, 2019.

John Cassidy, "America's Vital Interests in Syria", *New Yorker*, November 3, 2015.

Lara Selihman, "No 'End Date' for U. S. Troops in Syria", *Foreign Policy*, November 25, 2019.

Mazloum Abdi, "If We Have to Choose Between Compromise and Genocide, We Will Choose Our People", *Foreign Policy*, October 13, 2019.

Matthew Ayton, "Amid US Uncertainty in Syria, Kurdish YPG Eyes Bolstering Ties with Russia", *Atlantic Council*, March 23, 2020.

Matt Spetalnick and Jonathan Landay, "Syria's Civil War to Mar Obama Legacy", *Reuters*, December 14, 2016.

Nabih Bulos, "Why Are Syria's Kurds accusing the U. S. of Betrayal?", *Los Angeles Times*, October 7, 2019.

Ryan Lizza, "Leading From Behind", *New Yorker*, April 26, 2011.

Sudarsan Raghavan, "As Libya's International Proxy War Deepens, U. S. and Europe Jolted Back into Crisis Talks", *The Washington Post*, Jan. 18, 2020.

Sam Heller, "A Syria Policy for Trump's America", the Century Foundation, December 9, 2016.

Steven A. Cook, "There's Always a Next Time to Betray the Kurds", *Foreign Policy*, October 11, 2019.

Tyrone Groh, "The Utility of Proxy War", *Lawfare*, April 28, 2019.